들뢰즈와 시간의 세 가지 종합

DELEUZE AND THE THREE SYNTHESES OF TIME

Deleuze and the Three Syntheses of Time by Keith W. Faulkner

Copyright © 2006 by Peter Lang Publishing, Inc., New York
275 Seventh Avenue, 28th Floor, New York, NY 10001
www.peterlangusa.com
All rights reserved.
Korean translation copyright © 2008 by Greenbee Publishing Company
published by arrangement with Peter Lang Publishing, Inc. through Shinwon Agency Co.

들뢰즈와 시간의 세 가지 종합 —차이와 반복의 시간론

초판1쇄 펴냄 2008년 9월 5일
초판4쇄 펴냄 2019년 5월 20일

지은이 키스 W. 포크너
옮긴이 한정헌
펴낸이 유재건
펴낸곳 (주)그린비출판사
주소 서울시 마포구 와우산로 180, 4층
대표전화 02-702-2717 | **팩스** 02-703-0272
홈페이지 www.greenbee.co.kr
원고투고 및 문의 editor@greenbee.co.kr

편집 이진희, 구세주, 송예진, 김아영 | **디자인** 이은솔
마케팅 육소연 | **물류유통** 유재영, 류경희 | **경영관리** 유수진

이 책의 한국어판 저작권은 신원에이전시를 통해 저작권자와 독점 계약한 (주)그린비출판사에 있습니다.
저작권법에 의하여 한국 내에서 보호를 받는 저작물이므로 무단전재와 무단복제를 금합니다.
책값은 뒤표지에 있습니다. 잘못 만들어진 책은 구입처에서 바꿔 드립니다.
ISBN 978-89-7682-316-8 04100

독자의 학문사변행學問思辨行을 돕는 든든한 가이드 _(주)그린비출판사

차이와
반복의
시간론

들뢰즈와
시간의 세 가지 종합

키스 W. 포크너 지음 | 한정헌 옮김

그린비

책머리에

이 연구는 들뢰즈의 용어법에 대해 내가 가지고 있던 몇 가지 의문들에서 시작되었다. 예컨대 『차이와 반복』에서 들뢰즈는 우리로 하여금 과거를 관통할 수 있게 해주는 '에로스'와 사고의 에네르기를 낳는 '타나토스'에 대해 이야기하고 있다. 이 점이 내 흥미를 이끌어 내었다. 비록 그 복잡성을 단번에 파악할 수는 없었지만, 이러한 수수께끼 같은 말들 너머에 기억과 사고에 대한 어떤 새로운 이론이 놓여 있으리라 느꼈다. 그런데 여기에는 하나의 장애물이 존재한다. 그것은 들뢰즈의 설명들이 언제나 간략하면서도 압축적이라는 데 있다. 그 용어들은 전문가들만이 해독할 수 있는 비의적秘義的 지식을 담지하고 있으나, 그들은 그것들을 해독해 주지 않았다. 〔시간의〕세 가지 종합을 논하는 상당수의 주석들이 흄, 베르그손, 니체에 초점을 맞추고 있으며, 시간과 관련해 프로이트와 들뢰즈〔의 연관성〕에 대해서는 별다른 이야기를 하지 않았다. 이 점을 보완하기 위하여 나는 프로이트의 저작들로 되돌아가 보았다. 이 저작들을 정신분석학과 시간에 대한 들뢰즈의 생경한 언급들과 나란히 놓고 보자, 어떤 일정한 패턴이 드러나기 시작했다. 가령 나는 『과학적 심리학 초고』에서 '애벌레 자아' larval ego와 '통합적 자아' global ego와 같은 용어들의 의미를 발견하였다. 또한 『성욕에 관한 세 편의 에세이』에서는 '강요된 운동'과 '공명' resonance 같은 용어들을 설명해 줄 요소들을 찾아낼 수 있었다. 이 두 저작은 다른 저작들과 더불어 이 연구의 주된 축을 이루고 있다.

들뢰즈는 그가 참조한 문헌들을 몇 군데에 명시하고 있다. 『차이와 반복』에는 특별히 프로이트의 『과학적 심리학 초고』가 명기되어 있다. 『의미의 논리』의 경우 프로이트의 문헌들이 명기되어 있지는 않지만, 『성욕에 관한 세 편의 에세이』에서 유래한 개념들을 확인할 수 있다. 또 『의미의 논리』에서 그의 '순수사건' 이론을 설명해 줄 프로이트의 책이 한 권 명기되어 있다. 『토템과 터부』가 그것이다. 이 점이 내 연구의 세번째 축이 되었다. 이는 어렵기로 악명 높은 '시간의 세번째 종합'을 설명해 준다. 그러나 이 새로운 축은 또한 새로운 문제들을 낳는다. 즉 순수사건은 시간의 '종합들'에 속하는 것이 아니라, 들뢰즈가 '정적 발생' static genesis이라고 부르는 시간의 또 다른 측면에 속한다는 사실을 깨달았기 때문이다. 이로부터 완전히 새로운 의문이 떠올랐다. 시간에 있어서 '이전' before, '사이' during, '이후' after가 어떻게 발생하는가? 나는 이 문제를 위해 별도의 장章을 썼다. 이 새로운 장을 쓰면서 나는 하나의 특기할 만한 사실을 발견하였다. 즉 시간의 정적 발생이 작인agency에 대한 하나의 이론을 귀결시킨다는 것인데, 이는 사건 자체가 행위의 이미지를 낳는다는 것이다. 나는 시간의 세 가지 종합 이론에서 주체성의 이론을 발견했다. 이에 따르면 차이는 시간을 관통하는 자기-동일성이라는 필연적인 가상illusion을 낳는 다. 이로부터 자아와 작인에 대한 우리의 상식적인 개념들은 전복된 다. 이러한 역전이 나로 하여금 왜 들뢰즈가 이 두 가지를 전복시켰는 가 하는 물음으로 인도했다.

『차이와 반복』에는 들뢰즈가 논의의 맥락을 명시하고 있는 또 다 른 한 구절이 있다. 2장 「대자적 반복」의 짧은 한 구절에서 그는 칸트 가 종합을 '능동적' active인 것으로 만든 점에 의문을 제기한다. 칸트 가 제기한 시간의 능동적 종합을 대신해서, 들뢰즈는 무의식에서 또는 유기체에서 발생하는 시간의 수동적 종합을 고안해 낼 필요에 직면하 게 된다. 그는 빛들을 끌어 모으는 눈의 예를 제시함으로써 수동적 종 합이 유기체적 성분을 포함한다는 것을 보여 준다. 그러나 들뢰즈는 또한 엄지손가락을 빠는 동안 젖을 먹고 있는 이미지를 가지게 되는 어린아이에 대해 언급함으로써 수동적 종합이 심리학적 성분을 포함 한다는 것을 보여 준다. 그래서 나는 두 가지 길을 모두 탐사하기로 했 다. 이 책의 2장에서는 심리학적 측면들을 논할 것이며, 3장에서는 프 로이트가 시도한 신경학적 설명에 대해 논할 것이다. 이 두 접근은 공 히 흥미로운 통찰을 낳는다. 두 접근은 결국 동일한 것[1]의 두 측면들 이기 때문이다.

그러나 칸트에 대한 의문은 사라지지 않았다. 『순수이성 비판』에 서 전개된 시간의 세 가지 종합은 어떤 점에서 문제가 있는 것일까? 그는 주체를 초험적[2] 부분과 경험적 부분으로 나누었다.[3] 하나의 반쪽

---

1) 이는 시간의 수동적 종합을 의미한다.—옮긴이

은 '나는 생각한다'를 동반하는 표상들을 수용한다. 그렇게 함으로써 시간 내 현상들의 잡다manifold를 통합한다. 다른 반쪽에 있어서 이 현상들은 '나'에게 경험적인 내용을 제시한다. 간단히 말해 이 이분법은 '내부적' 자아와 '외부적' 자아의 선들을 따라 나타나고 있다. 외부적 자아[경험적 자아]는 모든 현상들이 그렇듯이 시간에 따라 변화하지만, 내부적 자아[초험적 자아]는 동일한 것으로 유지된다. 칸트는 시간 내의 상이한 현상들을 종합하기 위해서 이 내부적 자아에 의존한다. 이제 프로이트 이후, 이 점에 있어 무엇이 문제인지를 아는 것은 어렵지 않을 것이다. 프로이트는 우리의 자기-표상들 대부분이 가면들일 뿐이라는 점을 발견했다. 이 위장들은 시간으로부터 나오는 것이 아니라 무시간적 무의식에서 나온다. 이 발견은 시간의 능동적 종합을 뒤흔든다. 들뢰즈의 이론은 수동적 종합이 어떻게 이 능동적 종합을 조건 짓는가를 설명하고자 한다. 능동적 종합이 사라지는 것은 아니다.[4]

---

2) 이 책에서 transcendental은 '경험적'(empirical)과 대립적인 개념이므로 경험을 넘어선다는 의미에서 '초험적'으로, transcendant는 '내재적'(immanent)과 대립되는 개념이므로 '초월적'으로, a priori는 '후험적'(a posteriori)과 대립되는 개념이므로 '선험적'으로 옮겼다.―옮긴이

3) 여기서 말하는 내부적(초험적) 자아와 외부적(경험적) 자아의 두 반쪽은, 각각 능동적 자아의 역할을 수행하는 오성의 영역과 수동적 자아로서 감각자료들을 끌어 모아 오성에 넘겨 주는 역할을 수행하는 감성을 말한다.―옮긴이

4) 이 대목은 몇 번이고 곱씹어 볼 만하다. 들뢰즈의 시간론에 있어 수동적 종합이 능동적 종합을 대체한 것으로 오해하는 경우가 있기 때문이다. 들뢰즈는 데카르트의 매끈한 코기토를 신으로부터 해방시켜 시간/생성으로 균열을 겪는 코기토로 규정한 칸트의 시간적 전회를 높이 평가할 뿐만 아니라, 시간의 세 가지 종합이라는 구도 자체를 칸트로부터 차용해 왔다. 물론 비판적/계간적鷄姦的 방식으로이긴 하지만, 그는 (초기) 칸트의 시간론을 보완/설명해 주고 있다. 칸트에 있어 시간의 발생은 결정적으로 능동적 종합의 몫이지만, 수동적 종합의 존재는 중요한 반쪽(균열)을 이루고 있다. 들뢰즈는 이를 전복하여 실상 수동적 종합에서 칸트의 능동적 종합에서 수행하는 '종합'이 일어남을 역설하고 있으며, 능동적 종합의 존재를 인정하고 새로운 방식으로 규정하고 있다.―옮긴이

다만 그것은 더 이상 시간의 유일한 종합자라는 역할을 맡지 못한다.

'순수사건'에 대한 들뢰즈의 이론은 본체적 자아의 자유에 대한 칸트의 주장을 의문에 부친다. 프로이트가 발견한 무의식은 자유의 이론들을 위한 여러 문제들을 만들었다. 예컨대 프로이트는 우리의 행위들에 있어 스스로를 드러내는 어떤 무의식적인 '사건들', 또는 우리의 통제 하에 있는 것처럼 보이지만 사실은 비자발적인 것으로 머물러 있는 어떤 반복적인 행동들을 발견했다. 이런 일이 벌어질 경우, 무의식적 사건이 행위를 유발하는 것이지 행위가 사건을 유발하는 것이 아니다.[5] 이 점이 분명히 드러나면서 내가 깨닫기 시작한 것은, 행위에 대해 우리가 가지고 있는 근대적 개념은 자유로운 작인에 대한 칸트의 시각과 무의식적인 인과적 요인들에 대한 프로이트의 시각으로 나뉘어 있다는 사실이었다. 들뢰즈의 입장이 프로이트에 가깝기는 하지만, 이로부터 우리가 무의식에 항구적으로 붙잡혀 있다는 결론을 내릴 필요는 없다. 들뢰즈는 이 [무의식적] 노예 상태로부터 자유의 우주적 시각으로 이끌어 가는 반복의 세 단계를 제시한다. 물론 이 '자유'가 칸트의 그것과는 사뭇 다른 것이긴 하지만 말이다. 그것은 행위할 자유가 아니라 차라리 제약으로부터의 자유이다.[6] 아마도 이 자유의 느낌은 결국 행위의 자유보다 더 많은 가치를 가질 것이다. 이 점이 들뢰즈가 취하는 노선인 것으로 보인다.

---

5) 이것이 바로 시간의 정적 발생이다. 정적 발생이 사건과 사건이 성립하는 관계를 지시하는 것이라면, 동적 발생은 실제 사물들 사이의 관계를 나타낸다.—옮긴이
6) '제약으로부터의 자유'는 칸트적인 능동적 행위주체 내지는 작인의 적극적 자유가 아니라 들뢰즈적인 맥락에서의 소극적 자유를 의미한다.—옮긴이

들뢰즈는 자아나 작인[행위자]과 같은 추상적인 형이상학적 존재들로부터 거리를 두는데, 이것은 부분적으로는 이 존재들이 별다른 설득력을 갖지 못하기 때문이다. 예컨대 칸트가 시간의 종합이라는 문제에 직면했을 때, 그는 그것을 설명할 [선험적] 인식능력faculty을 고안해 냈다. 그래서 그의 논변들은 순환적이 된다. 왜 시간은 하나의 통일성으로 종합되는 것으로 보이는가? 종합하는 어떤 인식능력이 존재하기 때문이다. 왜 인식능력은 종합하는가? 그것은 종합할 능력을 가지고 있기 때문이다. 아마도 모든 논변들은 결국에는 어떤 한계선에 도달하기 마련이다. 그러나 칸트의 논변은 너무 일찍 이 벽에 부딪힌다. 칸트에서 인식능력들은 왜 우리가 실재를 우리가 경험하는 바로 그런 식으로 경험하는가를 설명해 준다. 그러나 들뢰즈의 경우 인식능력들보다는 과정들에 의존하는 다른 대안들이 제시된다. 이 점이 들뢰즈의 사유가 경험적인 것에 정향된 사람들에게 큰 호소력을 가지게 되는 한 이유이다. 신경학, 진화론, 심리학과 같은 주제들은 이런 식의 사유가 전개되는 데 핵심적인 길목에 위치하는 주제들이다. 들뢰즈의 논변이 일련의 이론들보다는 과정들을 포함하기 때문에, 나는 이 과정들을 통해서 그의 논변을 검토하고자 한다. 이는 때때로 어려움에 봉착하게 된다. 이론이란 주장될 수 있지만, 과정이라는 것은 증명되어야 하는 것이기 때문이다. 이론은 "어째서?"라고 묻는다. 반면 과정은 "어떻게?"라고 묻는다. 우리는 어떤 이론을 믿을 수도 있고 믿지 않을 수도 있다. 그러나 하나의 과정은 그것이 어떤 것을 성취할 수 있는 한에서만 설득력을 가질 수 있다. 그래서 우리는 이 책에 대해 하나의 물음을 던져야만 한다. 이 책이 기술하고 있는 과정은 시간을 종합하는가? 만약 그렇다면, 이 책은 성공한 것이 될 것이다. 그러나 만약 그렇지 못하다면, 좀더 많은 작업이 필요할 것이다.

이 책은 다양한 저자들의 여러 이론들에서 출발해 시간의 종합에 대한 정합적인 이론으로 끝난 하나의 긴 실험으로부터 성립했다. 이 연구를 통해서 나는 왜 '표상'representation의 철학들이 들뢰즈에게 그토록 부정적인 것으로 다가왔는지를 이해하게 되었다. 그런 철학들은 시간과 공간을 밋밋하고 감정 없는 상태로 제시한다. 예컨대 들뢰즈가 마르셀 프루스트에게 그토록 매료되었다면, 그것은 그가 표상적이기를 그친 시간 이미지를 제공했기 때문이다. 이 점이 나로 하여금 지금의 주제를 재평가할 수 있게 해주었다. 시간을 추상적인 것으로 보기보다는 경험의 정초foundation로 보게 해준 것이다. 지연된 행동, 공명, 강요된 운동 같은, 들뢰즈의 저작에 등장하는 원리들을 적용해봄으로써, 나는 사유와 기억을 다른 관점에서 바라보게 되었다. 예컨대 사유는 선先-형성된 표상으로 나타나는 대신에 재창조되어야 할 어떤 것이 되었다. 그리고 기억은 그 추상적 성격, 즉 (두 순간들을 하나의 상징적 사건으로 융합할 수 있는 능력을 갖추게 됨으로써) 과거 이미지들의 표상이라는 성격을 벗어던지게 하였다. 나는 시간이 우리의 감정적인 생활에 추동력을 준다는 것, 항구적인 것으로 보이는 '자아'self가 잔존해 있는 것이 아니라, 차라리 거울로서 또는 희미하게 빛나는 반사反射로서 활동한다는 것을 깨달았다. 이 '자아'는 수많은 애벌레 자아들 사이의 상호 주관적 협상을 통해서 스스로를 드러낸다. 이 점으로부터 새로운 관점이 도래한다. 나아가 아마도 철학하는 새로운 방식이 도래한다고 할 수 있지 않을까? 들뢰즈는 바로 이런 가능성을 보여 주었다.

들뢰즈가 작업한 환경은 차이와 반복에 대한 새로운 읽기를 요하는 환경이었다. 구조주의는 전前-개체적 차이의 가능성을 열었다. 하이데거는 어떻게 **존재**가 존재론적 차이 내에서 스스로를 전개해 왔는지를 보여 주었다. 그리고 소설들과 영화들은 차이와 반복의 방법들을 이용하는 데 크게 성공하기 시작했다. 차이와 반복에 대한 새로운 철학이 도래할 분위기가 무르익었던 것이다. 베르그손은 시간에 대한 우리의 추상적 관념이 지속의 생생한 경험과 얼마나 판이한가를 보여 주는 가운데 이 일련의 실험들을 시작했다. 이로부터 해解를 요하는 새로운 물음들이 발생했다. 이 물음들은 특히 예술계로부터 제기되었다. 차이와 반복의 실천이 스스로를 현시하자, 이론은 그리 멀지 않았다. 실천적인 적용들이 이론보다 먼저 있었던 것이다.

그러나 실천적인 적용들이란 무엇인가? 영화에서는 플래시백, 몽타주, 주제들의 반복 등이 반복의 힘을 증명하는 데 종사하였다. 실험 소설에서는 다양한 카오스적 일어남occurrence[7]들이 시간과 서사의 낯선 왜곡들을 유발함으로써 반복들을 드러내는 것처럼 보인다. 그리고 마침내 이 미학적 왜곡들은 우리의 개인적 서사들로 스며들어 왔다. 〔이제〕 우리 자신의 감각은 물음에 부쳐지게 되었다. 이미 우리는 영화의 기법들이 우리 자신의 감각에 끼친 영향을 확인할 수 있다. 서사는 발단, 전개, 결말이라는 전통적인 패턴으로부터 해방되었다. 반

---

7) 이 책에서는 '일어남' occurrence이라는 단어가 '사건' event과 거의 동일한 의미로 빈번하게 사용되고 있다. 따라서 'occurrence'를 'event'와 변별하기 위해 '일어남'이라는 다소 생경한 번역어를 썼음을 밝혀 둔다.—옮긴이

복에 대한 프로이트의 이론들이 영화의 초창기에 생겨났다는 것은 우연일까? 소설의 실험들이 금세기 초에 생겨났다는 것은 우연일까? 이러한 모든 반복들은 우리의 자기이해에 매우 깊은 영향을 주었다. 언젠가 주체는 일련의 차이들과 반복들로 해체될지도 모른다. 그것이 우리가 진행하는 현재의 궤적이다. 들뢰즈는 이러한 궤적을 확인하고 이해할 수 있도록 우리를 도울 것이다. 그는 우리가 무엇을 하고 있고 어디로 가고 있는지에 대한 반성의 기회를 제공해 준다. 그는 우리가 현재 무엇인지를 말하지 않고, 오히려 무엇이 될 수 있는지에 대해 성찰할 수 있도록 이끈다. 어쩌면 이러한 생성/되기 안에서 우리를 인도하는 이 차이와 반복의 원리들을 활용할 수 있게 될지도 모를 일이다.

감사의 말

이 책의 2, 3, 4장은 영국 워릭대학교에서의 내 박사학위 논문 초고를 그대로 실은 것이다. 나는 먼저 이 연구를 지도해 준 키스 안셀-피어슨 Keith Ansell-Pearson에게 감사의 말을 전하고 싶다. 그의 열렬하고 아낌없는 지원으로 인해 가장 힘든 순간들 속에서도 이 연구를 계속 진행할 수 있었다. 나는 또한 대니얼 스미스Daniel W. Smith에게도 감사드리고 싶은데, 그는 이 책의 최종 원고를 읽어 주었다. 마지막으로 박사학위 논문의 심사위원이었던 제임스 윌리엄스James Williams와 미겔 데 베이스테기Miguel de Beistegui에게 감사드리고 싶다. 그런 훌륭한 학자들이 나의 논문을 심사해 준 것에 대해 고마운 마음을 전한다.

들뢰즈와

GILLES DELEUZE

시간의 세 가지 종합

서론_ 시간의 악마적 힘들

어쩌면 우리의 표층적인 특성들에 관한 장황한 설명으로부터 끌어 온 것일 수 있는 우리의 동일성의 감각 아래에는, 우리가 많은 시간을 들여 억압하고 있는 전적으로 비자발적인 운동이 자리하고 있다. 이는 시간의 악마적 힘들로서 유기체, 성욕, 정서들이 포함된다. 우리는 이 힘들이 우리에게 속하도록 유지하고 싶어 하지만, 동시에 그것들을 부정한다. 시간의 수동적 종합은 비자발적인 것의 층위에서 일어난다. 그곳에서 우리의 자율성에 대한 감각과 동일성을 유지하고자 하는 우리의 모든 시도들은 그 가장 큰 적이라 할 수 있는 시간의 분해하는 힘과 대면한다. 우리가 기억 속에서 우리 자신을 재현하고자 할 때, 그것은 건망증을 만들어 낸다. 또한 우리가 현재를 대면하려고 할 때, 그것은 반복강박을 만들어 낸다. 그리고 우리가 사건을 예견할 때, 그것은 우연으로부터 발생하는 불안을 만들어 낸다. 시간은 마치 하나의 문제와 같이 우리를 대면한다. 즉 우리가 시간을 통제하는 것이 아니라, 시간이 우리를 통제하는 것이다. 이런 이유만으로도 우리는 시간에 대해 관심을 가져야 한다. 이것은 우리의 의지를 초월하는 동시에 형성하는 수동적 종합이라는 문제 전반에 관한 서론이다.

들뢰즈는 누구인가?

철학사가로서의 들뢰즈는 사실과 날짜들을 수록하고 보관하는 대신에 문제틀problematic을 재활성화한다. 그는 철학자들이 생각하는 것에 초점을 맞추기보다는 철학자들의 작업의 동기가 된 문제들에 초점을 맞춘다. 이런 까닭에 그를 철학사가로 분류하기는 어려워 보인다. 그에게 철학을 한다는 것은 그것을 연구하는 것과 다르지 않기 때문이다. 한 사람의 철학자를 이해하기 위해서 우리는 우리 자신을 위한 문제를 재창조하는 가운데 철학적으로 사유해야만 한다. 들뢰즈에게 철학자란 문제들을 해석하기보다는 오히려 그것들을 찾아내며, 결국에는 [해결되지 않는 해석을 시도하기보다는] 아무것도 해결하지 않는다.[1] 그가 실험을 신봉하는 탓에 그의 저작은 문제problem들[2]을 가지고 실험한다.

들뢰즈는 철학에 대한 대안적 읽기를 제공함으로써 푸코가 제도들에 관해 했던 작업을 수행한다.[3] 그는 결정적인 전환점 혹은 패러다임의 이동에 초점을 맞춘다. 그리고 나서 그와 같은 이동이 어느 지점

---

1) 이 말은 곧 해석이 아무것도 해결해 주지 않는다는 점을 강조한다.—옮긴이
2) 들뢰즈는 통상 이데아, 형상eidos, 본질 등의 '해'解를 가지고 출발하는 전통적인 서구 사유를 거부하고 '문제'의 철학을 구사한다. '해'의 철학은 이미 현실화된 선험적 항으로 그 이외의 모든 잠재성을 사상하는 철학이다. 이에 반해 문제의 철학은 조건에 따라 현실화되는 무수한 잠재적 '해'들을 그 안에 머금고 있는 철학이다.—옮긴이
3) 푸코가 자신의 연구를 제도 등과 관련하여 수행했다면, 들뢰즈는 철학적 인물이나 사유들과의 대면에 천착했다.—옮긴이

에서 발생했는지, 누가 그로부터 벗어났는지, 혹은 누가 다른 방향으로 들어섰는지를 알려 준다. 이를 통해 그는 문제에 대한 어떤 상이한 관점을 제공한다. 들뢰즈에게 철학이란 유일무이한 진리를 찾는 데 종사해서는 안 되는 것이다. 대신, 철학의 목적은 "지각을 확장하여"[4] 우리로 하여금 그 다양한 측면들을 인식하도록 하는 것이다.

철학자들은 문제들과 대면하므로 들뢰즈는 그들의 사적 전기들을 대체로 중요하지 않은 것으로 여긴다. 그의 삶은 그의 관념들 속에 나타난다고 말함으로써 그는 자신의 전기를 대수롭지 않은 것으로 만들었다.[5] 그를 이해하기 위해서 우리는 그의 조언을 따라야 한다. 그의 마음속을 들여다보려고 하기보다는 그의 사유를 재구성하고 그것〔그의 사유〕을 하나의 문제틀에 재삽입해 봄으로써 재활성화시킬 것이다. 이를 완수하기 위해서 우리는 그것의 중요성을 재발견해야 한다. 왜냐하면 흥미로운 것이 되기보다는 사실에 근거한 것이 되는 편이 훨씬 더 쉬운 법이니까 말이다. 철학이 어떤 것을 얻고자 개념들을 만들어 낸다면 우리는 늘 이렇게 물을 수밖에 없다. 그것이 어째서 문제가 되는가? 철학은 관점들을 확장하는 어떤 효과를 산출해야만 한다. 이와 같은 우리 관점들의 확대와 더불어 보다 높은 수준의 자유와 자기 지배의식이 생겨난다. 이것이 들뢰즈가 수행하는 철학의 정신이다.

---

4) Gilles Deleuze, "Boulez, Proust and Time 'Occupying Without Counting'", trans. T. S. Murphy, Angelaki 3.2, 1998, p. 71.
5) 막스는 그의 책 서두에 들뢰즈가 사적 전기를 과소평가한 부분에 대해 하나의 탁월한 추론을 제공한다. "선생의 삶은 좀처럼 흥미롭지 않다."(John Marks, Gilles Deleuze: Vitalism and Multiplicity, London: Pluto Press, 1998, p. 7)

이 책은 무엇에 관한 것인가?

이 책은 칸트가 정초한 세 가지 종합, 즉 각지[포착]apprehension, 재생reproduction, 재인recognition의 기본 공식을 변환시킬 것이다.[6] 이 종합들이 유기체 내에서 무의식적으로 작동하는 방식을 논증함으로써 우리는 칸트의 '표상적' 철학에 대한 하나의 대안을 발견하게 될 것이다. 그의 종합은 세 가지 능력을 수반하는데, 일순간에 지각들을 파악하는 각지, 앞의 지각들을 개조하여 하나의 계기繼起를 구성하는 재생, 모든 경험을 단일한 의식 속으로 모으는 재인이 그것들이다. 이 세 가지 능력은 직관, 구상력, 오성으로부터 비롯한다. 그러나 인식능력들을 창조함으로써 칸트는 어떻게 종합이 발생하는지를 설명하는 데 실패한다.[7] 즉 그는 다만 그것이 어디서 발생하는지를 말할 뿐이다. 이러한 인식능력들이 종합 능력을 조명할 수 없기 때문에, 이 책은 어떻게 이 종합들이 발생하는지를 설명하고자 한다. 즉 칸트를 수정함으로써가 아니라 프로이트의 저작들로 파고 들어가 무의식적 종합을 발견하는 것으로 설명하려는 것이다.[8] 프로이트에게서 새로운 인식능력들을 찾으려는 시도는 하지 않을 것이며, 대신에 이드·자아·초자아의

---

6) 칸트의 각지, 재생, 재인은 결국 외적 잡다를 내적 통일로 가지고 들어오는 통로가 된다.—옮긴이

7) 칸트는 자아를 초험적 자아와 경험적 자아의 균열된 코기토로 제시하여 시간의 사유를 정초하지만, 결국 종합의 최종심급으로서의 능동적 자아를 초험적으로 규정함으로써 순환 논법의 오류에 빠져 든다.—옮긴이

8) 이 말은 프로이트-들뢰즈를 통해 칸트를 보완/완성하겠다는 것이다. 칸트는 감각자료를 오성에 퍼올리는 역할만을 반복적으로 감당하는 '얇은' 감성과 감성에 의해 끌어 올려진 감각자료를 재구성하는 종합을 수행하는 능력인 '두꺼운' 오성의 도식으로 자아를 설명하였다. 반면에 프로이트-들뢰즈는 이러한 도식을 역전시켜 '두꺼운' 감성에 '얇은' 오성으로 자아를 그리고 있다. 즉 기존에는 오성의 기능인 줄 알았던 종합의 능력 중 상당 부분이 감성이 담당하는 '무의식적' 혹은 '수동적' 종합임을 밝혀내고 있는 것이다.—옮긴이

배후를 살펴볼 것이다. 왜냐하면 무의식에 자리 잡은 종합의 과정은 전치하고 위장하는 것이기 때문이다. 이 과정에서 우리는 가면을 쓰는 재생, 〔몸을〕 숨기는 재인, 반복하는 각지를 발견하게 될 것이다. 이 책은 무의식적 종합을 밝힐 것인데, 그것은 칸트가 구성했던 것과는 매우 다른 것일 것이다. 이 책은 재인에 의존하는 오성의 능력보다는 오인을 불러일으키는 무의식에 의존할 것이다. 이 책은 이러한 방식으로 표상의 철학의 정초들을 약화시킬 것이다.

어째서 우리는 시간의 수동적 종합을 연구해야 하는가?

칸트의 종합은 무미건조하고 추상적이다. 그의 종합은 우리가 어떻게 시간의 표상을 가지는지를 설명하기는 하지만, 시간이 어떻게 종합되는지는 설명할 수 없다. 시간은 표상의 영역 바깥에 있는 까닭에 칸트의 이해범위를 벗어난다. 〔그래서〕 시간의 종합에 대한 들뢰즈의 비-표상적 해석은 하나의 대안을 제공해 준다. 오늘날 표상의 철학은 더 많은 도전에 직면해 있다. 프로이트가 무의식을 설명하고 다윈이 진화를 설명한 이후로, 우리는 칸트가 기술한 종합에 대해 상이한 설명들을 만난다. 시간은 이 종합을 재평가하기에 이르렀다.

　　칸트에게 있어서 '나는 생각한다'는 우리의 모든 표상들을 수반하고 구상력의 종합에 통일성을 부여한다.[9] 그것이 없다면 우리는 지

---

9) 칸트의 코기토는 구상력의 구상작용으로 말미암아 감성에 의해 감각된 잡다가 오성의 자아에 의해 통일된 (그릇된) 재-현으로 나타나는 결과를 이끌어 낸다. 결국 칸트의 코기토의 이러한 통일성의 부여는 데카르트의 그것과 같이 규명되지 못한 채 신비화된다. 이에 반해 프로이트-들뢰즈의 코기토는 감성의 수동적/무의식적 종합을 통해 끊임없이 구성되는 자아에 다름 아니다.—옮긴이

식을 가질 수 없을 것이다. 그러나 들뢰즈가 칸트에 관한 책에서 지적하듯이, 오성의 통일성은 "종합 자체가 아니라 종합의 통일성이며 그 통일성의 표현들이다".[10] 이 오성의 '나'는 칸트가 시간 그 자체와 동일시한 내적 감각들의 잡다를 통합하는 특성을 지닌다.[11] 그러나 '나'의 능동적 표상과 내적 감각의 수동적 잡다 사이에 분열이 진행된다. 내적 감각에서 표상으로의 이런 이행은 수동적 종합을 요한다. 그러나 칸트는 이 문제를 파악하지 못한다. 그의 '나는 생각한다'는 단순히 하나의 의식 속에서 복수의 직관들을 표상하고, 지식을 초월하는 경험의 특정한 측면들을 배제함으로써 스스로를 실현할 뿐이다. "쾌와 고통의 느낌과 의지는 지식이 아니므로 배제된다."[12] 이러한 배제 혹은 억압을 통해 그는 내적 감각을 표상 안으로 통합할 수 있다. 그러나 프로이트 이후로 우리는 내적 감각의 이러한 비표상적 측면들에 대해 보다 나은 시각을 확보하고 있다. 우리가 프로이트의 저작들을 활용해 이 측면들을 재도입한다면, 능동적 종합의 이상은 의문의 여지가 있는 것이 된다. '나는 생각한다'는 이제 하나의 그릇된 의식을 표상하며, 그것의 통일성은 내적 감각의 억압에서 발생한다. 이는 사유에 장애를 드러낸다. 이 장애를 통과하기 위해 우리는 종합에 대한 보다 광범위한 설명을 필요로 한다. 그것은 무의식적인 것과 시간의 수동적 종합을 내

---

10) Gilles Deleuze, Kant's Critical Philosophy: The Doctrine of the Faculties, trans. H. Tomlinson and B. Habberjam, Minneapolis: University of Minnesota Press, 1984, p. 16.
11) "즉 우리 자신의 직관 및 우리의 내적 상태의 형식인 것이다."(Immanuel Kant, Critique of Pure Reason, trans. N. K. Smith, New York: Palgrave Macmillan, 2003, p. 77)
12) Ibid., p. 87.

포하는 설명이다.[13]

진화론 또한 시간의 종합에 대한 보다 폭넓은 이해를 요구한다. 칸트는 합리적 사유를 할 능력이 있는 완전하게 형성된 인간에서 출발하기 때문에, 영원히 존속[14]하는 듯한 인식능력들의 기원을 설명할 수 없었다. 그러나 진화론 이후에 우리는 이런 물음을 던질 수 있다. 우리는 언제나 표상의 인식능력을 가지고 있었을까? 만일 우리가 단순한 유기체로부터 복잡한 동물로의 진화의 연속성을 진지하게 받아들인다면, 이에 대해 "아니오"라고 대답해야 한다. 이 인식능력은 시간의 의식의 한 유형을 용인하는데, 그것은 시간적 경험 전체를 아우르지 못한다. 가령 단순한 유기체들은 미발달된 시간 감각, 사물들의 지속성에 대한 감각을 지니고 있으며, 그것은 생존 가치를 담지하고 있다. 이러한 감각이 없다면, 유기체는 영양 공급원을 확보할 수 있을 만큼의 시간 동안 그것에 집중할 수 없다. 이러한 반례는 칸트의 종합 이론에 문제를 제기한다. 분명히 유기체는 '나는 생각한다'의 반성적 표상을 가지고 있지 않다. 그러나 그것은 자신의 생존에 필수적인 시간적 통일에 대한 감각을 유지할 수 있다. 신경학적으로 우리의 뇌는 그 복잡성의 수준이 엄청나게 높기는 해도 아메바와 동일한 원리에 의해 작

---

13) 들뢰즈가 제시하는 시간론의 핵심은 (에드문트 후설로부터 차용한) '수동적 종합'에 있다. 이때 수동적 종합은 프로이트적 맥락의 무의식뿐 아니라 (그보다 더 넓은 영역이라 할 수 있는) 베르그손의 무의식 개념까지도 포함하고 있다. 이 책에서는 수동적 종합의 범주를 베르그손의 무의식으로까지 확장하지 않고 프로이트의 무의식으로 한정하고 있다.—옮긴이

14) 'subsist'라는 동사가 현재 이 대목에서는 말 그대로의 '존속'이라는 의미로 쓰이고 있으나, 들뢰즈가 잠재성과 관련하여 사용할 때는 'exist'와 변별하여 현실적으로 실존하고 있지는 않지만 잠재적으로 '존속'하고 있다는 뜻으로 쓰인다. 아울러 'insist' 역시 이와 같은 뜻으로 '내속하다'로 번역할 수 있다.—옮긴이

동한다.[15] 그럼에도 불구하고 원시적 유기체에게서 발견되는 단순한 시간의 수동적 종합과 우리 자신의 그것 사이에는 하나의 연속성이 존재한다.[16] 시간의 수동적 종합에 대한 한 가지 실험을 통해 이 연속성을 밝힐 수 있을 것이다. 우리는 오성을 가진 피조물과 그렇지 않은 것들이 구분되는 칸트의 의심스러운 경로를 더 이상 따라가지 않을 것이다.[17] 이 실험을 통해 우리는 더 이상 설명 장치explanatory device로서의 '영혼'과 후일에 이 영혼의 사촌 격으로 등장한 '의식'에 의존하지 않아도 될 것이다. 이런 점에서 들뢰즈의 설명은 현상학보다는 경험 과학에 보다 가깝다. 들뢰즈는 시간의 종합을 인간 고유의 경로가 아닌 보편적 과정으로 제시하는 이 경험적 경로를 취함으로써 칸트의 접근 방식의 함정을 피해 간다.

칸트의 시간의 종합은 사건들을 표상함에도 불구하고 사건들의 특수성을 설명하지 못한다. 칸트는 사건들에 관한 세부로 진입하지 못하며, 그의 주된 관심사는 형식들의 재인에 집중되어 있는 것으로 보인다. 구상력은 형식들을 정합적인 패턴에 들어맞도록 도식화한다.[18]

---

15) 라플랑슈에 따르면, 프로이트의 시간에 대한 모델인 생물학적 리듬은, 복합생물 자체 내에서 어떤 변양들이 일어나는 것의 예로 든 '원형질의 미생물'로부터 비롯한다. Jean Laplanche, Essays on Otherness, trans. L. Thurston and L. Hill, New York: Routledge, 1999, p. 240.

16) 이 말은 곧 우리의 뇌가 신경학적으로 단세포 동물과 동일한 원리에 의해 작동한다는 것을 뜻한다. 다시 말해 아메바 등과 같은 생명체와 인간 사이에는 '코기토'의 불연속이 아닌, 내적 감각을 통해 시간을 발생시키는 '수동적 종합'과 같은 '연속성'이 존재한다는 것이다.—옮긴이

17) 이제 칸트의 오성적 자아는 기각되고, 그가 도식화한 범주의 빈 곳에 프로이트-들뢰즈에서 비롯하는 수동적/무의식적 종합으로 이를 설명하겠다는 것이다.—옮긴이

18) 이는 칸트의 도식론을 의미하는 것으로, 사건을 사건 자체로 보지 않고 도식으로 맞춘다는 뉘앙스를 가지고 있다.—옮긴이

사건은 이러한 패턴들의 부차적 산물로서 등장한다. 사건은 그 패턴들의 계기로부터 발생하는 것이다. 하지만 표상의 계기들은 시간의 연속성을 수립하면서 연속적으로 발생한다. 즉 매 순간에 어떤 일인가 발생한다. 그러나 발생들의 이 확고한 흐름이 언제나 하나의 '사건'을 구성하는 것은 아니다. 하나의 사건이 발생하려면 어떤 패턴〔반복양상〕이 발생의 배경으로부터 돌출해 나와야 한다. 다시 말해 일단의 특이성singularity들이 그 발생들에서 분리되어야만 하는 것이다. 그러나 이러한 분리를 유발하는 것은 무엇인가? 칸트와 달리 들뢰즈는 이에 대한 설명을 제시한다. 특정한 핵심 사건들은 이중화되어 있어서, 하나는 경험 내부에서 자신을 현시하고 다른 하나는 경험 외부에 존속한다. 이것은 칸트의 초험적 방법을 따르는데, 들뢰즈는 이것을 사용해 사건들의 출현을 설명한다.[19)]

우리는 어떻게 시간의 세 가지 종합에 접근할 것인가?

시간의 세 가지 종합에 접근할 수 있는 방법은 많다. 그러나 이 연구는 프로이트적 해석에 한해 이루어질 것인데, 이전에는 이런 시도가 없었다. 여기에는 몇 가지 도전이 따른다. 우선 올바른 텍스트들을 선별해야 하고, 둘째로 적절한 상응 항들을 발견해야 하며, 마지막으로 실효적인 해석을 발견해야 한다. 나는 뒤에서 이 모두를 시도할 것이다.

---

19) 들뢰즈의 초험적 방법은 사건들을 능동적으로 구성하는 주체론이 아닌 사건들의 출현에 관심을 둔다는 것이다. 다시 말해 (이미 현실화된 사건을 아우르는) 주체의 능동적 구성의 문제가 아니라, 오히려 발생하는 사건들로부터 어떻게 주체가 구성되느냐 하는 문제를 다룬다는 것이다.―옮긴이

들뢰즈는 19세기부터 신경학 이론을 제시한 프로이트의『과학적 심리학 초고』를 언급한다. 그는 프로이트와 니체 모두에게서 발견되는 힘들의 투쟁에 대한 기본 원리들을 사용한다. 근대의 신경학이 힘들을 넘어서서 발전해 왔음에도, 프로이트의 접근은 시간의 종합에 대한 보다 나은 모델을 제시한다. 더구나 들뢰즈는 '애벌레' 자아와 같은 많은 개념들을 프로이트의 이『과학적 심리학 초고』에서 가져왔다. 이 책은 들뢰즈가『차이와 반복』에서 말하는 내용과 상당히 일치한다. 이러한 일치를 발견하는 것은 커다란 도전에 직면하는 것이었는데, 일부는 명백했지만 일부는 창조적인 사유를 요했기 때문이다. 전반적으로 볼 때, 이드와 자아의 분리는『과학적 심리학 초고』에 명료하게 남아 있다. 다만 이 초기작에서 자아의 억압적 기능 속에 나타나는 초자아는 아직 덜 명료하다. 이 책은 이 일치점들을 명백하게 설명할 수 있을 만큼 면밀하게 추적할 것이다.

프로이트의『성욕에 관한 세 편의 에세이』는 발달단계 이론을 제시하는데, 들뢰즈는 성욕과 시간성의 윤곽들이 드러나는『의미의 논리』후반부에서 이를 활용했다. 비록 들뢰즈가 주로 멜라니 클라인의 발달단계 이론을 언급하고는 있지만, 그녀〔클라인〕는 자신의 발달단계 이론의 기본 이론들 다수를 프로이트에게서 가져왔다.[20] 시간의 종합의 감정affect[21]들은 지연된 행동, 억압, 은폐-기억, 전이, 압축의 개념들에서 나타난다. 이 현상들 속에서 시간과 성욕 사이의 숨은 연결고

---

20) 클라인의 발달 이론은 다음의 책에서 나타난다. Melanie Klein, et al., Developments in Psycho-Analysis, ed. J. Riviere, New York : Da Capo Press, 1983.

리들이 출현한다. 이러한 일치들은 표면 가까이에 있다. 들뢰즈는 이것들을 명백하게 만든다. 단 은폐-기억과 같은 몇몇 개념들은 들뢰즈의 위장disguise 개념을 복귀시킨다. 전반적으로 『성욕에 관한 세 편의 에세이』는 들뢰즈 식 읽기에 용이하다.

들뢰즈의 '순수사건' 이론은 프로이트의 『토템과 터부』와 『정신분석학의 근본 개념』에 실린 몇 편의 논문들에서 가져온 것이다. 들뢰즈는 이 저작들을 직접적으로 언급한다. 이 책들에서 프로이트는 계통발생적 기억 이론을 제시한다. 그는 계통발생적 기억이 우리의 선조들로부터 발생하여 우리의 유전자를 통해 전해 오는 것이라고 여긴다. 들뢰즈는 이러한 추론을 따르는 대신 부정법 동사에 관한 뤼스 이리가레의 논문과 환상phantasm에 대한 라플랑슈와 퐁탈리스의 논문을 참조하는데, 이 논문들은 들뢰즈가 『의미의 논리』에서 환상에 대해 말할 때 직접적으로 인용되었다.

세 가지 종합은 어디서 발견되는가?

『차이와 반복』에서 세 가지 종합은 주로 2장 「대자적 반복」에 등장한다. 이 책에서는 69~129쪽[한국어판 169~288쪽]에서 다루어지는 생물심리학적 삶에 관한 부분에 관심을 기울일 것이다. 시간의 세 가지

---

21) 이 책에서 'affection'은 '감응'으로, 'affect'는 '감정'으로 옮겼다. 이러한 구분은 스피노자의 'affectio'와 'affectus'에 상응하는 것으로, 'affectio'는 양태modus들의 관계 맺음, 즉 변용시키고 변용되는 관계들을 일컫는 개념으로 'affection'으로 영역된다. 이를 일본에서는 정동情動으로 옮기지만, 거의 같은 의미로서 (하지만 더 넓은 맥락을 포괄하는) 감感이 응應하는 관계적 운동성을 강조한 번역어가 적당해 보인다. 반면 'affectus'의 영역인 'affect'는 그러한 감응의 '효과'로 생겨난 '감정'(혹은 감感이나 정情)이 적당해 보인다.—옮긴이

정적 반복, 로젠버그Harold Rosenberg, 그리고 순환적 역사에 관한 부분은 89~94쪽[209~217]에서 다루어진다. 이 정적 반복은 차라투스트라에 관한 완전한 해석을 제시하는 결론 249~300쪽[529~633]에서 다시 등장한다. 나르키소스적 자아에 관한 논의는 110~114쪽[249~258]에 나오고, 118쪽[266]에서는 프로이트의 『과학적 심리학 초고』에서 받은 영향을 밝힌다. 119~125쪽[268~280]부터 그는 '어두운 전조' dark precursor를 이야기하는데, 그것은 124쪽[278~279]에서 논의되는 프로이트적 지연의 부분에 속한다. 98쪽[224~225]에서는 칸트의 종합이 수동적이기보다는 능동적임을 비판한다. 97쪽[223]에서 그는 쾌락원칙에 대해 논평한다. 16~19쪽[58~65]에서 그는 정신분석에 있어서의 반복을 논한다. 이것은 19쪽[63~65]에서 전이에 대한 짧은 문장으로 끝난다. 대략 96~98쪽[220~225]에서 이드의 종합을 다루고, 99~109쪽[226~248]에서 자아의 종합을, 109~119쪽[248~267]에서는 초자아의 종합을 다루고 있다.

『의미의 논리』에서 우리는 27계열에서 34계열까지의 장들에 초점을 맞출 것이다. 이 장들 혹은 '계열들' 은 동적 창조에 대한 정신분석학적 공헌에 집중하고 있다. '계열들의 상이한 종류' 에 대한 32계열은 단계들에 대한 이해에 도움을 줄 것이다. 연접적connective, 통접적conjunctive, 이접적disjunctive 종합들이 모두 이 장에서 등장한다. 강요된 운동과 공명의 차이는 34계열, 239~240쪽[한국어판 389~390쪽]에 나온다. 여기서 그는 하나의 표면에서 다른 표면으로의 이행에 대해 기술하고, 덜 성공적인 승화로서의 성욕에 대해 기술한다. 이 계열의 끝부분, 242~243쪽[393~394]에서 그는 「냉정과 잔혹」[『매저키즘』의 1부]에 처음으로 나왔던 부인disavowal에 관해 기술한다. 29계열의 207~208쪽[343~345]에서는 순수사건을 행동의 순수결과로, 의도되지 않은 결과로, 사유의 형이상학적 표면을 생산하는 부정dene-gation으로 설명한다. 32계열에서 그는 『토템과 터부』를 위대한 사건 이론으로 선언한다. 이 장에서는 또 이리가레의 부정법 동사 이론도 논하는데, 이것은 26계열 181~185쪽[306~311]에서도 논의된다.

이 책은 어떤 순서로 논증하는가?

이 연구는 [시간의] 세 가지 종합의 문제에 관한 역사적 배경을 제공하는 것으로 시작할 것이다. 첫번째 장은 독자에게 들뢰즈의 주서朱書에 대한 의미를 제공할 것이다. 그는 이로부터 칸트의 세 가지 종합에 반反하는 논증들을 정식화할 뿐만 아니라 세 가지 종합을 해석한다. 2장은 성욕과 시간 사이의 대비를 보여 줄 것이다. 여기서는 시간의 정신분석학적 이론을 제시하겠다. 3장에서는 종합의 신경학적 차원을 제시할 것인데, 들뢰즈는 『차이와 반복』에서 이를 "생물심리학적 삶"이라고 부른다. 마지막 장은 시간의 정적 발생 이론을 도해하겠다. 이것은 앞에서 다루어진 시간의 세 가지 종합에서 분기한 것이다. 여기서 나는 로젠버그의 등장인물 변화와 드라마 이론들을 사용해 니체의 영원회귀에 대한 그의 해석을 설명하겠다. 결론에서 우리는 들뢰즈에게 미친 동시대의 세 가지 영향들, 즉 구조주의, 하이데거, 현대 소설을 검토할 것이다. 이를 통해 우리는 들뢰즈의 영감과 투쟁에 대해 보다 잘 이해할 수 있을 것이다.

1장_ 시간의 종합의 역사

1. 흄, 베르그손, 니체에 있어서의 종합

칸트의 세 가지 종합을 극복하고자 하면서 들뢰즈는 세 가지 철학적 근거들에 의지한다.[1] 첫번째로 그는 관념의 연합의 원리들을 가지고 공간과 시간에서 요소들의 접속[연접]connection을 설명한 흄을 조회한다. 이러한 요소들의 접속은 연접적 종합을 구성하는데, 이것은 우리의 각지[포착]apprehension의 습관을 발생시키고 칸트의 첫번째 종합을 넘어선다. 두번째로 들뢰즈는 베르그손을 조회한다. 베르그손은 연합의 원리들이 부족하다고 여겨, 그 대신에 요소들의 종합을 기억의 통접을 통해 설명하고자 했다. 이때의 기억이란 조우[마주침]encounter를 통해 발생하는 것으로, 칸트의 두번째 종합을 넘어서는 시간의 통접

---

1) 들뢰즈는 『차이와 반복』 2장에서 시간의 세 가지 종합을 전개하는데, 현재는 흄의 습관, 과거는 베르그손의 기억, 미래는 니체의 영원회귀를 통해 재구성한다.—옮긴이

적 종합을 창조한다. 세번째로 들뢰즈는 니체를 조회한다. 니체의 영원회귀론을 통해 그는 시간에서 순간들의 이접을 설명한다. 이로부터 구성된 이접적 종합은 우리로 하여금 각각의 순간들의 독특성〔유일무이성〕uniqueness을 깨닫게 하고, 그럼으로써 칸트의 세번째 종합을 넘어선다. 이 종합들은 각기 들뢰즈의 칸트에 대한 공격에서 근간을 이룬다. 이 대안적 철학사를 통해 그는 시간의 능동적 종합의 우선성에 의문을 제기한다.

흄은 어떻게 전통적 인과성으로부터 벗어나는가?

흄은 모든 명제를 분석적인 것으로 만드는 합리주의 전통과 결별한다. 예컨대 라이프니츠는 만물이 그것의 개념에 대해 종속적인 관계를 유지한다고 말한다. 카이사르가 루비콘 강을 건너는 것은 '카이사르'라는 주체에 이미 내포되어 있는 것이며, 이는 관계들을 내부화한다.[2] 흄은 관계들을 그 항들의 외부로 만듦으로써 합리주의에서 벗어났다. 그렇게 할 때 항들 사이의 필연적인 관계가 제거되기 때문이다. 합리주의 철학자가 카이사르는 루비콘 강을 건넌 그 사람이다라고 말하는 반면에, 흄은 카이사르와 루비콘 강을 건넘이 우연히 동시에 발생한 것이라고 말할 것이다. 왜냐하면 '카이사르'에는 그가 루비콘 강을 건너게 하는 원인이 될 어떠한 것도 내포되어 있지 않기 때문이다.[3] 그 둘

---

2) 라이프니츠에게 관계는 외부적이 아니라 내부적인데, 이는 가령 '카이사르'라는 주체의 개념 안에 '루비콘 강을 건너다'라는 빈위賓位가 필연적으로 그 속에 접혀 있음을 의미한다. 마치 CD를 들을 때, 시간이 개입하면 CD 안에 있는 리듬이 순서대로 펼쳐지듯이 말이다. 이에 반해 흄에게 관계는 외부적인 것으로, 이는 관계를 우발적인 것으로 규정한다는 것을 뜻한다.—옮긴이

은 '그리고'를 통해 연결되는데, 흄이라면 존재론적 인과성을 내포하는 '이다'라는 말보다는 '그리고'를 선호했을 것이다. 라이프니츠와 같은 합리주의 철학자에게 있어서, 시간은 주체 안에 담지되어 있는 빈위賓位들이 스스로 발현하기 때문에 펼쳐지는 것이다. 전지적인 신의 정신 속에서 각각의 주체는 시간 외부에 존속하며, 그것은 인간의 유한성에 따라 시간 속에서 펼쳐진다. 흄은 처음으로 시간을 관계들의 필연적인 접속의 사슬로부터 풀어놓았다. 그에게 관계들이란 그것들을 연합시키는 관조하는[4] 정신을 통해 사후적으로 드러나는 것이다. 그럼으로써 그는 관계들의 총체성과 시간의 필연적 통일성을 제거한다. 요소들은 이제 시간 속에서 파편들이나 원자들로서 나타나며, 그 각각은 정신에 의해 종합되는 감각인상으로서 작동한다. 이제 시간은 인식에 대한 한계가 아니라 정신의 힘이 된다.

관념연합은 어떻게 시간을 종합하는가?

감각인상들은 어떻게 결합하여 시간의 관념을 전개하는가? 그 답은 습관에 있다. 우리가 어떤 습관을 수축할 때 우리는 소여所與를 넘어

---

3) 보는 그의 시론 3부(다양체와 외부성)에서 관계들이 그것들의 항들에 외부적으로 남아 있는, 들뢰즈의 경험론을 분석하였다. Bruce Baugh, "Deleuze and Empiricism", Journal of the British Society for Phenomenology, vol. 24, January 1993, pp. 17~21.

4) 'contemplate'는 '관조하다'로 쓰일 수 있지만 '응시하다'로도 사용 가능하다. 물론 이 대목에서는 둘 다 쓸 수 있지만, 들뢰즈가 (감성적 차원에서의) 시간의 수동적 종합을 설명하면서 불어 'contempler'라는 동사를 사용할 때는 주체 이전의 애벌레 자아들이 관조한다는 맥락에서 썼다. 즉 주체 성립 이전의 관조contemplation와 수축contraction을 통한 시간의 종합과 그에 따른 주체의 구성을 말하는 것이다. 이럴 때 'contempler'(contemplate)는 응시가 아닌 관조로 옮기는 것이 나을 것이다. 왜냐하면 '응시'는 마치 확실한 주체를 전제한 불어의 'regarder', 영어의 'gaze'라는 어감으로 들리기 때문이다.—옮긴이

선다.[5] 우리가 어제와 마찬가지로 오늘 태양이 떠오르는 것을 볼 때 우리는 그것이 내일도 떠오르리라고 추정하는데, 내일이란 그것이 오늘이 되기 전에는 결코 당도하지 않는 것이고, 따라서 경험의 외부에 있는 것이다.[6] 내일에 대해 우리가 가진 개념은 소여를 초월하고, 미래의 일어남[사건]들을 기대하는 우리의 능력에서 나온다. 이러한 능력은 감각인상들이 이웃하도록 해주고 우리가 관계들의 인상들을 일구도록 해준다. 이 두번째 단계의 인상들은 감각들 자체를 넘어선다. 그것들은 오직 관조하는 정신에만 속하며, 그 정신은 떠오르는 태양의 이미지를 그려 낼 수 있고, 시간을 통하여 떠오르는 연속적인 패턴을 가정할 수 있다. 이 두번째 단계의 인상이 없다면 시간은 지속[durée] 안에서 종합되지 않을 것이다.

베르그손은 어떻게 흄을 비판했는가?

앙리 베르그손은 연합 원리들의 표층적인 성질을 비판했다. 즉 유사성은 관념들이 연합되는 이유를 설명할 수 없다는 것이다.[7] 베르그손의 견지에서, 유사성이 연합을 야기하는 것이라면 "어떤 유사점들을 갖

---

5) 습관은 일종의 수축=종합이다. 만일 어떤 계기들을 수축하지 않는다면 마치 물질적 반복과 같이 '실패한 탄생지점'만을 가리킬 것이다. 다시 말해 수축이 없다면 시간은 흐르지 않는다.—옮긴이

6) "태양이 내-일 떠오르지 않을 것이라는 것은 매우 명료한 명제이며, 떠오를 것이라는 것은 긍정도 부정도 아님을 의미한다. 그러므로 우리는 부질없이 그것의 허위성을 증명해야만 한다."(David Hume, An Enquiry Concerning Human Understanding, ed. E. Steinberg, Indianapolis: Hackett Publishing Company, 1977, p. 15)

7) 흄의 관념연합론은 마치 뉴턴의 '만유인력'의 작용과 같이, 단순 지각들이 상호 인력작용 attraction에 의해 상상작용 안에서 결합하는 것을 의미한다. 관념연합의 원리로는 유사성 resemblance 이외에도 인접성contiguity과 인과성causality이 있다.—옮긴이

지 않거나 일정 부분에서 서로 닿지 않는 두 개의 관념들을 찾는 것은 소용없는 일일 것이다".[8] 관념연합은 어떤 관념들이 연합하고 어떤 것들은 하지 않는 이유를 설명하지 못한다.

홉은 정념passion에 관한 자신의 이론을 가지고 관념들이 연합하는 방식을 설명했다. 말하자면 관심들이 관념연합들을 분배한다는 것이다. 프로이트는 이 연합의 개념에 동의했다. 두 사람은 모두 정념을 가지고 이 접속을 설명한다. 연합은 연결의 첫번째 '표면적' 층위에서 발생하고, 관념들의 조정[9]을 위해서는 그것들의 통접conjunction을 설명하는 보다 심층적인 두번째 층위가 필요하다. 통접은 어떤 관념들이 우리의 기억으로부터 선별되어 현재와 융합되도록 한다. 이를 설명하기 위해서 우리는 어떤 문제와 조우했을 때 솟아오르는 과거의 특정한 요소들에 대한 우리의 관심을 설명해야만 한다.[10]

조우란 무엇인가?

베르그손에게 있어서 홉의 관념연합이 기억을 설명하지 못하는 것은 어떠한 과거의 요소든 현재의 요소와 유사한 것일 수 있기 때문이다. 기억은 과거를 전체로서 파악하는 것에 더하여 과거의 특정한 요소들

---

8) Henri Bergson, Matter and Memory, trans. N. M. Paul and W. S. Palmer, New York: Zone Books, 1991, p. 163. Gilles Deleuze, Empiricism and Subjectivity: An Essay on Hume's Theory of Human Nature, trans. C. Boundas, New York: Columbia University Press, 1991, p. 102.

9) 이때의 '조정' coordination이란 말의 맥락은 이를테면 수학에서의 좌표화에 해당한다.—옮긴이

10) 베르그손은 우리 기억 속에 있는 어떤 것이 선택되어 현재와 융합된다고 보는데, 홉에게는 왜 하필이면 그때 그것이 솟아오르는가 하는 기억의 문제가 빠져 있다는 것이다.—옮긴이

에 초점을 맞추어야 한다. 베르그손이 보기에 현재의 조우는 기억에 생기를 불어넣는다.[11] "기억은 현재 상황으로부터 오는 호소에 응답하며, 기억이 그것에 생명력을 주는 온기를 빌려 오는 것은 현재 행위의 감각-운동sensori-motor의 요소들로부터이다."[12] 이 생명력은 순간들 간의 유사성에서 생겨난다기보다는 차라리 행위에의 필요에서 생겨난다. 베르그손에게 학습은 기억을 필연적인 것으로 만든다. 그는 『물질과 기억』에서 우리가 어떤 외국어를 처음 들으면 그것을 즉각적으로 기억할 수 없다고 말한다. 대신에 우리는 그 요소들을 우리의 말 속에서 재창조함으로써 그것을 변별화해야만 한다.[13] 요소들을 구별하고 〔단순한〕 재인을 초월하는 어떤 기억을 발생시킬 이러한 필요가 학습을 요구한다.[14] 베르그손은 학습의 이러한 과정을 다음과 같이 기술한다.

> 각각의 새로운 시도에서 그것〔학습〕은 상호 침투하는 운동들을 분리한다. 매번 그것〔학습〕은 신체로 하여금 지각되지 않은 채 지나간 새로운 세부에 우리 신체가 주목할 것을 요청한다. 그것〔학습〕은 신체로 하여금 식별하고 분류할 것을 명한다. 그것〔학습〕은 본질적인 것이 무엇인지 가르치며, 총체적 운동 속에서 그것의 내적 구조를 구별하는 선線들을 차례로 지적한다.[15]

---

11) 내가 현재 어떤 것을 바라보고 지각하고 있는 것과 기억의 활동은 각기 따로 진행되는 것이 아니라 서로 맞물려 돌아간다.—옮긴이

12) Bergson, Matter and Memory, p. 153.

13) 외국어라는 생소한 언어를 접할 때, 우리는 그것을 파편화해서 재조합하기 때문에 기억에 어려움을 느낀다는 것이다.—옮긴이

14) 다시 말해 행동 이외에 학습이라는 것이 인간의 기억을 활용하지 않을 수 없게 만든다는 것이다.—옮긴이

학습은 잃어버린 기억의 회복 이상을 아우른다. 그것은 또한 현재와 과거의 동시적 변양을 요구한다. 우리의 감각이 우리에게 부분적인 정보만을 제공하기 때문에 우리는 기억에 비추어 그것들을 재평가해야 한다. 플라톤은 『국가』에서 이 과정을 다음과 같이 기술한다.

어떤 지각의 보고들은 감각에 의해 판단된 것들로도 충분해 보이기 때문에 사유가 재고하도록 하지 않지만, 반면에 나머지 다른 것들은 감각이 신뢰할 수 있는 것을 아무것도 낳을 수 없기 때문에 언제나 지성이 반성하도록 인도한다네.[16]

정신은 상반되는 감각들과 조우할 때에만 반성한다. 인식이 '적실'하고 재인 가능한 감각의 요소들 층위에 머문다면, 우리는 [마치 흄과 같이] 유사성에 기반한 1차적 층위의 연합 이상으로 나아가지 못할 것이다. 기억은 무엇인가가 어떤 과거의 요소와 닮는 데 실패할 때에 비로소 작동한다. 들뢰즈는 이 실패를 '조우'[마주침]라고 부른다.[17] 이 조우는 우리를 무관심하게 내버려 두지 않는다. "그것은 일련의 감응적 높낮이들, 즉 경이, 사랑, 증오, 고통 속에서 파악될 수 있다."[18] 조우의 정서적 구성요소는 특정한 요소들에 대한 우리의 관심을 구성

---

15) Ibid., pp. 111~112.
16) Plato, The Republic, Collected Dialogues VII, ed. E. Hamilton and H. Cairns, New Jersey : Princeton University Press, 1961, 523b.
17) Gilles Deleuze, Difference and Repetition, trans. P. Patton, New York : Columbia University Press, 1994, p. 139.
18) Ibid., p. 139.

한다. 그것은 우리가 특정한 요소들을 다른 것들 대신 선택하고 연합하는 이유를 설명해 준다.

흄은 인상의 첫번째와 두번째 등급, 즉 감각의 인상과 관계들의 인상을 발견했다. 베르그손에 따르면, 이 관계들은 비결정적인 것으로 남아 있기 때문에[19] 관심의 세번째 층위를 통해 특정한 요소들이 연합하는 이유를 설명할 필요가 있다. 그것은 우리가 유사성들을 재인하기 시작할 때 우리로 하여금 행위하고, 생각하고, 학습하며, 기억들을 창조 및 재창조할 것을 요청한다. 이는 요소들 모두를 부유浮遊하게 만든다. 이러한 [기억에서의] 반복으로 인해 지각들은 우리의 기억들과 더불어 변화한다. 각각의 새로운 경험은 과거를 변양시키고, 그럼으로써 학습을 통해 결정되는 고착화된 요소들로부터 과거를 풀어놓는다[열리게 한다]. 이는 시간의 두번째 종합을 구성하는데, 이것은 연합의 첫번째 종합과는 달리 상이한 차원들에 속하는 요소들을 연합시킨다. 각각의 새로운 조우가 과거에 대한 우리의 관계를 변환시킨다면, 우리가 기억하는 과거는 변화할 것이다. 그것이 가진 유연한 본성 때문에 과거는 과거-현재, 혹은 돌에 새겨진 항구적인 기록을 초월한다. 시간은 식별되고 비교 가능한 요소들을 가지고 하나의 선을 긋지 않는다.[20] 정신은 그러한 요소들과 융합함으로써 양자 모두를 변양시킨다. 이 변양은 들뢰즈가 '시간의 두번째 종합'이라 부르는 것을 발생시킨다.

---

19) 다시 말해 흄은 첫번째와 두번째만 설명했고 세번째는 설명하지 않았기 때문에 '비결정적인 것'이라는 뜻이다. 이에 반해 베르그손은 그 특정한 요소들이 어째서 떠오르는지를 설명해 준다.—옮긴이
20) 시간이 선을 긋는다는 것은 시간이 계열을 만들어 간다는 의미이다.—옮긴이

영원회귀는 어떻게 시간을 종합하는가?

시간은 순간들의 연합 이상의 것을 요한다. 시간은 순간들 바깥으로의 도약과 세번째 등급의 유형들에 대한 인식을 요하는 것이다. 그것은 의식함이 없는 반복 이상의 것을 요구하는데, 우리는 우리의 지식으로 이끄는 반복적 행위들에 대해 알지 못해도 학습할 수 있기 때문이다. 프로이트가 발견했듯이, 우리는 인식하지 못한 채 강박적 행동 양식을 반복할 수 있다.[21] 우리가 앞선 두 종합의 층위에 머무른다면, 우리는 시간에 대해 매우 협소하게 지각하며 살게 될 것이다. 이 지각을 넓히기 위해서 우리는 시간의 또 다른 차원, 즉 세번째 종합을 필요로 한다.

니체의 영원회귀 이론은 시간에 대한 하나의 우주론적 교의로 기능한다. 그가 보기에, 시간이 무한하고 일어남[사건]들의 조합 가능한 수가 제한되어 있다면 궁극적으로 이 일어남들은 반복될 수밖에 없고,[22] "이 조합들 각각은 동일한 계열들 안에서의 조합들의 전체 순서를 조건 짓는다".[23]

---

21) 이는 프로이트의 '반복강박' Wiederholungszwang을 의미한다. 들뢰즈는 반복강박이 쾌락원칙의 '너머에' 반복 혹은 수동적 종합이 작동하고 있음을 드러내는 적절한 본보기라고 보고 있다. 프로이트에게 쾌Lust란 흥분/자극의 해소를 의미하는데, 반복강박은 불쾌 Unlust의 반복에 다름 아니기 때문에 그 근저에는 반복이 놓여 있다는 것이다.―옮긴이

22) 주지하는 것처럼, 니체의 영원회귀 이론은 열역학 제1법칙, 즉 에네르기 보존의 법칙으로부터 영감을 받아 성립되었다. 다시 말해 시간은 무한한 데 비해 제한된 에네르기=세계의 총량은 불변하므로 같은 조합이 반복될 거라는 말이다. 이 영원회귀 이론을 동일자의 반복으로 이해하느냐, 아니면 차이의 반복으로 이해하느냐에 따라 전혀 다른 영원회귀론으로 귀착될 것이다.―옮긴이

23) Friedrich Nietzsche, The Will to Power, trans. W. Kaufmann and R. J. Hollingdale, New York: Vintage Books, 1968, p. 549.

이 학설의 의미는 우리의 시간감각에 대한 그것의 영향력에 있으며, 그것의 진실성 여부와 별개로 성립한다. 앞의 두 가지 시간의 종합을 통해 우리는 연접과 통접에 대해 알게 되었지만, 조합들에 대해서는 알지 못한다. 영원회귀는 우리 내부에서 발생하는 주관적 조합들이 아니라 시간 자체 안에서 일어남들의 조합들에 대해 알게 해준다.[24] 니체의 학설은 여전히 앞의 종합들의 규칙을 따른다. 그것은 사건들 사이에 하나의 인과성을 가정하지 않는다.[25] 사건들은 마치 무수히 굴려지고 궁극적으로 패턴들을 드러내는 주사위 놀이처럼 여전히 무작위적[임의적]이다. 비록 그 놀이가 여전히 무작위적인 것이라고 해도 그 조합들은 하나의 패턴이 재출현하기 전에 여러 번의 던지기를 필요로 한다. 주사위 던지기는 이 놀이의 유일한 필연을 구성한다. 모든 조합은 그것들의 차이들을 통해 다음의 수를 조건 짓는다. 하나의 조합을 반복

---

24) 들뢰즈에 따르면, "니체는 영원회귀를 확률적인 관점에서, 그리고 다수의 [주사위] 던지기로부터 연역된 것으로 제시한다". 그러나 "이 텍스트들은 오로지 영원회귀의 '미래적인' [가정적인] 설명만을 제공한다"(Gilles Deleuze, Nietzsche and Philosophy, trans. H. Tomlinson, New York: Columbia University Press, 1983, p. 202). 들뢰즈는 이 [주사위] 놀이가 회귀하는 욕망된 조합에 종사하는 또 다른 파스칼의 내기[도박사의 내기]가 될 수 있다는 점을 염려했다. 들뢰즈는 이 조합으로부터 확률성을 제거하는 데 심혈을 기울였다. 그 까닭은 영원회귀란 실재적인 것이며 라캉에 따르면, "확률과 우연의 개념은 실재계 안에서의 어떤 상징의 도입을 전제하기 때문이다"(Jacques Lacan, The Seminar of Jacques Lacan: Book II, The Ego in Freud's Theory and in the Technique of Psychoanalysis 1954-1955, trans. S. Tomaselli, New York: W. W. Norton & Co., 1988, p. 182). 확률성을 제거하기 위해 우리는 욕망된 결과의 회귀를 유발하도록 반복하는 상징적 기억을 반드시 제거해야만 한다. 이러한 이유로 영원회귀의 사유는 불특정한 조합으로서의 '미래적인' [가정적인] 현전을 필요로 한다. 그러나 또한 그것은 "그 자체의 있는 그대로를 생산하게 되는 …… 단 하나의 주사위 던지기"라는 운명적인 조합의 우주론적 원리이다 (Deleuze, Nietzsche and Philosophy, p. 25). 요약하자면, 영원회귀는 그것이 현시되는 방식으로 규정되지 않는다.

25) 이때의 인과성은 주사위 놀이에서 던지기를 통해 무작위로 숫자가 나오지만 이것을 무수히 반복하면 결국 어떤 일정한 패턴이 드러난다는 의미에서의 인과성을 말한다.—옮긴이

하려면 우리는 그 모든 조합들을 통과해야 한다. 또한 우리는 나머지 조합 없이 하나의 조합을 긍정할 수 없다.[26] 모든 조합은 그것들의 이접disjunction을 통해 실현되며, 그로부터 우리는 시간 속의 순간들에 대해 알게 된다. 시간의 이접적 종합.

니체는 『차라투스트라는 이렇게 말했다』에서 성문城門의 우화를 들어 영원회귀가 순간에 대한 우리의 인식에 어떤 영향을 미치는지 보여 준다. 그는 두 개의 길이 교차하는 성문에 대해 이야기한다. 길 하나는 무한히 미래로, 다른 하나는 과거로 뻗어 있다. 그는 성문의 이름을 말한다. "성문 이름이 위에 쓰여져 있다. '순간'이라고."[27] 순간은 그 길들에 달려 있다. 그것들은 서로를 조건 짓는다. 시간 속에서 한 사람의 순간을 인식하게 되려면 성문이 상징하고 있는 시간 전체에 대해 인식해야 한다.[28] '순간'은 그것의 회귀, 반복되는 패턴에 대한 의식을 요구한다. 그것은 기억과는 구분된 채로 있다. 차라투스트라가 이 순간이 회귀하는 것에 대해 말할 때 그가 그것에 대한 기억을 환기시키는 것일 수는 없는데, 왜냐하면 그것은 미래적[29]인 것이기 때문이다. 그러나 이러한 미래적 반복을 통해 우리는 시간의 테두리들을 메

---

26) 이는 영원회귀의 원환적圓環的 성격을 가리킨다. 즉 하나를 긍정하려면 전체를 긍정해야 하고, 전체를 긍정하기 위해서는 하나를 긍정해야만 한다는 것이다.—옮긴이

27) Friedrich Nietzsche, Thus Spoke Zarathustra : A book for None and All, trans. W. Kaufmann, New York : Penguin Books, 1966, p. 158.

28) 이것은 시간의 총체성에 관한 안셀-피어슨의 논급과 일치한다. 즉 시간의 총체성은 "오직 '영원성'이라는 이름을 그의 '순간'에 제공하는 니체적 의미 안에서의 전체성이다"라는 것이다(Keith Ansell-Pearson, Germinal Life: The Difference and Repetition of Deleuze, New York : Routledge, 1999, p 103).

29) 원문에는 '가정적' hypothetical이라고 되어 있으나 시간의 견지에서 보자면 이는 결국 (결정되지 않은) 미래를 의미하므로 문맥에 맞게 '미래적'으로 의역하였다.—옮긴이

울 수 있다. 요컨대 우리는 단순히 지속을 통해 산다기보다는, 이러한 미래hypothesis를 통해 시간 속에서 우리의 위치를 인식한다. 역설적으로 현재의 순간은 반복을 통해 독특한 것〔유일무이한 것〕이 된다. 비록 우리가 시간 속에서 지속적으로 경험들을 갖고 각각의 순간은 다음의 것과 차이를 갖지만, 순간 자체는 분명하지 않아 보인다. 우리가 하나의 사건이 일어나는 것을 깨달을 때조차도 그것은 우발적인 느낌을 주며, 우리는 종종 그것을 무단으로 흘러가게 내버려 둔다. 하나의 사건이 시간 속에서 하나의 위치를 유지하려면, 그것은 다른 모든 가능한 사건들과 관련되어 있어야만 한다. 정신은 이 순간과 다른 모든 순간들 사이에 이접을 창조해야만 그것을 완전히 실재적인 것으로 만들 수 있다. 하나의 순간을 우리가 관통하는 어떤 것 이상의 것으로 만들려면, 우리는 그것이 다른 모든 사건-조합과의 관계 속에서 갖는 독특성〔유일무이성〕을 인식해야만 한다.[30] 시간 속에서 하나의 순간을 지각하기 위해서 우리는 전체로서의 시간에 대한 인식을 유지해야만 한다. 이것이 시간의 세번째 종합이다.

시간의 세번째 종합은 왜 자율적인가?

앞의 두 가지 시간의 종합과는 달리 시간의 세번째 종합은 주체에 좌우되지 않는다. 정신은 감각요소들로부터 연접과 통접을 가져와야만 한다. 정신은 가상illusion을 통해 이 요소들을 스스로에게 표상한다. 정신은 사실상 파편화된 채로 있는 발산하는 요소들이 함께 나타날 것을

---

30) 영원회귀 속에서의 지금=현재를 인식하는 것을 의미한다.—옮긴이

요구하고, 그럼으로써 어떤 주관적 가상을 창조한다. 영원회귀에서 동일성들은 회귀하지 않는다. 오히려 그 원자적 본성에서 상이한 조합들이 회귀한다. 세번째 종합은 사실상 지금의 순간과 다른 모든 순간들을 구분함으로써 이러한 가상들의 가면을 벗긴다. 기억은 정신 속에서 순간들을 통접한다. 따라서 우리가 이 두번째 종합에서 멈춘다면, 우리는 결코 각각의 순간의 독특성을 파악할 수 없을 것이다. 현재의 순간은 인접한 순간들과 구분되는 독특한 하나의 조합을 수립한다. 어떠한 조합도 우리 생전에 정확히 동일한 것을 반복하지 않는다. 우리가 상이한 조합들에 대해 인식하게 될 때, 우리는 새로움을 인식하게 된다. 그것은 우리에게서 나타나는 것이 아니라, 시간 자체 내에서의 조합들의 임의적인 놀이로부터 분출한다. 이런 차이들에 주목함으로써 우리는 순간의 실재성, 즉 그것의 독특성을 인식하게 된다.

2. 칸트의 시간의 세 가지 종합

칸트의 첫번째 비판[『순수이성 비판』] 가운데 「순수오성 개념들의 연역에 대하여」에 등장하는 세 가지 종합은, 직관에서 각지覺知의 종합, 구상력[31]에서 재생의 종합, 개념에서 재인의 종합이라는 세 부분으로 나뉜다. 첫번째 것은 감성의 잡다[감성에 주어진 잡다]를 단일한 순간

---

31) 'imagination' 이라는 말은 칸트의 맥락에서는 (감성과 오성을 매개하는) '구상력' 이나 '상상력' 으로 옮길 수 있지만, 흄과 들뢰즈의 맥락에서는 '상상작용' 이나 '이미지작용' 으로 옮기는 것이 적절하다. 따라서 전자의 경우는 '구상력' 으로, 후자의 경우는 '상상작용' 으로 구분하여 번역하였다.—옮긴이

속에 종합한다. 두번째 것은 시간을 가로질러 표상들의 복수성을 종합한다. 세번째 것은 표상들을 그것들 모두에 수반되는 '나는 생각한다' [코기토]를 통해 하나의 개념에 복속시킴으로써 표상들의 복수성[32]을 종합한다. 이 절에서 우리는 들뢰즈가 이 각각의 종합들에 대립하는 방식을 보게 될 것이다. 각각의 예에서 들뢰즈는 칸트가 간과했던, 그것들 각각에 전제되어 있는 수동적인 요소를 발견한다. 첫번째 종합에서 칸트는 연장을 생산하는 강도적 크기intensive magnitude의 역할을 간과한다. 두번째에서 그는 인식능력들의 일치에 대한 자신의 전제를 간과하는데, 그는 자신의 글 「숭고에 대한 분석」에서 이 문제를 제기했다. 세번째에서 그는 그가 유비의 원리들을 사용함으로써 표상에 종속시킨 수용성receptivity의 수동성을 유지함으로써 영속화하는 내면화된 이원론을 간과한다. 이 비평들 각각은 들뢰즈의 칸트 비판과 이에 따른 세 가지 종합의 재발명의 중요성을 보여 준다.

각지의 종합이란 무엇인가?

시공간은 무한한 다양성을 가지고 있다. 모든 두 순간들은 다른 순간을 통해 무한히 분할할 수 있다. 공간상의 모든 두 점 사이에는 다른 점이 끼어들 수 있다. 무한한 다양성이 공간과 시간 안에서 나타날 뿐아니라 공간과 시간 자체가 다양하게 존재한다. 그러나 만일 우리의 수

---

32) 이때의 표상representation은 우리가 흔히 이해하는 표상이 아니라, 각지가 종합함으로써 우리 마음속에 생기는 상像=image을 의미한다. 마치 영국 경험론자들이 말하는 관념idea과 같이 이해해야 한다. 포크너는 일반적 의미의 표상과 이러한 의미의 표상을 뒤섞어 사용하는 경향이 있으므로 주의해서 읽어야 한다. 그리고 표상들의 복수성은 여러 가지 감각자료sense data를 의미한다.—옮긴이

용성이 시간과 공간의 이러한 다양한 요소들만을 받아들인다면, 우리는 결코 인상들을 구성할 수 없을 것이다. 그러므로 우리는 이 무한한 다양성들을 종합을 통해 일정한 형식으로 응축해야만 한다.[33]

직관의 각지적 종합은 극한limit들을 설정함으로써 작동한다.[34] 이를테면 내 눈이 텍스트 위를 지나갈 때 그 텍스트가 점유하고 있는 공간은 별개의 부분들을 발생시킨다. 페이지 위의 문자들은 조판 안의 작은 불규칙성들을 여과해 내면서 다가선다. 이를 인지하기 위해서는 새로운 층위에서의 종합이 시작되어야 한다. 종합은 부분들의 지각을 배분하는데, 이는 시간 속에서 각지되어야만 한다.[35] 눈이 하나의 단어를 가로질러 움직이려면 짧은 시간이 개입해야만 한다. 순식간에 일별하는 것이라고 해도 짧은 순간이 지나가야 재인이 발생한다. 때때로 공간 속의 대상들은 동시적으로 나타나는데, 왜냐하면 각지의 종합이 사유보다 빠르게 작동하기 때문이다. 각지가 어떤 대상을 순식간에 관찰하는 고정된 위치에서 발생할 때 그것은 하나의 객관적objective 각지로[36] 나타나며, 거기서는 오직 대상의 한 면만이 드러난다. 이러한 각지는 단일한 순간에 분출한다. 그러나 만일 우리가 그 대상을 모든 면에서 바라보면서 그 주변을 돌아다닌다면, 이 종합은 보다 긴 시간에 걸친 보다 큰 종합의 행위를 요하기 때문에 주관적[주체적]이 된다.

---

33) 만일 종합이나 응축이 없다면, 사실상 반복이라 할 수 없는 물질적 반복만이 단속적으로 일어나고, 시간은 멈추어 버릴 것이다.—옮긴이
34) 마치 희랍철학의 '아페이론' [무한정자]apeiron과 같이 무한정한 연속체에 극한을 주어야 개체가 성립하듯이, 잡다에 극한=한계를 주어야 종합이 생겨난다는 것이다.—옮긴이
35) 다시 말해 각지의 종합이 가능하려면 시간이 개입해야 한다는 것이다.—옮긴이
36) '수동적으로'라는 뉘앙스. 이를테면 보려고 한 것은 아니지만 보게 되는 것과 같은 상황이다.—옮긴이

칸트에게 종합은 의식 이전의 것으로, "영혼의 맹목적인, 그러나 불가결한 기능"으로 남아 있다. "종합이 없다면 우리는 어떠한 지식도 얻을 수 없겠지만, 그것[각지의 종합]에 대해 의식하는 일은 없다."[37] 그럼에도 그것은 능동적인 인식능력으로부터 발생한다. "그러므로 우리 안에는 이 잡다를 종합하는 능동적인 인식능력이 존재하는 것이 분명하다."[38] 칸트는 재생의 종합은 물론, 이 종합을 책임지는 인식능력을 가리켜 '구상력' imagination이라고 부른다. 따라서 구상력은 이중의 역할을 갖는다. 구상력은 순수하게 수용적인 감성을 취하고 그것을 일관된 형식 속으로 처리한다. 이는 오성의 능력이 대상들을 재인할 수 있도록 해준다. 결국 구상력은 감성의 수동적 능력과 오성의 능동적 능력을 매개하는 것이다.

칸트는 수동적 종합을 이해할 수 없었기 때문에 구상력을 '능동적'이라고 불렀다. 사실 그는 감성을 종합의 인식능력으로 만드는 사람들을 비판한다. 그는 "감각들이 인상들을 제공할 뿐만 아니라 그것들을 결합함으로써 대상들의 이미지들을 만들어 낸다는 믿음"에 반론을 제기했다. "그런 목적을 위해서라면 의심의 여지없이 단순한 감각의 수용성 이상의 것, 말하자면 그것들을 종합하는 기능이 요청된다."[39] 칸트는 눈과 같은 기관이 인상들을 결합하여 대상들의 이미지들을 만들어 낼 수 있다[40]고 여긴 당대의 심리학자들을 공격했다. 칸트는 오직 '영혼'의 능력만이 이러한 일을 수행할 수 있다고 주장했다.

---

37) Kant, Critique of Pure Reason, p. 112.
38) Ibid., p. 144.
39) Ibid., p. 144.

강도적 크기는 각지에 기여하는가?

『판단력 비판』에서 칸트는 비록 다른 목적을 가지고서이기는 하지만, 다시 한번 각지의 종합에 접근한다. 이 저작에서 그는 종합의 극한들을 찾는다. 종합은 지각 대상들의 상대적인 크기를 결정한다. 예를 들어 전경의 나무는 배경의 산보다 커 보일 것이다. 구상력은 지각을 조정하여 산이 더 작게 나타날지라도 더 큰 크기를 갖는 것처럼 보이게 할 것이다. 칸트는 이를 (수학적 크기에 대립되는) 크기의 감성적aesthetical 결정이라고 부른다. 우리는 무한한 수학적 크기를 상상할 수는 있지만 무한한 감성적 크기를 상상할 수는 없다. 어째서일까? 감성은 비록 어떠한 크기라도 각지할 수 있지만, 구상력은 그것을 파악할 수 없다.[41] "각지에 대해 말하자면, 그것은 무한히 계속될 수 있으므로 문제가 없다. 그러나 각지가 멀리 나갈수록 파악은 어려워진다."[42] 지각 가능한 수용성은 요소들의 크기를 평가하지 않고서도 그 요소들을 각지할 수 있다. 오직 구상력만이 그것들을 공간과 시간 속에 위치시킨다.

하나의 시각장은 비록 그것이 단지 한 공간에만 속하는 것일지라도 여러 공간적 차원들을 접어 넣을 것이다. 만일 내가 전경의 나무를 바라본다면, 나는 그것을 측정의 한 단위로 취할 것이다. 다시 말해 나는 산이 그 나무의 여러 배의 크기로 이루어져 있다고 생각할 것이다. 만일 내가 나무 위의 태양을 본다면, 나는 또 그것이 더 큰 크기를 가

---

40) 눈이 이미지들의 종합을 만들어 낸다는 것으로, 수동적 종합에 해당한다.—옮긴이
41) 이를테면 감성과 구상력이 아귀가 딱 안 맞는다는 뜻이다.—옮긴이
42) Immanuel Kant, Critique of Judgement, trans. J. H. Bernard, London: Collier Macmillan Publishers, 1951, p. 90.

지고 있다고 생각할 것이다. 이와 같이 크기에 대한 여러 가지 평가가 단일한 공간 안에 공존할 것이다. 내가 이 크기들을 평가할 때 그것들이 점유하는 공간들은, 비록 그것들이 하나의 단일한 공간 내에서 표상될지라도 상이한 크기의 질서들에 속한다.

그러나 정신이 더 이상 크기를 평가할 수 없다면 어떻게 될까? 칸트는 각지의 종합에 대한 기초를 발견하는 「숭고에 대한 분석」에서 이에 대해 논하고 있다. 앞서 살펴본 것처럼 어떤 공간, 혹은 어떤 시간을 종합할 때 우리는 크기에 극한을 정해야 한다. 각각의 순간에 구상력은 지각을 크기에 맞추어 조정한다. 그러나 크기에 대한 표지들이 없는 지각의 장을 만날 때, 구상력은 점점 더 큰 크기의 정도를 적용하려고 한다. 그것은 곧 극한에 도달한다. 종합은 실패하고 숭고한 것의 느낌이 시작된다.[43]

크기에 대한 표지는 무엇인가? 『차이와 반복』에서 들뢰즈는 이에 대한 답을 제시하고자 한다. "지각에 깊이를 제공하는 것은 체험된 강도가 지닌 점진적 감소의 역량이다."[44] 사물들은 거리에 따라 강도를 달리한다. 멀리 있는 사물들은 강도를 잃는다. 이는 "그것은 연장적 크기를 갖지 않는다"[45]라고 말한 강도적 크기에 대한 칸트의 주장에 모순되는 듯하다. 칸트의 견지에서 강도적 크기는 연장에 기여하지 않고 공간을 채운다. 그러나 크기의 평가는 이 강도적 요소들 없이는 휴

---

43) 이는 오성의 범주에 넘겨주지 못하고, 따라서 (오성에 포획되지 않는) 숭고한 것에 놀라서 바라볼 수밖에 없는 상태를 말한다.—옮긴이
44) Deleuze, Difference and Repetition, p. 230.
45) Kant, Critique of Pure Reason, p. 203.

지休止의 상태에 머물러 있을 것이다. 강도가 연장에 기여하지 않는다면, 세계는 2차원으로 나타날 것이다. 그러므로 들뢰즈에 의하면, 강도는 생산적이어야 한다. 강도가 시간과 공간을 생산할 수 있다면, 그것은 종합에서 어떤 역할을 할 것이다. 크기에 대한 파악은 여전히 구상력에 속하는 것이지만, 그것의 결정에 있어서 우선적 조건은 〔강도에 대한〕 감성에 놓여 있다.

재생의 종합이란 무엇인가?

구상력은 내재적 각지력power of apprehension과 더불어 초험적 재생력power of reproduction을 가진다. 주어진 감각인상들〔현재〕에 집중하는 내재적 힘과는 달리, 초험적 힘은 소여를 넘어서서 과거를 재생해야 한다. 이 새로운 힘은 과거의 순간을 현재 속으로〔=과거를 현재에 가져와서〕 수축시킨다. 시간은 계기 속에 펼쳐지고, 우리는 이 수축이 있어야만 그 계기를 파악할 수 있다.

구상력의 초험적 활동으로서의 종합은 이미지들을 재생하는 경험적 활동과 구별된다. 예컨대 나는 한 친구를 기억하고 그의 이미지를 나의 구상력 속에서 상기할 수 있다. 즉 이러한 행위는 경험적인 것인데, 왜냐하면 그것이 하나의 대상과 관련되어 있기 때문이다. 초험적 활동은 어떤 대상의 이미지보다는 시간, 일정한 기간 동안의 시간을 재생한다. 이 구상력의 비자발적 활동은 시공간에 대한 우리의 감각을 만들어 낸다.

각지의 종합과 재생의 종합 사이에서 어떤 변화가 일어난다. 첫번째 종합〔각지의 종합〕이 시공간 자체의 다양성을 파악한다면, 두번째 종합〔재생의 종합〕은 구상력의 종합작용 속에서 시공간을 파악한다. 칸트에게 있어서 직관이 없다면, 시공간의 선험적a priori[46] 개념은 비결정적인 것으로 남아 있을 것이다. 그러므로 구상력이 시간의 순간들을 구성하고 그것들을 제한된 지속들 속으로 분절함으로써, 순수하고 비결정적인 개념과 감성의 수용적 인식능력 사이를 매개해야 한다. 이것은 재생된 과거와 현재를 통접하고, 그럼으로써 그것들의 차이들을 결정하는 재생적 종합을 요구한다. 시간에 대한 구상력의 분절적 reciprocal[47] 결정으로부터 상호적 제한이 발생한다.

재생은 과거를 왜곡하는가?

『차이와 반복』에서 들뢰즈는 칸트가 『순수이성 비판』 2판에서 「순수오성 개념들의 연역에 대하여」를 다시 씀으로써 '심리주의' psychologism를 은폐했다고 고발한다. 초판에서 칸트는 경험적 각지로부터 각지의 종합에의 필요를 연역한다. 종합은 각지의 경험적 활동으로 남아 있으며, 이 활동이 없다면 초험적 인식능력은 휴면 상태에 있을 것이다. 이런 이유로 들뢰즈는 다음과 같이 말하고 있다. "칸트는 심리적 의식의 경험적 활동들로부터 이른바 초험적인 구조들을 전사하고 있다."[48] 칸트의 재생의 종합에서도 같은 일이 벌어진다. 그는 자연이 우리의 오성을 지배하는 원리들에 종속되어야 한다고 생각하고, 표상들을 발생

---

46) 이 책에서 a priori는 '후험적' (a posteriori)과 달리 인식이 감각 경험에 논리적으로 선행하는 경험 독립적인 것이란 점에서 '선험적'으로 옮겼다.—옮긴이
47) 본래 'reciprocal'은 의미상 '상호적'으로 번역되어야 하지만, 뒤에 나오는 '상호적' mutual과 변별화하기 위해 '분절적'으로 옮겼다.—옮긴이
48) Deleuze, Difference and Repetition, p. 135.

시키는 우리의 [경험적] 능력으로부터 그것을 추론한다.[49] 그는 다음과 같은 가정 하에서는 이 표상들을 창조하는 것이 불가능하다고 말한다.

진사辰砂가 때로는 붉었다가 검었다가 하고 가벼웠다가 무거웠다가 한다면, 어떤 사람이 무시로 이런저런 동물 형상으로 모습을 바꾼다면, 하지에 어느 나라에 과일이 났다가 얼음과 눈이 뒤덮다가 한다면, 나의 경험적 구상력은 붉은색을 표상하면서 무거운 진사를 떠올릴 기회를 결코 갖지 못할 것이다.[50]

이 모든 일이 벌어진다면 우리의 구상력은 "정신 속에 죽은, 우리가 알지 못하는 인식능력으로 감춰진 채로 남아 있을 것이다".[51] 그러므로 구상력은 자연에 규칙성을 가정함으로써 그것[구상력]을 정초하는 연합 원리 이상의 것을 요한다. 칸트의 재생의 종합은 자연이 우리의 선험적인 원리들의 규칙성을 따른다고 가정한다. "이 구상력의 종합은 마찬가지로 모든 경험에 선행하여 선험적인 원리들에 근거한다. 그리고 우리는 구상력의 순수한 초험적 종합이 모든 경험의 가능성 자체를 조건 짓는 것으로 여겨야 한다."[52] 우리가 구상력 속에서 이전의 시간을 재생할 때 우리는 과거의 감각보다는 하나의 표상을 재생한다.

---

49) 경험적인 것에서 초험적인 것을 추론한다는 뜻이다.—옮긴이

50) Kant, Critique of Pure Reason, p. 132.[칸트는 보편타당한 경험의 필연성을 설명하기 위해 이와 같이 진사의 예를 들고 있다. 즉 대상과 사유가 일치한다는 증거로서 감각은 우리가 진사를 체험할 때의 감각을 매번 재생해야 하는 것이다. 그러나 들뢰즈는 자연에 필연성을 부여하는 이와 같은 독단을 비판하면서 이를 카오스 이론으로 대치하고 있다.—옮긴이]

51) Ibid., p. 132.

52) Ibid., p. 133.

그런 사실은 앞서 기술한 불규칙적 경험들의 문제를 해결한 듯이 보이는데, 경험이 표상에 종속될 때 그것은 일관된consistent 것처럼 보이기 때문이다. 들뢰즈가 말하듯 "우리는 **자연**의 입법자들이다".[53] 그러나 그의 주장에 따르면, 이것은 문제를 내면화할 뿐이다.[54] "그것은 본성상 상이한 주관적 인식능력들(수동적 감성과 능동적 오성) 사이의 관계에 대한 문제가 된다."[55] 감각과 표상 사이의 상응 이론[56]은 우리가 경험을 구성하므로 더 이상 적용되지 않는다. 그러나 우리는 다른 문제들에 직면한다. 우리가 경험하는 감성은 우리가 가진 표상들을 정당화하는가?[57] 표상을 모든 경험으로부터 분리하는 것은 현실적인 문제를 만들어 낸다. 우리는 과거를 왜곡하는 표상들을 만들어 낼 수 있는가? 모순되는 감각들을 수용하는 수용 능력이 일관되지 못하게 될 때 어떤 일이 발생하는가? 능동적 인식능력은 종합을 유지하기 위해 일관성을 유지해야만 한다. 칸트는 비록 감성을 오성에 종속시켰을지언정, 그것이 오성에 어떻게 영향을 미칠 수 있는지는 설명하지 못했다. 감성과 오성이 분리되면, 표상은 감성의 인식능력이 그것을 정당화하지 못할 때조차도 경험의 통일성을 지속적으로 유지할 것이다. 이는 「숭고에 대한 분석」에서, 감성이 표상을 좌초시키면서 그것을 따라잡을 때 발

---

53) Deleuze, Kant's Critical Philosophy, p. 14.[이 말은 들뢰즈가 직접 한 말이 아니라 그가 인용한 '칸트'의 말'이다.—옮긴이]
54) 경험적인 것은 초험적인 것에 기초하고 초험적인 것은 경험적인 것에서 가져오는 것이므로.—옮긴이
55) Ibid., p. 14.
56) 존재와 사유의 일치에 대한 가정을 말한다. 그러나 그러한 일치는 실상 우리가 만들어 내는 것이므로 불가능하다.—옮긴이
57) "우리의 틀에 전혀 안 맞는 문제가 나타나면 어떻게 될 것인가?"라는 물음과도 통하는 대목이다.—옮긴이

생하는 일이다. 이 하나의 예외〔숭고〕가 표상과 감성 사이의 가정된 일치를 폭로한다.

재인의 종합이란 무엇인가?

재인의 종합은 대상을 통일된 전체로 표상하며, 그것은 의식을 표상들을 보존하는 하나의 통일성으로 제시한다. 감각적 다양성에 통일성을 부여하는 대상=x는 종합되지 않은 채로 있는 물자체物自體와 다르다. 통합의 공식으로서의 대상=x는 의식을 통일성들에 집중시키며, 그것은 우리로 하여금 대상들을 재인하도록 한다. 지각은 이를 요청하는데, 그것〔지각〕은 대상-형식을 그것의 전제조건으로 가정하는 것이다. 이 대상=x는 의식이 통일하고자 하는 여하한-대상-모두를 지시한다. 육중한 발걸음, 포효, 영양의 질주 등 어떤 감각적 다양성들이 주어졌을 때, "이것은 사자다"라고 말할 수 있으려면 이 밖에 다른 것이 필요하다.[58] 이 다른 것이 대상=x이고, 그것의 작용은 소여를 넘어선다. 대상=x의 작용은 재인을 향하여 즉각 모습을 드러낸다. "이것은 사자다"라는 판단은 경험에 주어지지 않은 분류화와 동일화를 요한다.[59] 그러므로 우리는 이것을 초험적 활동의 작용이라고 부른다.

두번째 초험적 활동은 첫번째 것에 뒤따른다. 재인의 활동은 현재를 초월한다. 예컨대 어떤 사자를 재인하려면 우리는 그것이 좀 전에

---

58) 순전히 질quality들의 조합만 가지고서는 "이것은 사자다"라고 말할 수 없다. 즉 통각을 통해 재인이 이루어져야 하나의 통일된 동일성으로 파악할 수 있다.—옮긴이

59) 이미 분류화classification와 동일화identification가 작동하므로 판단이 가능하다는 것이다.—옮긴이

본 것과 동일한 사자인지 알아야 한다. 그러므로 우리는 앞선 표상을 재현할 필요가 있다. 재생의 종합은 오직 구상력 안에서만 작동하므로 지식을 구성하지 못한다. 지식을 구성하기 위해서는, 표상들을 시간 속에서 유지하는 오성의 능력이 표상들을 재생해야만 한다. 이 종합의 우월한 형식은 코기토cogito로부터 유래하며, "영구불변의 '나'(순수통각)[60]는 우리의 모든 표상들의 상호 관련성을 형성한다".[61] 이 새로운 통일성은 대상-형식과 주체-형식의 관계를 유지하는데, 양자는 모두 종합의 텅 빈 조건들[62]로 남아 있다. 그것들은 우리가 지각하는 현실 대상들이나 현실 주체들과 다르다. 가령 나는 한 마리 사자를 지각할 수 있다. 그것은 감각될 수 있다. 나는 나 자신에 대해 생각할 수 있다. 나는 질質들을 가지고 있다. 그러나 순수통각의 대상=x와 '나'는 질들을 갖지 않는다. 그것들은 통일성의 공식들로서 작동한다. 그렇다면 어째서 칸트는 그것들의 실존을 상정했을까? 그는 경험의 종합적 통일성에 대한 대안적 설명을 가시화할 수 없기 때문에 그렇게 했다. 이 통일성의 형식들은 우리의 지식 너머에 있다. 우리는 결코 경험 속에서 그것들과 조우하지 않을 것이다. 하지만 종합의 활동으로 인해 우리는 그것들의 실존을 상정할 수 있다.

---

60) 칸트에게 직관에서의 각지, 구상력에서의 재생, 개념에서의 재인의 능력은 선험적 통각 Apperzeption을 전제한 것이다. 즉 포착과 재생을 통해 얻은 감각자료들을 재인하려면 '나'라고 하는 자기의식이 전제되어야 한다는 것이다. 이러한 통각작용이 없다면 매 순간의 경험적 자아들로 분열될 테니 말이다.—옮긴이

61) Kant, Critique of Pure Reason, p. 146.

62) '텅 빈 조건'이라는 말은 경험적 내용을 담지하지 않은 선험적 형식을 가리킨다.—옮긴이

재인의 종합의 이원론에서 어떤 일이 벌어지는가?

들뢰즈는 칸트의 통각의 통일성이라는 개념을 행위의 관점과 **존재**의 관점에서 비판한다. 첫째로 통각의 '나는 생각한다'는 다만 어떤 현실을 스스로에게 표상할 수 있을 뿐이다. 데카르트는 이를 이용해 자아와 궁극적으로는 신의 실존을 입증하고자 한다.[63] 이것이 그의 실수이다. 들뢰즈에 따르면, "칸트의 비판 전체는 결국 다음과 같은 반反데카르트적 논박으로 귀착된다. 즉 규정을 미규정적인 것에 직접적으로 관계시키는 것은 불가능하다".[64] 요컨대 '나는 생각한다'는 존재론적으로 '나는 존재한다'와 다르다. 이 차이는, 가능한 백 달러는 실재하는 백 달러가 실존의 개념을 획득한다는 이유만으로 실재하는 백 달러와 다르다는 칸트의 유명한 말에서 드러난다.[65] 신의 실존에 대한 존재론적 증명 역시 신의 실존을 신의 개념으로부터 연역하고자 한다. 그러나 감성과 오성 사이의 이원론에 대한 칸트의 주장으로 볼 때, 오성은 다만 우리의 지각에 형식을 부여할 수 있을 뿐이다. 그 내용은 감성으로부터 비롯해야만 하는데, 감성은 오성이 그것에 형식을 부여한 후에야 규정된다. 한마디로, '**존재**'는 수동적 감성 내에 머무르며, '**사유**'는 표상의 편에 머무르는 것이다.[66]

---

63) 이때의 자아는 신에 의해 보증된 균열이 없는 영혼을 의미한다. 즉 규정(나는 생각한다)이 미규정자(나는 존재한다)를 이끌어 내는 과정에서 필연적으로 신이 개입한다는 것이다.—옮긴이

64) Deleuze, Difference and Repetition, p. 85.〔'Cogito ergo sum'은 규정과 미규정자로 이루어져 있다. 즉 '나는 존재한다'는 '나는 생각한다'에 의해 규정되는 것이다. 그러나 '나는 생각한다'는 '생각하는 나'를 전제하고 들어가기 때문에 이를 매개해 주는 제3의 항을 필요로 한다. 칸트는 그 매개항을 '시간의 형식'으로 채워 넣었다.—옮긴이〕

65) Kant, Critique of Pure Reason, p. 505.

66) 즉 존재는 감광판 역할밖에 못하고, 사유는 오성의 역할밖에 못한다는 것이다.—옮긴이

칸트에 대한 두번째 비판은 오성의 인식능력의 본성에 관한 것이다. 칸트는 오성의 유일한 활동이 현실을 통일체로서 표상하는 것으로 이루어져 있음에도 불구하고 그것을 '능동적' 인식능력이라고 부른다. 이로부터 칸트는 다음과 같이 말하기에 이른다. "나는 나의 실존을 자기-활동적 존재의 실존으로서 규정할 수 없다. 내가 할 수 있는 것이라고는 나 자신에게 나의 사유의, 즉 규정의 자발성을 표상하는 것이다. 그리고 나의 실존은 여전히 다만 감각적으로, 즉 어떤 현상의 실존으로서 규정될 수 있을 뿐이다."[67] 이것은 가령 내가 나 자신을 공을 던지는 사람으로 표상할 때조차, 그것은 단순한 행위의 현상으로 남는다는 것을 의미한다. 나는 분노를 느낄 수 있고, 누군가에게 욕설을 퍼부을 수 있지만, 이것 역시 현상적 행위로 남는다. 이 '행위들'은 우리가 그것에 대한 지식을 가지고 있는 어떤 경험적 자아의 표상에 속할 뿐이다. 우리의 희망, 기억, 욕망은 모두 우리에게 속하지 않는다. 그것들은 우리의 자기-표상에 속하는 것이다. 칸트에게 있어, 우리가 비록 자신에 대한 의식을 가지고 있다고 해도, 우리는 여전히 우리 자신에 대해 이방인으로 남아 있다. "나는 단지 나 자신에게 나타나는 것일 뿐이므로 나 자신에 대한 지식을 가지고 있지 않다."[68] 우리의 '내적 감각'은 감성 안에 남아 있다. 칸트가 나에게 귀속시킨 자아는 오성의 인식능력 안에 남아 있다. 들뢰즈는 이 분열된 주체를 '균열된 나 fractured I라 부른다.[69] 한 측면은 초험적이고 비가지적인 채

---

67) Kant, Critique of Pure Reason, p. 169.
68) Ibid., p. 169.
69) Deleuze, Difference and Repetition, p. 87.

로 있지만(그것의 효과, 즉 종합을 통해서만은 예외로 하고), 다른 측면은 내재적이면서 수동적인 듯하다. 수동적 종합에 대한 들뢰즈의 논증 전체는 통각의 이러한 초험적 통일성을 폐기하려는 시도에서 비롯한다. 그는 칸트가 어떠한 대가를 치르고서라도 자신의 표상 이론을 구제하려 한다고 비판한다. "이제 칸트적 할당방식[배분]을 유지한다는 것은 불가능하다. 그것은 표상의 세계를 구제하기 위한 최상의 노력이다. 여기서 종합은 능동적인 것으로 파악되고, 나 안에서 새로운 형식의 동일성에 호소한다. 여기서 수동성은 종합을 결여한 단순한 수용성으로 파악된다."[70] 만일 종합이 감성으로 회복된다면, 우리는 행위를 다시금 정념들을 통해 설명할 수 있을 것이다. 우리는 더 이상 우리 자신에게 **존재**와 행위를 그것들의 형식적 속성들, 즉 동일한 것, 유사한 것, 상사相似한 것에 입각해 표상하지 않게 될 것이다. 그러나 무엇보다도 우리는 더 이상 능동적 오성과 수동적 감성의 내부적 이원론을 보존할 필요가 없어질 것이다. 양자는 섞이고 종합의 활동을 공유할 것이다. 하나가 다른 하나에 종속되는 문제는 제거될 것이다.

3. 칸트에 비하여 프로이트가 가지는 장점들

들뢰즈는 프로이트에게로 방향을 돌려 칸트의 종합에서 제기된 문제들에 대한 해답을 구한다. 그는 프로이트가 '소통'facilitation[71]이라 부른 개념을 사용해 유기체 내에서의 감성의 잡다를 종합하고, 첫번째 종

---

70) Ibid., p. 87.

합의 문제를 해결하고, 시간의 첫번째 종합을 구성한다. 이 종합 안에서 차이생성적[72] 강도들은 강도들의 장場으로부터 이미지들을 발생시키면서 공간과 시간을 미분적으로 구성한다. 들뢰즈는 시간 속의 두 순간들을 위장disguise과 전치displacement에 의해 종합하는 프로이트의 '사후작용'[Nachtrglichkeit]의 개념을 언급함으로써 두번째 종합의 문제를 해결하고 시간의 두번째 수동적 종합을 구성한다. 이 두번째 종합 안에서 환상phantasm은 사건들의 중성적 핵심을 형성하는데, 그것은 기억으로부터의 요소들과 판타지로부터의 요소들을 통접하여 순수과거를 구성한다. 그는 무의식적 사물-표상thing-presentation을 언어-표상word-presentation으로 변환시키는 프로이트의 '번역' 개념을 사용해 세번째 종합의 문제를 해결하고 시간의 세번째 수동적 종합을 구성한다. 이 세번째 종합 안에서 주체는 용해되는데, 부정법 동사가 표상의 자리를 차지하고, 그럼으로써 행위들을 일의적 요소의 동사 변화형들로 용해하기 때문이다. 우리는 이 개념들 각각을 남은 장들에서 탐구해 볼 것이다. 왜냐하면 그 개념들이 들뢰즈의 시간의 세 가지 수동적 종합이라는 주요 주제를 구성하기 때문이다.

---

71) '소통' Bahnung은 흥분이 뉴런 사이를 이동할 때 부딪히는 흐름의 저항/방해하는 장벽을 뚫으면서 길을 낸다는 의미를 가지고 있다. 따라서 '소통'이라는 오해의 여지가 있는 번역어보다는 '개로' 開路 등으로 새롭게 번역하는 것이 좀더 낫다고 본다. 다만 이 책에서는 독자들의 혼동을 줄이기 위해 프로이트 저작들에서 많이 채택되고 있는 '소통'이라는 번역어를 그대로 따랐다.—옮긴이

72) 'differential'이라는 번역어는 들뢰즈 저작에서 크게 세 가지로 옮겨진다. 첫째는 구조주의적 맥락에서 '변별적'이라는 의미, 둘째는 연속적으로 차이를 산출한다는 수학적인 맥락에서의 '미분적'이라는 의미, 마지막으로 '차이생성적'이라는 의미로 쓰인다.—옮긴이

각지에 비하여 '소통'이 가지는 장점은 무엇인가?

『과학적 심리학 초고』에서 프로이트는 칸트가 불가능하다고 여긴 것, 즉 "감각들은 인상들을 제공할 뿐 아니라 그것들을 결합함으로써 대상들의 이미지들을 발생시킨다"[73]는 주장을 한다. 과학적 유물론의 원리를 신봉하는 프로이트는 지각들의 종합을 영혼의 능력으로 돌릴 수 없었다. 그는 지각에 대한 유기체적 설명을 발견해야만 했다. 그는 신경의 종합의 가능성을 연구하기 위해 『과학적 심리학 초고』를 시작했다. 이것은 '소통'의 이론을 포함하는데, 이에 대해서는 이후의 장에서 밝히기로 하고 여기서는 짧은 정의면 충분할 것이다. 흥분이 하나의 뉴런에서 다른 뉴런으로 전해질 때 그것은 저항에 부딪히게 된다. 하나의 경로가 충분한 힘을 만나게 되면 저항의 항구적인 감소가 자리 잡는다. 그 후로 이 경로는 다른 경로들에 비해 더욱 선호된다. 이 선호되는 패턴들의 결합은 감각이 조직화되는 것을 허용한다. 이 층위에서 이미지들은 이미 전개되기 시작한다. 비록 이 종합이 불완전하게 남아 있기는 하지만, 그것은 감각들을 수동적 층위에서 결합하기 시작한다.

들뢰즈는 칸트의 종합 이론에 수반되는 몇 가지 문제들을 열거하는데, 이는 프로이트를 읽으면서 해결할 수 있다. 들뢰즈에 따르면, 칸트의 수용성 개념은 "이미 형성된 감각들"을 가정하고, "그러고 나서 단순히 감각들을 시공간으로 규정되는 표상의 선험적 형식들에 결부시킨다"[74]. 『순수이성 비판』에서 칸트는 각지의 종합에 의해 발생하는

---

73) Kant, Critique of Pure Reason, p. 144.
74) Deleuze, Difference and Repetition, p. 98.

공존coexistence의 예를 든다. "그러므로 나는 나의 지각을 우선 달로, 그러고 나서 지구로 향하게 할 수 있으며, 혹은 거꾸로 먼저 지구로, 그러고 나서 달로 향하게 할 수도 있다. 그리고 이러한 대상들의 지각이 상호적으로 서로를 따를 수 있기 때문에 나는 그것들이 공존한다고 말한다."[75] 칸트가 종합을 말할 때, 그는 시공간에 주어진 감각들이 재인의 종합에 의해 표상되기 이전에 공존적 관계들을 유지한다고 가정한다. 감각-달은 감각-지구와 공존한다. 그는 감각들이 공간 속에 이미 전개되고 있다고 가정하는데, 왜냐하면 그는 우리에게 감각들을 통일하는 공간의 선험적인 직관을 부여하기 때문이다. 반면에 들뢰즈의 종합 이론은 수동적 종합 안에서 시공간의 구성을 단계적으로 허용한다. 그러므로 우리는 감각이 시공간 안의 위치들을 계속 유지한다고 가정할 필요가 없게 된다. 또한 우리는 정신적 인식능력이 대상들에게 시공간을 부여한다고 가정할 필요도 없다. 시공간의 종합은 신경체계의 한 기능으로 진화했다. 그것은 경험에 우선하여 선험적인 것으로 남아 있지만, 칸트적 의미에서처럼 보편적 필연으로서는 아니다. 대신에 그것은 니체가 말한 피할 수 없는[어쩔 수 없는] 오류의 진화 개념과 유사하다. "지성은 단순한 현상들로부터 직조되었지만 이러한 종류의 현상이 생명을 보존하는 한에서 확고한 것이 된 하나의 경로, 이미-창조된 세계와 조우한다."[76] 이 종합이 종種들을 보존하고 있기 때문에 그것은 신경체계 안에서 진화했다. 그것의 생물학적 필연성은 논

---

75) Kant, Critique of Pure Reason, p. 233.
76) Nietzsche, The Will to Power, p. 281.

리적 필연성을 초월한다.

칸트는 주체와 객체 간의 오랜 구분의 계보를 따라 자아를 분열시켰다.[77] 그래서 사유하는 자아는 감각적 자아와는 구분되는 것으로 남아 있다. "통각과 그것의 종합적 통일성은, 실로 내적 감각과 동일시되는 것과는 매우 거리가 멀다."[78] 칸트는 여기서 내적 감각이라는 것이 다름 아닌 시간임에도, 내면화된 정신-몸의 이원론을 유지한다. "그러므로 내적 규정에 속하는 모든 것은 시간의 관계들 속에서 표상된다."[79] 비록 '나는 생각한다'가 시간 속에서 스스로를 표상하지만, 그것이 표상하는 자아는 여전히 수동적인 것이고, 그러면서 표상된 자아를 현상으로 환원시킨다. 이것은 자기-감응self-affection을 확립한다. 즉 수동적 주체로서 우리는 시간이지만, 능동적 코기토로서 우리는 시간-외부의 것으로 남아 있다. 이러한 이원론은, 수동적인 시간적 주체 내에서 종합이 일어나게 되는 들뢰즈의 해결책을 도입한다면, 불필요한 것이 될 것이다. 그러므로 시간-외부의 통일성에 대한 칸트의 가정은 과잉의 형이상학적 책략처럼 보인다. 만일 우리가 종합에 수동적 주체를 되돌려 주고 오성과 감성의 이종異種적 인식능력들을 다시 연결시킨다면 이러한 가정적 통일성을 피할 수 있다.

---

77) '균열된 나' Je fêlé를 의미한다. 즉 이는 경험적 자아와 초험적 자아의 분열, 감성과 오성의 분열로 보아야 한다.—옮긴이

78) Kant, Critique of Pure Reason, p. 166.

79) Ibid., pp. 67~68.

강도장이란 무엇인가?

칸트는 감각과 시공간의 표상을 명료하게 구분한다.[80] 『순수이성 비판』의 「지각의 예취들」 부분에서 그는 감각의 내용을 제공하는 강도들이 그것의 형식을 제공하는 연장성을 구성하지 않고 단순히 공간을 채우는 방식을 설명한다.[81] 이것은 수동적 감성과 능동적 오성의 이원론을 지지한다. 여기에 이의를 제기하기 위해서 들뢰즈는 라이프니츠의 개념을 다시 찾는다. "실로 일종의 순수하고 전前-연장적인 공-간 spatium이 가지적 연장에 존재한다. 라이프니츠가 공-간과 연-장 extensio을 구분한 것도 마찬가지 원리이다."[82] 라이프니츠의 감각적인 것과 무의식적 감성에 대한 구분은 들뢰즈가 칸트에 반대하여 사용한 의식의 문턱을 제안한다. 칸트에게 감성은 초험적 조건 짓기에 종속된다. 그러므로 공간과 시간은 감성의 조건들로 작용한다. 그러나 라이프니츠에게 있어서 "공간-시간은 총체성, 혹은 주체 안에서 차이생성적 관계들의 〔총체적인〕 그물망nexus이 되기 위한 순수한 소여이기를 멈춘다."[83] 들뢰즈에게 이 연계는 의식의 문턱 아래에 존속하며, 그는 이 차이생성적 요소들을 가리켜 '강도들'이라고 부른다. 강도들은 한 대상 혹은 일련의 대상들로부터 유래하기보다는 순수한 강도들의 장에서 유래한다. 그에게 대상들은 지각 내에서 분출한다.[84] 왜냐하면

---

80) 이는 시간의 수동적 종합을 의미한다.─옮긴이
81) 칸트는 텅 빈 공간이 (선험적으로) 먼저 있고, 거기에 내용이 채워지는 것으로 보았다. 즉 강도를 외연을 채우고 있는 것으로 본 것이다.─옮긴이
82) Gilles Deleuze, Desert Islands and Other Texts: 1953~1974, trans. M. Taormina, ed. D. Lapoujade, New York: Semiotext(e), 2004, p. 109.
83) Gilles Deleuze, The Fold: Leibniz and the Baroque, trans. T. Conley, Minneapolis: University of Minnesota Press, 1993, p. 89.

"지각이 대상을 갖지 않으므로 모든 지각은 환각적인 것"[85])이기 때문이다. 그는 라이프니츠에게서 하나의 예를 가져온다. 즉 파도 소리에서 우리는 무엇을 지각하는가? 그 소리는 물방울들의 미세지각들로 구성되고, 그것이 우리의 귀에 혼돈된 파도 소리로 전해진다. 요컨대 감각은 귀가 수행한 종합으로부터 발생한다. 강도로서의 각각의 미세지각은 모두 합해지고 하나의 질로서 감각되는데, 이 질은 그러한 미세지각이 현실화되는 시공간적 차원을 구성한다.[86])

라이프니츠로부터 영감을 얻은 포스트-칸트주의자 살로몬 마이몬은 칸트의 공간 개념을 반증하기 위한 반례를 제시한 바 있다.

우리의 시각장이 다름 아닌 완전히 연속적이고 동질적인 감각으로, 예컨대 단일한 붉은 색조의 무한한 연장으로 구성되어 있다고 가정해 보자. 그와 같은 감각은 공간 속에서 나타나지 않을 것이라고 마이몬은 주장한다. 왜냐하면 거기에는 사물들을 서로 구분하는 데 필요한 다양성이 결여되어 있기 때문이다. 모든 점이 다른 모든 점에 대하여 완전히 동일할 것이기 때문에 그것의 연장적 크기는 무無로 줄어들 것이다.[87])

---

84) 고전적인 의미에서의 대상을 갖지 않는다는 것이다.— 옮긴이
85) Ibid., p. 93.
86) 질들이 있어서 내가 그것을 시공간을 가지고 구성한다는 것이 아니다. 오히려 강도의 작용으로 만들어진 질들이 태어나고, 그 태어난 질들 자체가 시공간을 구성한다는 말이다.— 옮긴이
87) Frederick C. Beiser, The Fate of Reason : German Philosophy from Kant to Fichte, Cambridge : Harvard University Press, 1987, pp. 300~301.

이러한 반례는 우리가 모든 감각을 결여한 빈 공간을 상상할 수 있다는 칸트의 주장에 정면으로 대립된다. 이 상상된 공간은 추상적인 것으로 남아 있기 때문에 연장에 대한 우리의 현실적 지각을 구성하지 못한다. 이것은 들뢰즈에게 근본적인 중요성을 가진다. "동역학dynamism과, 그와 동시적으로 존재하는 모든 것은 표상의 모든 형식과 모든 제한된 연장 속에서 작동 중이다. 그것들은 하나의 그림보다는, 비연장된 무형의 깊이로부터 나오는 일단의 추상적인 선들을 구성한다."[88] 감각은 칸트가 생각한 것처럼 감성으로부터 상승하여 오성이 감각에 부여한 연장의 모체matrix에 의해 폐기될 뿐인 것이 아니다. 오히려 강도들은 스스로를 현실화함에 있어, 오성이 그것들의 한계를 정하기 이전에 공간적·시간적으로 모호한 장소들을 점하는 파도 소리의 흐릿한 인상이나 멀리서 벌어지는 전투의 광경처럼, 아직 표상에 의해 정의된 것은 아니고 나름의 식별 불가능성의 지대에 수반되는 모호한 지각[89]을 구성함으로써 그 나름의 연장적 모체를 창조한다. 들뢰즈에게 이 어지럽고 모호한 순간들은 감각이 어떻게 표상에 즉각적으로 합치하지 않을 수 있는지를 보여 준다. 칸트의 조건 짓기가 좌절될 때 우리는 작동 중인 전前-표상적 종합과 수동적 종합을 식별할 수 있다.

의식의 문턱 바로 아래에 있는 모호한 인상들은 '어두운' 혹은 모호한 전조가 "그것들의 행로를 미리, 그러나 마치 음각된 것처럼 반전

---

88) Deleuze, Desert Islands and Other Texts, p. 98.
89) 이때 모호하다는 말은 실선이 아닌 점선으로 그어진, 그러므로 무수한 점선이 지속적으로 변이하고 대체되는 상태를 가리킨다. 다시 말해 데카르트적 (명석)판명과 대립하는 (애매)모호는 명확하게 구별되지 않는 '이-것' héccéité들의 세계를 의미한다.—옮긴이

된 상태로 결정할"[90] 때 현실화된다. 들뢰즈는 『차이와 반복』에서 '어두운 전조'라고 부르는 것을, 『의미의 논리』에서 그것이 모호한 인상들을 어떻게 메우는지를 설명할 때 '환상'이라고 부른다. 그는 루크레티우스에게서, 특히 『사물의 본성에 관하여』의 다음 구절로부터 영감을 얻는다.

> 우리는 때때로 구름이 이런 것을 하는 것을 본다. …… 거인들의 얼굴들이 천상을 날아가는 듯하고, 그들의 그림자들을 멀리 넓게 퍼뜨리는 것 같다. 때로는 거대한 산들이, 또 그 산들을 뚫고 나온 듯이 보이는 바위들이 태양 앞으로 갔다가 그의 뒤를 바싹 쫓기도 한다. 그러고는 어떤 괴물이 다른 폭풍우 구름들을 밀고 나오는 듯하다.[91]

우리가 구름이나 산의 모호한 인상을 대할 때, 그것은 들뢰즈가 '신학적 환상'[92]이라고 부르는 낯선 이미지들을 형성하는 것처럼 보인다. 우리의 이성이나 우리의 오성으로부터 나타나기보다는, 오히려 그것들은 '정념의 변덕이나 가변성'[93]으로부터 나타난다. 요컨대 그것들은 신화로부터 나타나는 것이다.[94] 우리가 우리의 이성과 우리의 오성

---

90) Deleuze, Difference and Repetition, p. 119.
91) Lucretius, On the Nature of Things, trans. J. S. Watson, New York: Prometheus Books, 1997, p. 151.
92) Gilles Deleuze, The Logic of Sense, trans. M. Lester and C. Stivale, ed. C. Boundas, New York: Columbia University Press, 1990, p. 275.
93) Ibid., p. 276.
94) 우리 이성이나 오성이 있어서 나타나는 것이 아니라, (넓은 맥락에서의) 기분이나 감정의 바다 위에 이성이 떠 있다는 것이다. 요컨대 신화가 (잠재적) 점선의 세계라면 이성은 (현실적) 실선의 세계이다.―옮긴이

을 제거할 때, 우리는 이 신화에 따라 도식화한다. 이 무의식적 도식화는 우리가 판단을 우리의 욕망을 통해 형성하고자 할 때 발생한다. 예컨대 우리가 모호한 가시적 현상을 바라볼 때, 우리는 우리가 욕망하는 것을 보는 경향이 있다. 환상으로서의 신화는 어떤 사물들의 가치를 설명해 준다. 예컨대 거세의 정신분석학적 신화는 성性들 간의 차이를 설명하고자 한다. 그것은 칸트의 도식처럼 기능하는 지각 안에서 하나의 드라마를 상연하지만, 범주들에 입각해 도식화하는 대신에 욕망의 능력을 통해 지각을 조직화한다. 욕망의 능력은 감각의 강도들을 질들로서 해석하고 그것에 순응하는 측면들을 선별한다. 실제로 우리는 우리가 어떤 잠재적 요소를 모든 지각에 제공하는 한에서 환각을 일으킨다.

재생에 비하여 '사후작용'이 가지는 장점은 무엇인가?

칸트는 재생의 종합을 초험적인 것과 경험적인 것으로 양분함으로써 전자를 객관적인 것으로, 후자를 주관적인 것으로 간주한다. 이때 그는 종합의 경험적 측면을 '표상들의 연합'[95]이라고 부른다. 그러나 이 연합이 표상들을 그 자체에 연결하는 능력을 결여하고 있으므로, 그것은 그가 '친화성'affinity[96]이라고 부르는 객관적이고 초험적인 원리를 요구한다. 이 친화성은 오성의 범주들은 물론 통각의 통일성을 전제하기 때문에 입법 능력으로부터의 능동적 종합을 요한다. 이 인식능력은

---

95) Kant, Critique of Pure Reason, p. 144.
96) Ibid., p. 145.

칸트로 하여금 흄의 항존하는 문제들 중 하나를 넘어설 수 있게 해준다. 엄격한 경험주의자로서 흄은 연합을 조직하는 인식능력을 창조할 수 없었다. 대신에 그는 인간 본성의 한 원리에 의존한다.[97] 그러나 제한하는 인식능력 없이도, 상상작용은 연합들 사이의 여하한 접속을 찾을 수 있었다.

들뢰즈는 수동적 종합으로 오성의 인식능력을 대체하기 위해서 '재생'을 계열들 간의 공명으로 대체해야만 했다. 프로이트는 '사후작용'〔지연된 행위〕 개념에서 이 공명에 대한 완벽한 예를 제공한다. '사후작용' 개념은 특정한 사건들이 그것들의 감정이 시작되기까지 시간을 필요로 하는 정황을 설명한다. 『과학적 심리학 초고』에서 프로이트는 엠마라는 환자에 대한 사례연구를 언급하는데, 이 여성은 이전에 어떤 상점에서 비웃음을 샀던 기억 때문에 자신이 홀로 상점에 들어가기를 두려워한다고 설명한다. 그러나 프로이트는 다른 기억을 밝혀낸다. 그것은 상점 주인이 그의 몸을 만졌던 일로, 앞서 말한 기억으로 가려져 있었다. 억압된 감정affect이 기억의 특정한 요소들을 왜곡했던 것이다. 즉 '압축'condensation을 통해 상이한 시기의 요소들이 단일한 환상으로 연합되었고, 그것이 공명기共鳴器로 작동하여 시간 속에 산재되어 있던 이 요소들을 재생의 수동적 종합을 통해 재생한 것이다. 이러한 무의식적이고 비자발적인 종합은 관념연합을 결정하기 위해 오성의 범주들을 필요로 하지 않는다. 왜냐하면 프로이트가 그것에 영향을 미치는 다른 원리, 즉 억압된 감정을 발견했기 때문이다. 이 억압

---

97) 이는 관념연합의 원리를 가리키는 것이다.—옮긴이

된 감정은 칸트가 흄에 대해 가졌던 것과 동일한 물음, 어째서 연합은 어떤 표상들과 연결되고 어떤 것들과는 연결되지 않을까?[98] 하는 물음에 대한 답을 제공한다. 프로이트를 따라서 들뢰즈는 표상들의 친화성이 초험적 인식능력으로부터 유래함에 틀림없다는 칸트의 주장을 기각한다.

들뢰즈에게 연합의 원리는 그가 '어두운 전조'라고 부르는 것, "인접해 있는 계열들의 소통을 보장하는"[99] 것에 좌우된다. 그것은 유사성들 사이를 매개하는 칸트의 표상의 범주와 동일한 기능을 수행한다. 프로이트가 엠마의 예를 제시할 때 은폐된 기억은 억압된 사건을 닮는데, 이는 하나의 동일성이 그 유사성들의 차이를 매개하는 외관을 표면에 창조한다. 들뢰즈는 이것을 거짓 유사성이라고 부른다. "동일성과 유사성은 그래서 어떤 불가피한 가상들에 불과하다. 다시 말해 그것은 반성의 개념들이고, 이 개념들은 차이를 표상의 범주들에 입각해서 사유하는 우리의 고질적인 습관과 결부되어 있다."[100] 범주들은 참된 종합의 힘을 갖지 않기 때문에 동일성의 가상[착각]과 유사성을 제공한다. 엠마가 회상된 사건과 억압된 사건 사이의 유사성을 인지했기 때문이라는 것은 이 유사성이 그것들의 연합을 야기했다는 의미가 아니다. 실재하는 종합력은 어두운 전조에서 유래하는데, 이 전조는 그것의 종합력을 표상들로부터가 아니라 시간 속에서 현현하는 무-시간적 환상으로부터 가져온다. 참된 종합력은 표상을 따돌리기 때문에 공

---

98) Kant, Critique of Pure Reason, pp. 44~45.
99) Deleuze, Difference and Repetition, p. 119.
100) Ibid., p. 119.

명의 초험적 조건으로 기능한다. 들뢰즈는 프로이트가 환상의 초험적 본성을 발견했다고 보았다. "프로이트는 환상이 궁극적 실재일지 모르고, 또한 계열들 밖으로 넘치는 어떤 것을 함축하고 있다는 사실을 발견한다. 하지만 여기서 유년기의 장면이 비현실적이거나 상상적인 것이라고 결론지을 수 있는 것은 아니다. 오히려 두 계열이 시간 속에서 계속 이어지기 위한 경험적 조건이 환상 속에서는 두 계열의 공존으로 대체되고 있다고 결론지어야 한다."[101] 환상은 시간 속에서 경험적 계기를 위한 초험적 조건으로 기능한다. 원초적 사건으로서 작동하기보다 그것(환상)은 재생의 종합을 근거 짓는 초험적 차이로 작동한다. 이런 식으로 들뢰즈는 환상이 표상보다 종합에서 더욱 중추적인 역할을 한다는 것을 보여 준다.

환상이란 무엇인가?

『의미의 논리』에서 들뢰즈는 환상의 세 가지 특징을 열거한다. 첫째, 그것은 판타지, 상상, 현실적 사건들 중 어느 것도 포함하지 않는, 실재성을 초월하는 사건을 구성한다. 그는 환상의 본성을 보여 주기 위해 프로이트의 책 『토템과 터부』에서 하나의 예를 가져온다. 그는 토템식사totem meal의 기원을 계통발생적 기억에서 찾는 프로이트의 해석에 동의하지 않는다. 프로이트가 사건을 선사시대로까지 되돌려 가면서 그것을 경험적 층위로 되돌려 놓았다면, 들뢰즈는 사건의 초험적 본성을 주장한다.

---

101) Ibid., pp. 124~125.

들뢰즈는 환상의 비인칭적 본성을 구성하는 환상의 두번째 특징을 라플랑슈·퐁탈리스의 저작에서 취한다. 그들은 유년기 유혹의 환상을 연구하는데, 이것은 복수의 입구들을 만들어 낸다. 즉 때로는 어린아이가 유혹받고, 때로는 어린아이가 유혹하며, 때로는 다른 누군가가 유혹된다. 행위자들 중 어느 누구도 본질적인 역할을 하고 있지 않다. 행위는 독립적인 것으로 남고 누가 누구에게 무엇을 했는지 말할 수 없도록 만든다.[102]

들뢰즈는 환상의 세번째 특징을 뤼스 이리가레의 논문 「환상에 대하여, 동사에 대하여」에서 가져온다. 환상에서는 모든 명사가 동요하므로 부정법 동사는 유일하게 고정된 요소로 남아 있게 되는데, 이것이 환상의 핵심을 구성한다. 들뢰즈는 이로부터 그것을 '순수사건'이라 부른다. 순수사건은 아무에게, 아무 때에, 아무 장소에서 발생하는 것이 아니다. 비결정적이고 초험적인 것으로 남아 있음으로 해서 그것은 행위들이 동사화되도록 허용한다. 그렇게 함으로써 그것은 사유와 언어 모두를 조건 짓는다.[103]

『차이와 반복』에서 환상은 '순수과거'의 역할을 함으로써 시간 속의 두 계열이 접속되도록 한다. 시간 속의 사건들이 경험적으로 잇따르는 듯해도 그것들은 환상 속에서 상징적으로 공존한다. "우리가 이미 여러 차례 그 역설을 목격한 것처럼, 현실적으로 매 순간 계속 이

102) J. Laplanche and J.-B. Pontalis, "Fantasy and the Origins of Sexuality", Formations of Fantasy, ed. V. Burgin, J. Donald and C. Kaplan, London: Routledge, 1986, pp. 5~34.
103) Luce Irigaray, "Du Fantasme et du verbe", L'arc 34, 1968, pp. 97~106.

어지는 현재나 계열들은 또한 어떤 공존 관계에 있다. 순수과거나 잠재적 대상에 비추어 보면 상징적으로 공존하고 있는 것이다."[104] 환상은 시간 속의 두 가지 다른 사건들이 무의식 속에서 상징적으로 공존하도록 해준다. 이 환상은 시간의 수동적 종합에 관한 들뢰즈 이론의 심장부에 있다.

재인에 비하여 '번역' 이 가지는 장점은 무엇인가?

종합이 통일된 의식을 요구한다는 칸트의 믿음은 그것의 근간에 대해 물음을 던지지 못한다는 점에서, 의식이 전前-개체적 특이성들로부터 어떻게 발생하는지를 보여 준 들뢰즈와 대조된다. 『의미의 논리』에서 그는 특이성에 대해 이렇게 말한다. "그것들은 **자아**도 나도 인정하지 않지만, 그 자체를 현실화 혹은 실재화함으로써 그것들[특이성들]을 생산하는 '잠세적인 것' 속에 배분된다."[105] 특이성들은 의식의 통일성에 선행한다. 그러나 의식의 '나'가 아니라면 무엇이 그것들을 통일한다는 것인가? 들뢰즈는 사건이 특이성들을 종합함으로써 이 역할을 하는 것으로 본다. "이것은 아이온이 그것의 무한한 선분 위에 분배되는 특이성들의 층위에서 사건들로 채워지는 방식이다."[106] 결국 사건을 상정함으로써 그는 의식의 현상학적 우선성을 약화시킨다. 사건들이 시간 위에 스스로를 배분할 수 있다면, 우리는 더 이상 그것들을 통일하는 의식을 필요로 하지 않는다. 그렇다면 의식은 다만 종합에 수

---

104) Deleuze, Difference and Repetition, p. 124.
105) Deleuze, The Logic of Sense, p. 103.
106) Ibid., p. 215.

반되는 2차적 일어남으로써 발생하게 될 것이다.

　프로이트적 정신분석학의 출현과 더불어 표상은 더 이상 스스로를 단순한 활동으로 제시하지 않는다. 프로이트는 표상을 언어-표상과 사물-표상으로 나누었다. 우리가 말하는 것과 보는 것이 다르듯이, 말할 수 있는 것은 가시적인 것과 구분된다. 설령 우리가 하나의 사물을 말로써 기술할 수 있다고 해도, 그 말은 결코 사물을 대체할 수 없다. 마찬가지로 기억한다는 것은 과거 사건의 서사 구조를 포함하고 있으며, 그것을 통해 우리는 과거를 표상하지만 그것은 여전히 하나의 기술記述이다. 『말과 사물』의 첫번째 장에서 푸코는 그림 「시녀들」에 관해 기술한다.[107] 그럼으로써 그는 시각적 이미지로부터 언어적 이미지를 도출한다. 마찬가지로 신경증 환자가 정신분석가 앞에 앉아 유년 시절의 사건들에 관해 말할 때, 그 기술은 다만 하나의 이미지를 재생할 뿐이다. 두 사건들이 스스로를 제시한다. 즉 하나는 과거 사건의 이미지이고, 다른 하나는 그것을 재생하는 언어적 이미지다. 과거 사건은 그것에 생명을 불어넣는 기술이 없이는 텅 빈 것으로 남는다. 화자는 '나는 기억한다'라고 말할 수 있고 그것을 현재로 옮겨 올 수 있다. 그러나 누가 말하는가? 칸트주의자라면 즉시 통각의 '나'라고 외쳐 댈 것이다. 그러나 자크 라캉과 같은 정신분석학자는 언어가 이 '나'에 선행한다는 것을 즉각 알아챌 것이다.[108] 라캉은 언어가 우리를 주체로서 구성한다고 생각한다. "하나의 창조는 언어 저편에 대한, 어떤

---

107) Michel Foucault, The Order of Things: An Archaeology of the Human Sciences, New York: Vintage Books, 1973, pp. 3~16.

약속에 대한, 엄격히 말해 어떤 타자로서의 그를 구성하는 위임에 대한 어떤 지시를 필요로 한다."[109] 들뢰즈의 관점은 이러한 약속에서 비롯한다. 라캉과 마찬가지로 들뢰즈도 의식이 언어의 부대 효과로서 나타난다고 보았다. 물론 들뢰즈는 이 언어적-표상의 구조에 대하여 라캉에 비해 명확하게 밝히고 있다. 들뢰즈는 부정법 동사를 모든 순수 사건들의 장소로 지칭한다. 모든 기술은 동사를 필요로 하므로 정신분석학자에게 과거의 사건에 대해 기술하는 신경증 환자는 여러 차례 일어난 사건들을 열거할 수 있다. 이를테면 '때리다' 라는 부정법 동사의 경우, 그 신경증 환자는 여러 번 맞았을 수 있지만, 언어적 기술은 부정법 동사를 통해 그 모든 일들을 포괄할 것이다. 이로부터 들뢰즈는, 표상이 '나는 생각한다' 를 가져야 한다고 주장한 칸트와는 대조적으로, 사건이 표상을 가능하게 한다는 결론을 내린다. 들뢰즈는 '나는 생각한다' 가 부정법 동사에 종속적인 역할을 하는 것으로 본다. 우리는 동사 없이 시간 속의 복수적 사건들에 대해 말할 수 없기 때문에 이 동사의 형식 없이 그것들을 '표상' 할 수 없다. 각각의 기술이 다양한 사건들을 현실화함에도 모든 사건들은 동일한 의미에서 이야기된다. 들뢰즈는 칸트의 재인의 종합에 대한 대안을 밝혔다. 칸트는 종합이 시간과 공간 속에서 다양한 표상들이 섞여 드는 과정을 설명한다고 보았

---

108) 라캉에게 언어는 상징계에 진입하는 어린아이를 사물의 질서와 관련시키면서 주체로 구성하는 대타자이다. 프로이트와 달리 라캉에게 언어는 가장 근원적인 것으로, 프로이트에게 무의식이 무언어적이라면 라캉에게 무의식은 오히려 언어로 인해 발생한다. 따라서 이는 라캉의 유명한 "무의식은 언어처럼 구조화되어 있다" 라는 짧은 문장으로 요약된다.—옮긴이

109) Jacques Lacan, The Seminar of Jacques Lacan : Book I, trans. J. Forrester, ed. J.-A. Miller, New York : W. W. Norton & Company, 1991, p. 174.

지만, 들뢰즈는 이와 다른 해결책을 찾았다. 그는 부정법 동사에 대해 말한다. "그러므로 그것은 사건들 사이의 소통을 계승한다."[110] 결국 부정법 동사는 칸트의 재인의 종합을 대체한다. 들뢰즈는 의식이 동사에 의해 이미 구성된 종합을 단순히 수용한다고 보았다. 그러므로 그것은 더 이상 초험적이거나 통일된 것일 필요가 없게 된다.

용해된 주체란 무엇인가?

들뢰즈는 칸트의 초험적 주체가 실체의 범주에 상응하는 것을 관찰하는 것으로 초험적 주체에 대한 비판을 시작한다. "칸트의 천재성은 그가 자아를 실체의 범주에 상응하는 관념으로서 보여 주었다는 데 있다."[111] 이 자아는 "술어로 규정된 현상을 실체로 규정된 주체와 관련시키는 보편 원리로서 작동한다".[112] 이런 작업에서 칸트는 언어의 문법적 구조에 의지하여 자신의 종합을 입증한다. 아리스토텔레스는 이미 질들을 통일하는 실체들의 이런 경향을 인식했다.[113] 그것은 현실에 대한 우리의 표상에 대한 단순한 관찰로 남는다. 그러나 우리는, 사물들은 그것들이 표상되는 것과 동일한 방식으로 종합되는가를 질문해야 한다. 비록 자아가 모든 현상을, 그것이 자신에게 일어날 때 표상할 수 있기는 하지만 그것은 주체와 객체의 종합을 설명하지 못한다. 문법상 동사는 언제나 주어와 목적어를 연결한다. 즉 행위하는 것은

---

110) Deleuze, The Logic of Sense, p. 185.
111) Ibid., p. 295.
112) Ibid., p. 295.
113) Aristotle, "Metaphysica", The Basic Works of Aristotle, ed. R. McKeon, New York: Random House, 1941, pp. 689~934.

행위를 수용할 뿐인 주어가 아니라 동사이다. 이것이 들뢰즈가 환상의 문법에 그토록 많은 시간을 들인 이유이다. 동사는 종합을 수행하지만, 이 행위를 표상할 때 주어는 행위들 모두를 그것에 일어나거나 그것에 의해 수행되는 것으로서 표상한다. 이런 식으로 주어는 사건들의 질서를 수립한다.

　　그러나 이러한 주어의 규정이나 제한 이전에 사건 그 자체는 규정되지 않은 상태로 있다. 들뢰즈는 우리가 만일 자아의 기능이 가지고 있는 이러한 극한과 배치를 제거한다면, 다양한 계열의 문법적 변환들만이 남을 것이라고 본다. "자아의 개별성은 환상의 사건 자체와 뒤섞인다. 비록 그 사건이 환상 속에서 표상하는 것이 자아가 통과하는 또 다른 개인, 혹은 일련의 다른 개인들로서 이해된다고 할지라도 말이다."[114] 이 층위에서 자아는 다른 모든 개별자들과 구분되지 않는다. 정신분석학에서 이러한 현상은 '공격자와의 동일시'로 나타난다. 예를 들어 매를 맞아 온 한 아이는 다른 사람에게 동일한 행위를 할 것이고, 그럼으로써 공격자의 자리를 차지할 것이다. 즉 '내'가 **타자**가 되는 것이다. 환상에서 주체는 행위 속에 용해되고, 행위자는 더 이상 반드시 자아를 표상하는 것이 아니다. 이런 메커니즘을 통해서 타인들이 우리 안에서 우리를 통해 행위한다.[115] 사건이 종합의 장소로 작동할

---

114) Deleuze, The Logic of Sense, pp. 213~214.
115) "'내'가 **타자**이다"에 대한 들뢰즈의 용법에 있어서 나는 괄란디의 해석을 따른다. "현대 문학은 우리 안에 있는 **타자**에게 목소리를 부여해 왔다. …… 들뢰즈에게 **사유**를 발생시키는 자기 자신과의 이러한 관계는 어떤 평화로운 대화가 아니다. 하지만 극단적인 조우는 '나는 생각한다'를 시간의 직관에 종속시킨다."(Alberto Gualandi, Deleuze, Paris: Les belles lettres, 1998, p. 112) 결과적으로, 초자아와의 폭력적인 조우는 시간 안에서 우리를 우리 자신으로부터 분리되도록 이끄는 이 균열을 최초로 연다.

때 표상은 가면으로 작동한다. 정신분석학에서 표상은 반복의 본질을 각지하지 못하는 이유로 봉쇄로 남는다. 들뢰즈에 의하면 프로이트조차 이러한 종류의 표상을 효과가 없는 것으로 보았다. "반복하는 일을 멈추기 위해서는 어떻게 해야 하는 것일까? 그것은 추상적으로 (감정 없이) 회상하는 것으로도, 어떤 개념 일반을 형성하는 것으로도, 억압된 사건을 특수한 모든 측면에서 표상하는 것으로도 충분하지 않다. 이것은 프로이트가 처음부터 강조했던 사실이다."[116] 그러나 만일 칸트가 옳다면, 만일 현상에 대한 우리의 지식 전부가 표상에 제한된 채로 남아 있다면, 우리는 행위의 실현을 봉쇄하고 초험적 자아 안에 우리를 가두는 '그릇된' 의식을 선고받게 된다. 단 하나의 반례가 이러한 가정을 파기한다. 맞은 경험이 있고 다른 사람에게 동일한 행위를 가하는 어린아이는 반복을 표상하지 않고 반복을 체험한다. 그러므로 표상의 외부에는 반복의 현실이 있다. 이것이 들뢰즈가 "나는 특정한 사물 혹은 특정한 경험들을 오직 반복의 양태 속에서만 체험할 수 있다"[117]고 말하는 이유이다. 반복은 스스로를 주체에 한정하는 표상보다는 환상에 관련되어 있다.[118] 환상 속의 반복은 비인칭적 행위 안에서 표상의 이러한 주체를 용해시킨다.

---

116) Deleuze, Difference and Repetition, p. 18.
117) Ibid., p. 18.
118) 이 반복의 양태는 1차적 억압으로부터 출현한다. 이것은 링기스에 따르면, "단지 의식의 스크린 위에서 그 자체의 외부에 재생산되었을 뿐만 아니라 상연된 재-현이다" (Alphonso Lingis, "Oedipus Rex: The Oedipus Rule and its Subversion", Human Studies, 1984, p. 98). 들뢰즈는 우리가 재현하는 2차적 억압을 넘어 살아가는 1차적 억압에 찬성한다.

4. 결론

이 첫번째 장은 뒤에 이어질 논의에 대한 소우주를 제공한다. 여기서 탐구된 각각의 주제들은 남은 장들에서 다시 등장할 것이고 거기서 확장될 것이다. 이 장의 첫번째 부분의 연접적, 통접적, 이접적 종합은 2장에서 다시 등장할 것이다. 거기서 우리는 프로이트의 성욕 이론의 시간적 측면들을 살펴볼 것이다. 이 장의 두번째 부분에 해당하는 칸트 비판은 남은 장들에 칸트적 종합을 극복한다는 목적의식을 제공할 것이다. 그러나 무엇보다도 이 장의 마지막 부분이, 들뢰즈가 프로이트에게서 발견한 수동적 종합이 시간의 발생에 대한 보다 나은 본보기를 제공한다는 이 책의 핵심적 논증을 형성한다. 이 논의는 3장에서 다시 등장할 것이다. 여기까지 우리는 이 복합적인 문제의 여러 층들의 표면을 훑어 온 것뿐이다.

2장_ 계열적 종합

1. 연접적 계열

『의미의 논리』에서 들뢰즈는 연접적 종합connective synthesis을 성감대에 연결하여 정의한다. "성감대에 연결된 하나의 계열은 하나의 단순한 형식을 가지고, 동질적이며, 그 자체로 수축될 수 있는 계기繼起의 종합을 발생시키고, 단순한 하나의 접속connection을 구성하는 것으로 보인다."[1] 이 종합은 프로이트의 책 『성욕에 관한 세 편의 에세이』에서 직접적으로 유래한 것이다. 프로이트는 이 책에서 성욕sexuality이 어떻게 자기보존 욕동의 배후에서 출현하여 신체를 위한 습관-기억을 발생시키고 수동적 종합의 새로운 대상, 즉 잠재적 대상을 제공하는지 설명한다. 들뢰즈 역시 『차이와 반복』에서 수동적 자아와 능동적 자아의 구분을 말하면서 이 종합에 대해 기술하고 있다. 이러한 구분

---

1) Deleuze, The Logic of Sense, p. 225.

은 프로이트의 남근기²⁾ 개념에서 직접 유래한 것으로, 남근기란 실체적인 현실적 대상을 위해 잠재적 대상을 초월한다. 능동적 자아의 출현은 시간의 이행에 대한 의식을 산출하는 능동적 기억을 발생시키며, 본능들은 이 [능동적] 기억에 영향을 미친다. 이 절에서 우리는 연접적 종합이 어떻게 이러한 의미의 계기를 발생시키는지 밝힐 것이다.

연접적 계열은 우리가 피해야 하는 몇 가지 함정을 은폐하고 있다. 이 [연접적] 계열은 통일성을 구축하지 않으면서, 혹은 적어도 동일성으로 차이를 대체하지 않으면서 욕동들을 종합한다. 부분지대는 남근기에 초월되었음에도 여전히 종합을 추동한다. 팔루스를, 종합의 현실적 힘이 그것[팔루스]에 우선할 때의 종합적 작인으로 여긴다면 이는 오류를 범하는 일이 될 것이다. 또한 능동적 종합에 선행하는 부분대상이나 잠재적 대상들을 동일성들로 여겨서도 안 된다. 그보다 그 대상들[부분대상이나 잠재적 대상들]은 신체의 능동적 행위들과 수동적 행위들로부터 유래한다. 오히려 그 대상들은 현실적 기억에 상응하는 데 실패하는데, 왜냐하면 그것들이 환상 안에 부분적으로 남아 있기 때문이다. 우리는 또한 팔루스를 부분대상으로, 이러한 수준에서 거세의 유형으로 여겨서도 안 된다. 팔루스는 그보다는 항존하는 물음처럼, 영원히 대답을 구하는 것처럼 작동한다. 이 절에서 살펴보겠지

---

2) 남근기는 전前-성기기적 단계의 마지막에 해당한다. 본래 구순기와 항문기로 구성됐던 전-성기기는 프로이트의 후기 저작인 『성욕에 관한 세 편의 에세이』에서 새롭게 첨가되어 유아기에 이미 남근을 중심으로 한 성적 조직화가 발생하고 있음을 드러냈다. 이후에 주지하는 것처럼 잠복기가 도래하고 그 이후에 성기기(사춘기)가 온다. 성기기가 완벽한 성기 중심의 조직화를 통한 남녀의 명백한 분화를 결정짓는 시기인 데 반해, 남근기는 전-성기기/유아기의 성적 조직화의 시기라고 볼 수 있다.—옮긴이

만 들뢰즈는 이러한 개념들을 변환시켜 이전에는 결코 해본 적이 없는 하나의 과업을 수행하도록, 즉 시간을 종합하도록 한다.

성욕은 어떻게 나타나는가?

연접적 계열들의 이야기는 신경 접속들이 뇌 안에서 형성될 때, 그리고 유아가 자신의 운동들을 조정하려고 할 때 생겨나 시작된다. 먹고 배설하는 능력만이 출생 시에 완전히 발달되어 있다. 입과 항문이라는 이 두 지대는 유아의 생명을 보존시키고, 따라서 이것들은 자기-보존 욕동에 종사한다. 그러나 양분을 섭취하는 데 있어서 전적으로 타인에게 의존하는 탓에 유아의 욕구는 때때로 불만족한 상태로 남아 있으며, 과도한 강도가 이 지대들에서 증대된다.[3] 이런 현상이 일어날 때 유아는 새로운 유형의 만족을 발달시킨다. 즉 엄지를 빠는 것이다. 유아가 가슴이 아닌 엄지에서 만족을 발견할 때, 그는 '자가-성애적' 관계를 고안함으로써 외부의 자극에 대한 의존을 감소시킨다.[4] 프로이트에 따르면, 유아가 엄지를 빠는 것은 "그가 아직까지 스스로 통제할 수 없는 외부 세계로부터 자신을 독립시키기 때문이다".[5] 들뢰즈에 의하면, 이 단계 동안에 유아는 직접적인 현실대상들을 초월하고 잠재적

---

3) 프로이트에게 쾌Lust는 과도한(과잉적) 긴장의 해소에 다름 아니다. 여기서 말하는 '강도' intensity는 프로이트에게 자극이나 흥분에 해당되기 때문에 과도한 강도는 불쾌감으로 연결된다. 그러므로 들뢰즈가 말하는 '강도장'은 자극/흥분이 생성하고 해소되는 '리비도-장'으로서의 '이드'를 가리킨다.—옮긴이

4) 즉 엄지를 빠는 자가-성애적 행위를 통해 기억으로서 존재하는 엄마, 잠재적 엄마를 활성화시킴으로써 현실대상인 현실적 엄마에 대한 의존으로부터 독립하려 한다는 것이다.—옮긴이

5) Sigmund Freud, On Sexuality: Three Essays on the Theory of Sexuality and Other Works, trans. J. Strachey, London: Penguin Books, 1991, p. 98.

virtual 대상을 활성화시킨다. "유아의 현실적 활동의 진전과 실패들은 이 잠재적 대상에 의해 규제당하거나 보상을 받는다."[6] 잠재적 대상은 멜라니 클라인의 부분대상[7]에 상응한다.

부분대상은 여러 가지로 규정될 수 있기는 하지만 우리의 목적을 고려하여 다음과 같이 정의할 수 있을 것이다. 요컨대 부분대상이란 욕동을 자가 성애적으로 만족시키는 행위의 이미지다. 엄지 빨기가 하는 일이 바로 그런 것이다. 가령 유아가 제 엄지를 빨 때, 그는 또한 이전의 모유 수유의 이미지에 대한 자신의 욕동들을 만족시키고, 그럼으로써 그것을 현재 상황에 포개 놓는 것이다. 이 잠재적 대상 혹은 부분대상은 이전의 만족과 융합함으로써 유아가 현재를 벗어날 수 있게 한다. 성욕은 이러한 전환으로부터 시작된다. 즉 성 욕동들이 자기-보존 욕동들을 선취하는 것이다.[8] 자기-보존이 현실대상들에 달린 거라면,

---

6) Deleuze, Difference and Repetition, p. 99.
7) 멜라니 클라인의 대상관계 이론에 따르면, 유아는 처음 낯선 대상과 관계를 맺을 때 대상 전체가 아닌 부분대상과 대면하게 된다고 한다(젖가슴, 젖, 똥). 예컨대 유아가 최초로 대면하는 대상은 엄마의 젖가슴이다. 이때 아기는 대상의 구분에 있어서 자신을 만족시키는 '좋은' 젖과 불만족시키는 '나쁜' 젖으로 구분할 뿐이다. 이와 달리 부분대상의 반대 개념인 전체대상은 엄마의 젖가슴이 아닌 전체로서의 엄마이다. 유아는 '편집적-분열적 위치'에 해당되는 생후 4개월까지 들뢰즈가 '시뮬라크르의 세계'에 빗댄 부분대상의 세계에 직면한다. 또한 그 이후에 엄마를 전체대상으로서 이해하면서 엄마를 잃을지도 모른다는 우울증에 사로잡히는 '우울적 위치'가 도래한다(생후 1년 정도까지). 편집적-분열적 위치에서는 죽음욕동으로 인한 두려움으로 인해 방어적 투사가 행해지고 이에 따라 나쁜 대상의 환상이 일어난다고 한다. 즉 박해자들이 자신을 파괴하지 않을까 하는 불안 속에서 좋은 대상과 나쁜 대상의 분열이 증폭된다. 이에 반해 우울적 위치에서는 좋은 대상과 나쁜 대상으로 분열되었던 부분대상들이 전체대상으로 통합되어 양가감정이 일어난다. 즉 대상에 대한 증오의 감정 시에는 박해불안을 느끼고 사랑의 감정 시에는 실연에 대한 우울불안을 느낀다는 것이다. 요컨대 부분대상은 현실대상에서 절취되어 잠재적 대상이 되고, 그 잠재적 대상은 '좋은 대상'과 '나쁜 대상'으로 이분화된다는 것이다. 이러한 클라인의 '좋으면서 나쁜 대상' 이외에도 예컨대 위니코트D. W. Winnicott의 '과도기 대상', 라캉의 대상 a, 페티시즘 등을 부분대상=잠재적 대상으로 볼 수 있다.—옮긴이

성욕은 오직 잠재적 대상들에 달린 것이다. 각각의 신체지대는 그것이 기억의 능력을 획득할 때, 혹은 유아가 현실적 만족을 기다리는 대신에 만족함의 시나리오들을 재연하기 시작할 때 자기-보존에서 성욕으로 이동한다.

자기보존 욕동은 성 욕동과 어떻게 다른가?

한 지대의 기억은 강도의 정도로 이루어지며, 통상 하나의 지대는 오로지 그것이 지속적으로 기능하는 데 충분한 만큼의 강도나 에네르기를 얻는다. 그러나 지속적인 불만족은 한 지대가 그것이 사용할 수 있는 것 이상의 강도를 집적하는 현상을 야기한다.[9] 강도는 들뢰즈의 지대 이론에서 핵심적인 역할을 한다. "빨기의 대상 또는 구강지대의 이미지들은 …… 그 도관導管과 강도장强度場을 최대한에서 최소한까지, 또 그 역으로 탐사한다."[10] 도관을 둘러싼 막들의 강도는 하나의 지대를 구성하며, 그것은 다시 욕동을 자극한다. 말하자면 자기-보존 욕동은 강도의 좁은 범위 내에, 배고픔과 음식물 섭취의 만족 사이에 남아 있지만, 쾌락이 자기 자신을 유기체적 욕구들로부터 분리할 때 성 욕동은 이 범위를 넘어서는 것이다. 쾌락이 욕구로부터 자기 자신을 분

---

8) 올코프스키는 프로이트의 의존적 애착에 대해 논박한다. Dorothea Olkowski, Gilles Deleuze and the Ruin of Representation, Berkley: University of California Press, 1999, pp. 156~157. 나는 다른 해석을 따른다. 즉 발생을 설명하기 위해서 우리는 그것이 어떻게 시작되는지, "점막으로 둘러싸인 도관"의 깊이로부터 시작해 "지대 위로 투사된" 이미지에 이르기까지 설명할 필요가 있다(Deleuze, The Logic of Sense, p. 225). 이것이 의존적 과정이다.

9) 이는 잠재적 대상의 발명을 통해 현재를 회피한다는 앞서의 대목과 일치하는 내용이다.
　　—옮긴이

10) Deleuze, The Logic of Sense, p. 225.

리할 때, 그것은 과도한 긴장의 감소와 크기의 감소에 초점을 맞춘다. 프로이트에 의하면, 자기-보존과 성욕의 차이는 이 크기에 있어서의 차이에서 비롯한다. "많은 수의 내부적 과정들의 경우에 성적 흥분은 그러한 과정들의 강도가 특정한 양적 극한들을 넘어서는 즉시 부대적인 효과로서 발생한다."[11] 강도는 그것이 특정한 극한이나 크기를 넘어설 때 성적인 것이 되며, 이는 자기-보존과 성욕이 차이나는 것이 되도록 하는 원인이다.[12] 요컨대 자기-보존적 반복의 강도가 아무런 흔적을 남기지 않는 반면, 쾌락의 성적인 반복의 강도는 흔적[13]을 남긴다.[14] 일어나는 성 욕동은 상상적 보상[엄지 빨기 등]을 통해 기대의 불쾌를 완화한다. 또한 성 욕동은 그렇게 함으로써 신경-체계에 어떤 습관-기억을 창조하면서 습관적 패턴을 수립한다.

프로이트는 각각의 강도가 하나의 원천과 목적을 가지는 것으로 본다. 즉 지연된 만족의 긴장은 ——성 욕동과 자기-보존 욕동 모두에 동일한 것으로 남아 있는—— 지대의 강도라는 원천을 제공하지만, 두 가지 경우에 욕동들의 목적은 각기 다르다. 즉 유기체적 욕구가 자기-보존 욕동에 목적을 부여한다면, 쾌락은 성 욕동에 목적을 부여하는

---

11) Freud, On Sexuality: Three Essays on the Theory of Sexuality and Other Works, p. 124.
12) 프로이트의 성 욕동과 자기보존 욕동이 이원론적 두 계열을 이루고 있는 데 반해, 들뢰즈는 철저히 일원론적이다.—옮긴이
13) 이는 엄마가 부재할 시에도 '흔적', 즉 앞서 말한 잠재적 대상을 사용해서 쾌락을 얻는 것을 말한다.—옮긴이
14) 링기스에 따르면, "쾌락은 방출된 힘의 과잉excess, 급여gratuity, 여분superfluity의 진상이다. 관능적인 욕정은 기관 기능의 이러한 의존적 일탈/편향deviation, 유기체의 기관 machinery 내의 이러한 과잉의 생산, 이러한 방출인 것이다"(Lingis, "Oedipus Rex", p. 96).

것이다. 이때 전자[자기보존 욕동]가 대상을 요청한다면, 후자[성 욕동]는 이미지만을 요청할 뿐이다. 프로이트는 성 욕동이 어떻게 "스스로를 생명의 신체적 기능들 중 하나에 귀속시키는지"를 기술한다. 말하자면 "그것은 아직 성적 대상을 갖지 않으며, 그러므로 자가-성애적이다".[15] 들뢰즈는 자가-성애적 욕동이 신체적 원천에 귀속되는 것이 유기체적 심층으로부터 이미지의 성적 표면으로의 첫번째 전이라고 본다. "계열들이 시작되는 것은 …… 성욕으로부터이다— 왜냐하면 계열적인 형식은 표면 조직화이기 때문이다."[16] 성 욕동과 자기-보존 욕동이 차이나는 것은 전자[성 욕동]가 표면을 초래하는 반면, 후자[자기보존 욕동]는 심층 속에 남아 있기 때문이다. 들뢰즈는—신체들과 이미지들을 변별하기 위해 '심층'과 '표면'이라는 스토아 철학의 용어들을 사용해서—자기-보존 욕동이 신체들의 합체incorporation에 의존하는 것과 성 욕동이 유기체적 만족을 대체하는 이미지들에 의존하는 것을 구분한다.[17]

부분대상이란 무엇인가?

우리는 부분대상들에 속하는 성적 표면의 이미지들과 감관들에 의해 지각된 이미지들을 환원시키는 구상력의 의식적 이미지들을 구별해

---

15) Freud, On Sexuality: Three Essays on the Theory of Sexuality and Other Works, p. 99.
16) Deleuze, The Logic of Sense, p. 224.
17) 들뢰즈는 표면과 심층에 대한 이론을 다음의 저작에서 취한다. Émile Bréhier, La théorie des incorporeals dans l'ancien stoïcisme, Paris: Libririe philosophique J. Vrin, 1997.

야만 한다.[18] 유아는 엄지를 빠는 동안 어머니의 가슴의 모습을 상상하는 것이 아니다. 만일 그런 것이라면 분리 가능한 부분들이 딸린 전체대상을 명시하는 것이 될 테니 말이다. 다시 말해 부분대상은 전체의 일부를 형성하지 않는다. 가령 하나의 손, 하나의 눈, 하나의 코는 부분대상들의 역할을 하지 않는다. 대신에 우리는 부분적 혹은 잠재적 대상들을 운동-이미지들로 보아야 한다. 부분대상들은 시각적 이미지들을 구성하는 외형들이라기보다는 행위들을 가리킨다. 프로이트는 운동-이미지를 가지고 동료 인간 존재의 지각에 대해 기술한다. 그것은 물리적 특징들과 같은 고정된 부분, 그리고 손의 움직임과 같은 이동적 특징들로 이루어져 있으며, "주체 안에서 그 자신의 것과 매우 유사한 시각인상의 기억들, …… 그가 경험한 운동의 기억들과 일치할 것이다".[19] 예컨대 손의 움직임은 우리 자신의 운동의 운동-기억 motor-memory을 자극한다. 다른 사람들의 행위들이 우리들의 것과 공명하는 것은 이러한 공감적 반응들 때문이다. 우리는 이 단계에서 유아들에게 전체 사람에 대한 지각이 결여되어 있다는 점을 염두에 두어야만 한다. 전체 사람에 대한 지각은 먹이기, 씻기기, 닦아주기, 쓰다듬기와 같은 행위들, 혹은 유아가 그 원천을 이해하지 않은 채 겪는 여하한 행위에 대한 기억들로부터 자라난다. 우리 현재의 지각의 양태를 유아에게 투사함으로써 우리는 유아의 지각에 대해 오해하게 된다.

---

18) 이는 올코프스키의 다음 주장과 일치한다. "잠재적인 것은 환상도 유사도 꿈이나 퇴보한 사본도 아니다."(Olkowski, Gilles Deleuze and the Ruin of Representation, p. 155)

19) Sigmund Freud, Project for a Scientific Psychology, in The Standard Edition of the Complete Psychological Works of Sigmund Freud, vol. 1, trans. J. Strachey, London: Vintage Books, 2001, p. 331.

성인들은 만족시켜 주는 대상들을 생각할 때면 신체의 일부를 생각하기 마련이다. 하지만 유아가 손가락을 빨 때 그는 가슴을 상상하고 있는 것이 아니며, 대신에 만족을 가져다주었던 행위를 떠올리는 것이다.[20] 유아는 대상에 대한 이해는 거의 갖고 있지 않으며 행위에 대한 훨씬 큰 직관을 가지고 있다. 유아는 자연스럽게 습관-기억을 우선 발달시키는데, 왜냐하면 그의 생존이 대상을 인식하는 것보다는 행위들을 반복하는 능력에 더욱 의존하기 때문이다. 그러므로 유아는 태어난 첫 해를 운동들을 조정하고 습관들을 기르면서 보낸다.[21]

시간의 감각은 수동적 자아와 능동적 자아에 있어 어떻게 다른가?

습관들과 쾌락들은 부분지대에 귀속된다. 또한 세 가지 주요한 지대들(항문, 구순, 요도)은 각각 나름의 리듬을 유지하고, 각기 그 종합을 조건 짓는 부분대상을 유지하며, 각각의 지대가 지속에 대한 전체적 감각이 결여된 종합을 추구한다. 부분대상들의 고유한 시간의 형식은 꿈에서 나타난다.[22] 들뢰즈에 따르면, 사람들은 꿈에서 "그들의 전체적인 성격을 잃어버리고 부분대상으로 취급되는데," 왜냐하면 꿈이 "한 사람의 어깨의 운동과 다른 사람의 목의 운동을" 고립시키며, 이는 "그것들을 총체화하기 위해서가 아니라 그것들을 하나씩 분할하기 위

---

20) 즉 유아는 엄마의 가슴의 모습을 상상하는 것이 아니라, 이를테면 젖을 빨면서 경험했던 따뜻하고 포근한 그 만족스러웠던 느낌을 기억하는 것이다.—옮긴이

21) René Spitz, The First Year of Life: A Psychoanalytic Study of Normal and Deviant Development of Object Relations, Connecticut: International Universities Press, 1965 참조.

22) 부분대상들의 고유한 시간은 마치 실체 없이 운동-이미지들만이 존재하는 그런 꿈의 세계이다.—옮긴이

해서"이기 때문이다.[23] 꿈속에서 우리는 성욕의 시원적 상태로 퇴행하는데, 거기서 우리는 부분대상들을 형성하는 파편화된 운동들과 조우하게 되고, 그곳에서 전체 인칭들은 각각의 지대가 그들을 분할하는 까닭으로 소산되며, 그곳에서 지속에 대한 우리의 감각은 구부러진다. 다시 말해 지속에 대한 우리의 감각은 과거와 미래를 결여하기 때문에 사라지지 않은 채 스스로를 파편화한다. 각각의 지대는 그 나름의 지속을 그 나름의 리듬에 기반하여 수립한다.[24] 또한 전체대상의 결여 가운데 각 지대의 지속은 서로 충돌하며 혼돈된 질서감각을 만들어 내는데, 이것은 시간의 이행을 분열시킨다. 전체대상으로서의 **타자**는 "다른 대상들과 다른 관념들이 이것에서 저것으로의 이행을 통제하는 전이의 법칙들과 조화를 이루는 가운데 일어날 수 있는 주변적 세계, 맨틀, 배경을 창조한다".[25] 대상들은 사라지는 것이 아니라, 우리의 지각으로부터 **타자**에게 가시적인 배경으로 옮겨 간다. 그러나 꿈속에서 우리는 **타자들**이 없는, 그리고 전이의 감각이 없는 나르키소스적 단계로 퇴행한다. 즉 현재의 종합은 국소적 적분積分으로부터 분출하는데, 그것은 깨어 있을 때와 다른 꿈의 지속을 야기한다.[26] 들뢰즈에 의하면, 이 꿈꾸는 지속은 이드로부터 출현하며, 그것은 "이드에게 고유한 시간

---

23) Gilles Deleuze, Proust and Signs: The Complete Text, trans. R. Howard, Minneapolis: University of Minnesota Press, 2000, pp. 150~151.
24) 이는 각각의 지대가 각기 자신의 시간대로 움직인다는 것을 뜻한다.—옮긴이
25) Deleuze, The Logic of Sense, p. 305.
26) 이드 안에서 '묶기' Bindung를 통해 국소적 흥분들은 하나의 애벌레 자아로 적분된다. 또한 이 애벌레 자아들이 묶여질 때마다 '살아 있는 현재'가 종합되어 흐르게 된다. 이러한 종합이 수동적으로 일어나기 때문에 이 시간은 의식의 시간이 아니라 무의식의 시간이다.—옮긴이

을 구성하는 국소적 자아들이 거주하는 곳이다".[27] 이드의 항구적인 현재는 전이 없는 복잡화된 상태 안에 존속한다. 거꾸로 성욕의 전체적 적분이 일어나면 전全-인칭들이 출현하고, 현재는 지나가기 시작한다.[28] 수동적 자아들이 이미지들을 적분한다면, 능동적 자아는 대상들을 적분한다. 수동적 자아들은 외부의 목적이 결여되어 있으므로 자가-성애적으로 행동하는 반면, 능동적 자아는 **타자**를 그 목적으로 삼는다. 이것이 수동적 자아와 능동적 자아의 차이다.[29]

팔루스의 역할은 무엇인가?

전-성기기적 계열이 끝날 때, 남근기적 계열은 경쟁적 본능들을 표면의 선線으로 적분시킴으로써 시작된다. "그것[선]은 모든 부분적 표면들을 어린아이의 신체의 동일한 표면 위로 서로 묶는다."[30] 팔루스는 부분대상들을 종속시킴으로써 그것들을 넘어선다. 팔루스가 이것을 할 수 있는 이유는 그것이 "자신의 부재와 과거로서의 자신"을 증명하고 "오직 잃어버린 것으로서만 발견"되기 때문이다.[31] 성기기적 성욕

---

27) Deleuze, Difference and Repetition, p. 97.
28) 들뢰즈에 따르면, 능동적인 통합된 자아는 이러한 전체적 적분의 원인이 된다. "수동적 자아는 이미 적분들이었다. 그러나 이는 오로지 수학자들이 말하는 것과 같은 국소적 적분들일 뿐이다. 반면 능동적 자아는 전체적 적분을 시도한다." (Ibid., p. 98)
29) 나는 올코프스키와는 달리 나르키소스적 자아와 수동적 자아들을 구분한다. 올코프스키는 나르시시즘을 관조 내부에 위치시킨다. "관조하는 수동적 자아는 나르키소스적 자아로서 잠재적인 것을 관조한다." (Olkowski, Gilles Deleuze and the Ruin of Representation, p. 159) 내가 보기에 나르키소스적 자아는 순수사건들을 관조하고, 수동적 자아는 잠재적 대상을 관조한다.
30) Deleuze, The Logic of Sense, p. 201.
31) Deleuze, Difference and Repetition, p. 103.[이것은 잠재적 대상으로서의 팔루스가 가지고 있는 본질적인 성격을 의미한다. 이는 라캉의 '잃어버린 편지'나 '도서관에서 분실된 책'과 같이 자신이 있는 곳에서 부재함으로써만 존재하는 전치déplacement의 성격을 가리킨다.—옮긴이]

이 외부적 목적을 투사하고 자가 성애적 성욕을 억압할 때 잠재적 대상들은 팔루스에 자리를 내어 주고, 팔루스는 그것들을 과거의 '잃어버린' 차원으로 밀어낸다. 프로이트는 이전 단계들을 정복하는 남근기의 이러한 통합을 기술한다.

성 욕동은 이제까지 두드러지게 자가-성애적인 것이었지만 이제 어떤 성적 대상을 찾는다. 그 활동은 이제까지 몇 가지 분리된 본능들과 성감대들로부터 각기 독립적으로 도출되었고, 그들의 유일한 성적 목적에 해당하는 특정한 종류의 쾌락을 추구했다. 그러나 이제 새로운 성적 목적이 등장한다. 그리고 모든 구성 본능들이 그것을 획득하기 위해 결합한다면, 성감대들은 성기대의 우선성에 종속된다.[32]

부분대상들로부터 전체대상들로의 이러한 전이와 더불어 남근기는 두 가지 기능을 수행한다. 즉 그것은 새로운 성적 목적을 수반하는 현실대상의 선택을 결정하고, 또한 자가-성애적 욕동들을 억압한다. 이 새로운 목적이 자기 자신을 주장할 때, 그것은 이전 단계를 억압하고 자가-성애적 욕동들이 잃어버리게 된 듯이 보이게 만드는 한편, 스스로를 새로운 현전現前으로서 가정한다.[33]

사춘기-이후 성욕의 관점에서 자가-성애적 단계는 '실락원' 혹

---

32) Freud, On Sexuality: Three Essays on the Theory of Sexuality and Other Works, p. 127.
33) 만일 라캉에서라면, 의식의 수면 아래로 가라앉은 욕동은 나중에 'objet a'가 될 것이다. ─옮긴이

은 팔루스에 의한 억압에 선행하는 절대적인 통일인 듯하다. 이러한 가상은 또한 선善에 대한 플라톤의 통일성으로부터도 유래한다. 들뢰즈에 의하면, "선이란 다만 상기의 대상으로서만 도달될 뿐으로 본질적으로 베일에 싸인 것으로 드러난다. …… 그리고 플라톤이 이념에 대해 말하는 것과 같이, '그것은 사라지거나 소멸한다'".[34] 숨겨진 것은 통일된 것으로 나타나고, 그것은 억압된 것으로부터 분출하는 초월적transcendant 통일성을 보존한다. 이 통일성의 가상은 시간의 종합에 극적인 영향을 미친다. 즉 우리가 지나가는-현재를 포착할 때, 우리는 또한 현실적 과거와 구분되는 순수과거의 블록과 조우하는 것이다. 성기기적 성욕이 '통합적 자아'를 활성화할 때 억압된 전-성기기적 욕동들은 과거의 이 잃어버린 차원 속에 모습을 드러낸다.

현재는 왜 지나가는 것처럼 보이는가?

남근기가 시간의 근거로 작용하는 순수과거의 효과를 발생시킬 때, 그것은 현재가 이행하는 배경을 구성한다.[35] 이런 이유로 들뢰즈는 순수과거가 "시간의 이행의 최종적 근거"라고 말한다.[36] 과거가 이행하지 않는다면 현재는 정지할 것이다. 남근기가 현실대상에 투여하는 '능동적 자아'를 유발할 때 그것은 시간의 이행을 관찰하는데, 이는 프로

---

34) Deleuze, The Logic of Sense, pp. 191~192.
35) 현재가 흐르기 위해서는 역설적이게도 과거가 현재와 동시적으로 공존할 뿐 아니라 선재先在해야만 한다. 이는 『차이와 반복』 2장에서 베르그손의 논의를 따라 말하는 네 가지 역설, 즉 동시간성contemporaneite의 역설, 공존coexistence의 역설, 선재preexistence의 역설, 순수과거의 자기 자신과의 역설에 관한 논급과도 밀접히 관련된다.―옮긴이
36) Deleuze, Difference and Repetition, p. 82.

이트에 의하면 그것이 "소량의 카섹시스cathexes[리비도 집중]를 지각 체계로 보내" 외부의 자극을 채집하고, 그러고 나서 "다시 물러나기" 때문이다.[37] 일시적으로 외부 세계로부터 철수한 자아는 불연속이 나타나도록 허용하는데, 그렇지 않다면 어떠한 대상도 현재로부터 지나가지 않을 것이다.[38] 이드와 초자아는 이 과정을 도우며, 자아는 그들 사이의 긴장의 장場 안에서 작동하면서 '판단의 주기'를 자극한다.

프로이트는 시간의 이행이 판단의 변화에 달려 있는 것으로 보는데, 이는 우리의 의식적 판단과는 달리 에로스와 타나토스의 무의식적 힘들로부터 유래한다. 그는 이 판단의 양극성이 "우리가 실존하는 것으로 가정해 온 본능들 두 그룹의 대립"에 상응하는 것으로 본다. "긍정은——통합을 대체하는 것으로서——에로스에 속하는 반면, 부정은——배제의 계승자로서——파괴욕동에 속한다."[39] 그것은 이드의 본능들과 초자아의 본능들로부터 유래한다. 즉 이드는 자아가 억압할 때 대상들을 끌어당기고(에로스), 초자아는 그것이 자아를 이드로부터 분리시키면서 억압의 작인으로서 작동할 때 대상들에 저항한다(타나토스). 모든 조우에서 능동적 자아는 그 대상을 끌어들이거나 물리침으로써 그것에 반응한다. 순수과거의 억압된 계열은 대상의 유혹 desirability에 대한 이러한 판단을 용이하게 한다. 지나가는 현재는 억압

---

37) Sigmund Freud, On Metapsychology: The Theory of Psychoanalysis, trans. J. Strachey, London: Penguin Books, 1991, p. 441.
38) 라플랑슈는 시간에 대한 우리 의식의 불연속성이 시간 자체의 연속적인 본성과 다르다고 본다. "세계에 대한 지각은, 최초의 비-아非我, not me에 의해 구성되는 것과는 거리가 멀며, 반대로 흥분의 주기적 소멸에, 비-아의 연속적 행위에 대립되는 주기적인 차단에 결부되어 있다."(Laplanche, Essays on Otherness, p. 239)
39) Freud, On Metapsychology: The Theory of Psychoanalysis, p. 441.

된 계열을 가로질러 미끄러지지만, 우리가 기억을 회상할 때 억압된 과거와 지나가는 현재 사이에 공명이 일어난다. 이 현동적現動的, positive 판단의 사이에 시간은 잠시 쉬는 듯하다. 그러나 이때 초자아가 거듭 자신을 주장한다. 요컨대 그것은 리비도 투여를 철회하고 현재가 지나가도록 허용한다. 이는 연인들이 시간이 느리게 흘러가는 것을 경험하는 것처럼 느낄 때, 혹은 지루함을 느낀 사람이 지속을 잡아 늘이는 경험을 하는 듯할 때 일어난다. 그러나 시간이 이행한다는 이런 부정할 수 없는 사실은 다만 공명과 강요된 운동의 문제들을 도입할 뿐이다. 우리는 다른 절에서 이 구분으로 되돌아올 것이다.

2. 통접적 계열

『의미의 논리』에서 들뢰즈는 통접적 종합conjunctive synthesis을 공존하는 듯한 두 개의 이질적 계열들의 수렴으로 정의한다. "그러나 그것은 이질적 계열들을 자체 내에 내포하고 있는 복합적인 형식으로부터 분리 불가능하고, 이제 연속 혹은 수렴의 조건이 동질성을 대체한다. 또한 그것은 공존과 조정의 종합을 발생시키고 포섭된 계열들의 통접conjunction을 구성한다."[40] 이 수렴은 들뢰즈가 '공명'이라고 부르는 것을 발생시킨다. 공명은 오로지 이상적二相的 분할 내에서만 발생한다. 프로이트는『성욕에 관한 세 편의 에세이』에서 두 가지 이상적二相的 계열들을 탐구하기 시작했지만, 곧 중단했다. 들뢰즈의 시간의 두

---

40) Deleuze, The Logic of Sense, p. 225.

번째 종합은 프로이트가 멈춘 곳에서 출발한다. 그 까닭은 프로이트가 다만 성인과 유아의 두 단계 사이의 유사성을 설정하는 데까지만 나아갔고, 따라서 사후반응〔지연된 반응〕deferred reaction을 창조하는 데 그쳤기 때문이다. 그러나 이 반응은 다시금 오이디푸스 콤플렉스, 거세 콤플렉스, 그리고 신경증의 전체 드라마를 발생시키는 어떤 유사성으로부터 유래한다. 들뢰즈는 이를 교정한다. 그는 두 계열〔유아기와 성인기〕이 〔유사성이 아닌〕 그들의 비유사성에 의해서, 혹은 그들의 이접disjunction에 의해서 공명하는 것으로 본다. 프로이트가 둘 사이의 유비[41]와 다의성에 의존한 데 반해, 들뢰즈는 일의성一義性, univocity의 유일한 체계를 창조한다. 그것은 부정법 동사를 통한 번역에 의존하는 체계로서 신체들의 심층과 언어의 표면 사이를 통과해 간다.

　이 절에서 우리는 들뢰즈가 『의미의 논리』에서 이미 반오이디푸스적 입장을 취하게 되는 까닭을 발견하게 될 것이다. 오이디푸스 콤플렉스는 부정적 이접들을 창조하는 유비에 의존하고 있다. 또한 그것은 거세 콤플렉스와 상실과 결여의 의미를 생산한다. 이런 이유로 그는 그것들을 극복하기 위한 세번째 종합〔이접적 종합〕을 필요로 한다. 즉 두번째 종합〔통접적 종합〕은 최초의 운동으로서 작동하며, 우리를 과거 속에 위치시킨다. 그리고 나서 진자와 같은 운동이 우리를 앞으로 밀어 공명을 해방시켜 올리는 가운데 탈성화脫性化를 향하게 한다.

---

41) 여기서 말하는 유비는 유아기와 성인기 사이의 유비를 말한다. 이때 유비는 일의성이 아닌, 다의성의 세계를 전제한다. 본래 유비라는 것이 존재의 다의성을 유지하면서 통합하려는 것이기 때문이다. 프로이트의 입장이 어린아이의 경험과 성년의 경험을 각각 다의적/불연속적으로 인정하면서 유비적으로 파악하는 것이라면, 들뢰즈의 입장은 유아와 성년의 경험을 일의적/연속적으로 본다.―옮긴이

그것은 좌절된 성욕으로부터 멀리 일의성을 향하는 형이상학적 표면 위로의 급진적인 도약이다.

하나의 계열이 다른 계열과 공명하게 하는 원인은 무엇인가?

프로이트는 두 '이상적' 계열들이 분기할 때 서로 닮는다고 본다. 즉 사춘기는 유아기의 성적 목적들이 감소할 때 일어나며, 그럼으로써 두 시기[사춘기와 유아기]는 두 가지 완전히 대립되는 유형의 대상-선택을 계발한다. 프로이트는 "그 과정은 이상적이다. 즉 두 개의 파도 속에서 일어난다"고 말한다. 그 첫번째 파도는 유아기 동안에 일어나며 "잠복기에 의해 멈추거나 후퇴"하는데, 그 지점에서 두번째 파도가 "사춘기와 더불어 시작되고 성적 삶의 최종 결과를 결정한다".[42] 두 성적인 국면들은 잠복기 동안에 분기한다. 그것은 극도의 억압의 시기로서 첫번째 국면이 태고의 과거로 후퇴하도록 한다. 이 첫번째 국면은, 전-성기기적 기억들을 억압하고 성인의 기억을 시작하는 '유아기의 기억상실'에 굴복한다. 기억상실은 이 첫번째 국면을 철폐하기보다는 그것을 부분적으로 승화[43]시킨다. 프로이트는 이 승화가 유아기의 대상-선택들이 사춘기에 다시 나타날 때 일어난다고 본다. 그러나 잠복기의 억압으로 인해 그 대상-선택들은 '이용할 수 없는' 것이 되고 "그것들은 이제 성적 삶의 '감응적 흐름'affectionate current으로 기술

---

42) Freud, On Sexuality: Three Essays on the Theory of Sexuality and Other Works, p. 119.

43) 승화Sublimierung는 달리 말하면 리비도적 가면이라 할 수 있다. 본래의 성적 목적을 포기하면서 다른 가면으로 바꿔 쓴 방식으로 출현하기 때문이다.─옮긴이

될 수 있는 것을 표상한다".[44] 감응적 흐름은 오이디푸스적 환상을 발생시킨다. 들뢰즈는 오이디푸스적 국면이 전-성기기적 국면으로부터 "그것들에 상응하는 이미지들"을 발굴하고 "심지어 이 이미지들이 그로부터 추출되는 집단들과 사람들을 수반한다"고 본다.[45] 오이디푸스적 국면에서 대상-선택이 전-성기기의 요소들에 고착될 때 그것들은 공명한다. 이 '고착화' fixation를 통해 이전의 내부적 대상-선택 ── 자아의 형성에 선행하는 ── 은 외부적 대상-선택에 영향을 미친다. '내부적' 대상-선택은 이미지를 결여한 것으로 이미지를 가진 '외부적' 대상-선택과 다르다. 프로이트는 내부적 혹은 전-성기기적 대상-선택이 보모에게 고착화된 강도intensity를 구성하는 것으로 본다.[46] "어린아이가 자기를 돌보아 줄 책임이 있는 어떤 사람과 맺는 관계는 그 아이에게 성적 흥분의 끊임없는 원천을 제공한다."[47] 어머니는 "자신의 애정표현이 어린아이의 성 욕동을 일깨우고 훗날의 강도를 준비시킨다"는 것을 알지 못한다.[48] 물론 전-성기기의 보살핌이 주는 흥분을 기억하는 사람은 없지만, 그 강도는 오이디푸스 국면에서 어머니에 대한 애착의 전조前兆가 된다.

---

44) Freud, On Sexuality: Three Essays on the Theory of Sexuality and Other Works, p. 119.

45) Deleuze, The Logic of Sense, p. 226.

46) 이는 하나의 개체로 인식하는 것이 아니라 부분대상으로 인식하는 것을 말한다. 즉 앞서 예시한 바와 같이 유아는 엄마의 젖가슴을 기억하는 것이 아니라 젖가슴을 빠는 것을 기억하는 것이다. 이때 유아의 기억은 은폐 기억, 즉 무의식적 흔적으로서의 기억(내부적 대상 선택)으로 남는다. 이와 같이 어린아이가 어떤 내부적 대상-선택을 가지고 있느냐에 따라 외부적 대상-선택이 영향을 받는다.─옮긴이

47) Freud, On Sexuality: Three Essays on the Theory of Sexuality and Other Works, p. 145.

사후작용이란 무엇인가?

통접적 종합은 분기된 계열들을 접속시키는데, 그 계열들은 유아기의 기억상실이 나누어 놓은 것들이다. 히스테리성 기억상실은 이 유아기의 기억상실에서 유래한다. 전자(히스테리성 기억상실)는 억압된 기억-흔적들이 "억압의 힘들의 의식으로부터 떨쳐 내려고 애쓰는 그 물질을 자기 자신에게 끌어당길" 때 발생한다.[49] 프로이트는 이 억압된 기억들을, 의식적 관념들을 끌어들이기도 하고 물리치기도 하는 무의식의 흔적들과 동일시한다. 보다 강력한 히스테리성 기억상실은 유아의 기억상실과는 다른데, 이는 억압의 대항-력보다는 인력을 유지하기 때문이다. 그것(히스테리성 기억상실)은 어떤 사건을 활성화시키고, 우리에게 그것을 회상할 힘을 주지 않으면서 과거의 틀에 집어넣어 주조한다. 전-성기기적 계열들에서 유래하는 이러한 기억의 결여는 또한 사건과-같은 구조를 결여하고 있는데, 왜냐하면 그것이 강도들로부터 분출하기 때문이다. 유아는 사춘기 이후에야 비로소 발생하는 이러한 강도들을 상징화할 능력을 가지고 있지 않기 때문에 그것들(강도들)은 지연되어야만 한다.

프로이트는 사후작용이, "포기된 성적 지대들의 흥분에 대한 기억과의 접속을 통해" 일어나는 것으로 보았다.[50] 그가 '포기된'이라는 단어를 강조하는 것은 이러한 흥분들이 성기기적 성욕으로 번역되는 데 실패하기 때문이다. 또한 이러한 번역의 결여는 억압을 규정한다.

---

48) Ibid., p. 145.
49) Ibid., p. 91.
50) Freud, Project for a Scientific Psychology, p. 269.

히스테리 환자는 이전 사건에 대한 기억 대신에 '은폐-기억'screen-memory[51]과 조우한다. 프로이트에 의하면, "이른바 최초의 유년시절의 기억들 속에 우리는 순수한 기억-흔적이 아니라 나중에 수정된 것〔사후작용〕을 가지고 있다".[52] 은폐-기억은 사후작용을 야기하면서 심리적 힘들을 수정한다. 이 개념은 논쟁의 여지가 많은 것으로 남아 있는데, 왜냐하면 프로이트가 모순되는 관점들을 견지했기 때문이다. 이를테면 처음에 유년기의 유혹은 히스테리성 기억상실을 유발하는 듯하지만, 나중에 그는 환상들의 정신적 현실을 위해 현실적인 외상적 사건들에 대한 자신의 이론을 포기한다. 유년기의 성적 학대에 대한 몇몇 환자들의 보고가 프로이트를 깜짝 놀라게 했고, 그것들이 너무나 공통적인 것이 되자 그는 그 현실성을 의심하기 시작했던 것이다.[53] 그는 억압된 사건의 이론을 포기했다. 이 포기로 인해 히스테리성 기억상실의 '치유'는 해결하기 어려운 문제가 되어 버렸다. 말하자면 우리에게 억압된 사건들이 없다면 기억과 가공working-through[54]이 어

---

51) 은폐 기억Deckerinnerung은 유년기의 기억 중에서 특별히 선명하고 사소한 것으로 여겨지는 기억을 의미한다. 다시 말해 중요한 사실은 기억에서 사라지고 무의미한 기억은 보존된다는 것이다. 이때 중요한 사실은 대부분 성적인 경험이나 환상의 은폐와 관련된다. —옮긴이

52) Sigmund Freud, The Psychopathology of Everyday Life, trans. A. Tyson, London: Penguin Books, 1991, p. 88.

53) 한 편지에 쓴 다음 구절에서 프로이트는 자신이 어째서 이 이론을 포기했는지 설명한다. "그러고는 나 자신을 포함하여 모든 경우에 아버지가 도착자로 비난받아야만 했습니다——히스테리 증상이 예기치 못한 빈도수로 현실화된 것이고, 그럴 때 동일한 결정요소가 일정하게 수립되어 있었던 것인데, 결과적으로 어린아이를 향한 도착이 그처럼 일반화되어 퍼져 있다는 것은 그다지 있을 법한 일이 아니었던 것입니다." (Ibid., p. 259)

54) '가공' Verarbeitung은 흔히 'working over'나 'working out'으로 영역되지만, 간혹 지금과 같이 'working through'로 영역되기도 한다. 이는 에네르기(자극/흥분)의 양을 다른 곳으로 전환하거나 구속함으로써 그것을 통제하는 작업을 가리킨다.—옮긴이

떻게 우리를 치유할 수 있겠는가? 실재 사건이 실존하지 않는다면, '사건' 자체는 과거에도 현재에도 머무르지 않는다. 그러므로 그것은 공명의 감정 속에서 과거와 현재 사이에 머물러야만 하는 것이다.

사건은 어떻게 형성되는가?

기억이 더 이상 치유하지 않는다면, 억압된 기억을 어떻게 설명할 것인가? 사건은 현실적 과거를 현시하지 않게 되고, 따라서 사건은 다른 원천으로부터 유래해야 한다. 들뢰즈는 사건이 두 계열들 사이의 공명에서 솟아오른다고 본다. "그러므로 정확히 말해 그것은 사건들의 문제가 아니라 독립적인 이미지들로 이루어진 두 계열들의 문제이며, 거기서 **사건**은 환상 안에 있는 계열들의 공명을 통해서만 해방된다."[55] 이미지들의 두 상이한 유형들은 하나의 사건을 발생시키는 가운데 계열들 사이에서 하나의 공명을 일으킨다.[56] 이것은 성인들과 유아들이 기억을 서로 다르게 보존하기 때문에 일어나는 일이다. 즉 "시각적 기억은 유아적 기억의 유형을 적절히 보존한다".[57] 시각적 기억들은 감각들과 강도들을 집적하며, 의식화되는 능력을 결여하고 있으므로 무의식적인 것으로 남아 있어야만 한다. "성욕은 그것이 의식 속에서 유

---

55) Deleuze, The Logic of Sense, p. 226.
56) 르세르클에 의하면, 프로이트가 말하는 성적 계열은 "들뢰즈가 사용하는 성적 계열이란 말의 용법적 시원이 아니라 단지 근접한 용법일 뿐이다". 그는 "들뢰즈의 계열 개념은 스피노자의 이미지와 사물 사이의 평행parallel 개념에서 기원한 것으로", 거기서 "두 평행선들의 이미지는 두 계열(의 반쪽들) 사이의 접속을 주장할 수 없다"고 본다. Jean-Jacques Lecercle, Philosophy through the Looking-Glass: Language, Nonsense, Desire, La Salle: Open Court, 1985, p. 94.
57) Freud, The Psychopathology of Everyday Life, p. 88.

지되는 것을 가능하게 해줄 조건들(이른바 그것에 상응하는 언어적 요소들에 의해 지시되고, 현시되고, 기표화될 가능성)을 가지고 있지 않다."[58] 유아의 정신은 언어적 표현을 결여한 질적 기억들을 집적한다. 그러므로 그 기억들은 유아적 계열들 안에 남아 있다. 성인의 계열과 유아적 계열은 상이한 유형의 기억을 보유한다. 즉 유아가 사물표상들을 보유한다면, 성인은 동사표상들을 보유하는 것이다. 들뢰즈는 우리에게 동사표상들이 비물체적 표면 위로 상승하고, 사물표상들은 신체의 성적 심층에 거주한다고 말한다. "동사표상은 '사물표상'과 조심스럽게 구분되어야 하는데, 왜냐하면 그것[동사표상]이 신체, 능동, 수동, 신체들의 질들이 아니라 비물체적 사건을 고려하기 때문이다."[59] 유아기의 이미지들은 사물표상과 의식의 언어적 구조 사이의 양립 불가능성 때문에 억압을 겪는다. 두 계열은 이 양립 불가능성으로 인해 공명한다. 즉 성인의 계열의 기억이 지시작용designation, 기표작용signification, 현시작용manifestation을 통해 스스로를 드러낸다면, 억압된 유아적 계열은 마치 암시와 같이 언어에 스며들어 있는 '의미'를 드러내는 것이다.

의식적 정신은 '의미'를 중성화하여 언어가 그 시적인 효용보다는 실용적 효용을 유지하도록 하려 한다. 성적 공명은 의미와 더불어 억압받게 되고, 언어는 이 억압으로부터 솟아오른다. 들뢰즈에 의하면, 성욕은 계속해서 언어에 출몰한다. 언어의 표면이 그 질서 잡힌 언

58) Deleuze, The Logic of Sense, p. 244.
59) Ibid., p. 245.

어적 단위들과 더불어 전개될 때 성욕은 잠복하게 된다. 다시 말해 성욕은 언어가 걸어온 길을 보여 주면서 "암시, 증기, 먼지로서" 계속해서 실존한다. "그러나 성욕은 그 길을, 극도로 불안하게 하는 아동기의 수많은 기억들과 마찬가지로 끊임없이 되살렸다가 지운다."[60] 이 불안하게 하는 기억들은 프로이트가 『일상생활의 정신병리학』에서 '말실수'라 불렀던 언어적 동요를 통해 언어를 관통한다. 이 '말실수'는 우연히 일어나는 것이 아니다. 즉 낯선 정서들이 거기에 수반되며, 그것은 문장의 내용으로는 설명할 수 없는 것들이다. 들뢰즈는 '의미'가 단어들의 기표작용을 초월하는 것으로 본다. 즉 그것[의미]은 잠복해 있는 전-성기기적 성욕으로부터 분출하여 언어의 표면효과를 자극하는 것이다. '히스테리'로 알려진 이런 현상의 극단적인 형태에서 히스테리성 환자는 실제로 동사화verbalization로부터 솟아오르는 아동기의 기억을 꾸며 낸다. 또한 히스테리성 환자는 질적인 '사물표상들'을 서사적인 구조로 번역하려고 한다. 요컨대 동사표상과 사물표상 사이의 이러한 번역은 사건을 만들어 낸다. 즉 히스테리 환자는 실재 사건의 왜곡된 기억을 회상하는 대신, 질적 대상-기억들로부터 하나의 서사를 재구성하는 것이다. 프로이트는 이를 가리켜 '은폐-기억'이라고 부른다.

은폐-기억의 한 예가 프루스트의 마들렌에 대한 묘사에서 나타난다. "의심의 여지없이 이런 식으로 나의 내면 깊은 속에서 파닥거리고 있는 것은 그 이미지, 이 맛에 결부되어 있고 그것을 따라 나에게

---

60) Ibid., p. 242.

오려고 하고 있는 시각적 기억임에 틀림없다."[61] 프루스트는 '시각적 기억' 혹은 사물들의 질적 본질이 무의식 속에 깊숙이 숨어 있음을 인식하고 있다. 그 무의식의 깊이에서 비자발적인 기억들은 언어적 단위들의 지성적 연합으로부터가 아니라 질적 이미지들의 연합으로 인해 나타난다. 이러한 질적 이미지는 그것이 하나의 이름, 그러니까 콩브레라는 이름을 발견할 때 하나의 은폐-기억이 된다. 들뢰즈는 콩브레가 "그것이 지금 있는 현재(지각)로, 그리고 그 안에서 그것이 재등장할 수도 혹은 재구성될 수도 있는 현재적 현재(자발적 기억)"로 환원될 수 없는 채로 남아 있다고 본다. 대신에 그것은 "그 나름의 본질적 차이, 프루스트에 따르면 '대지의 표면 위가 아니라' 오직 특정한 심층에만 실존하는 '질적 차이'로 이루어져 있다".[62] 콩브레는 실재하는 장소를 드러내는 것도, 어떤 과거의 지각에 대한 기억이나 현실적 일어남을 드러내는 것도 아니다. 대신 그것은 질적 차이로부터 솟아오르는 은폐-기억 —— 전-성기기적 사물표상의 역할을 한다. 그것은 다만 심층에서 존속하는 가운데 유아기의 기억들의 억압된 계열을 구성하고, 어떤 의미를 향유하지만 대상을 결여하고 있으며, 그러므로 공명의 모든 특징들을 선보이고 있는 것이다.

언어는 어디에서 비롯하는가?

은폐-기억들, 혹은 들뢰즈의 표현대로 (무의식적) 환상들 가운데 오이

---

61) Marcel Proust, The Way by Swann's, trans. L. Davis, London: Penguin Books, 2002, pp. 48~49.
62) Deleuze, Difference and Repetition, p. 122.

디푸스 콤플렉스만큼 강력하게 나타나는 것은 없다. 『의미의 논리』의 후반부에서 들뢰즈는 오이디푸스적 환상을 광범위하게 활용하여 언어의 출현을 설명한다. 지금까지 우리는 언어가 어떻게 전-성기기적 계열을 억압하는지를 탐구해 왔다. 이제 새로운 문제를 탐구할 텐데, '그것은 언어가 어디서 비롯하는가?' 하는 문제이다. 들뢰즈는 '위로부터의 음성'이 언어를 고취한다고 본다. 또한 유아는 그의 부모가 말할 때, 이러한 전-기표화의 음성을 경험한다. 들뢰즈에 의하면 "초자아의 음향적 기원"은 "전통을 전하는 가족의 음성"을 구성하고, "그것은 어린아이에게 이름의 담지자로서 영향을 미치며 아이가 채 이해하기 시작하기도 전부터 그의 참여를 요구한다".[63] 유아에게 이 음성들은 이해할 수 없는 것으로 남아 있다. 그럼에도 불구하고 그는 그 음성의 꾸짖는 성격과 칭찬하는 성격을 이해하고 있는데, 그것이 아이에게 흔적을 남기고 동사표상 아래에 잠재하는 '사물표상들'의 억압을 고취한다.[64] 유아적 계열에서 경험된 음성은 오이디푸스적 계열 안에서 스스로를 부모의 환상으로, 요컨대 아버지의 꾸짖는 음성과 어머니의 애정 어린 음성으로 번역한다. 이 음성들은 초자아의 두 페르소나들을 주조한다. 즉 애정 어린 어머니가 '이상적 자아' ideal ego를 세운다면, 금지하는 아버지는 자아-이상을 세우는 것이다. 이상적 자아는 통일된 표면의 이미지를 견지하고 있으며, 이는 파괴적 욕동을 끌어들이는데, 왜냐하면 그것이 그 욕동들의 파편적인 전-성기기의 지대들을 억

---

63) Deleuze, The Logic of Sense, p. 193.
64) 콜롬바에 따르면, "심층의 소음으로부터 상층의 목소리를 변별하는 것은 사건이다"
(André Colombat, Deleuze et la littérature, New York : Peter Lang, 1990, p. 165).

압함으로써 그것들을 중성화할 것을 약속하기 때문이다.

　이 시점에서 나르키소스적 가상이 되돌아오고, 그것은 잃어버린 통일성에 대한 감각을 창조한다. 그러나 이제 이 잃어버린 통일성은 스스로를 부조의 이미지에 투사하는데, 왜냐하면 오이디푸스의 특권화된 대상으로서의 팔루스는 부모의 이미지의 속성이 되기 때문이다. 이상적 통일성으로서의 팔루스는 이상적 자아를 내재적인 것으로 만들고 파편화된 전-성기기의 지대들을 통합하려고 한다. 그러나 그것은 (거세된) 어머니의 이미지와 (거세하는 자인) 아버지의 이미지 사이의 새로운 이접을 창조하는 것으로 끝난다. 들뢰즈는 팔루스가 "오이디푸스적 계열들의 교대 항들"을 제공한다고 본다. 팔루스가 그 항들을 "(상처 입은, 그리고 치유되어야 할) 어머니의 이미지와 (철수한, 그리고 현존하도록 만들어져야 할) 아버지의 이미지로 나눌 때, 그것은 "오이디푸스적 분열에 연루되는" 까닭에 양자를 절합시키는 데 실패한다.[65] 더 이상 통합의 작인이 아닌 팔루스는 이제 거세 콤플렉스 안에서 이접을 발생시킨다. 오이디푸스적 환상은 이 진행 중인 거세 콤플렉스에 참여한다. 즉 전-성기기적 계열에서 거세 콤플렉스는 젖가슴의 철수 혹은 배설물의 배설로부터 비롯한다. 한편 오이디푸스적 계열에서 거세는 위로부터의 음성에서 비롯한다. 들뢰즈는 첫번째 계열과 두번째 계열이 그들 간의 유사성이 아니라, "오히려 그들의 차이로 인해" 공명한다고 본다.[66] 부정적인 효용과 긍정적인 효용 모두를 가지

---

65) Deleuze, The Logic of Sense, p. 227.
66) Ibid., p. 228.

는 팔루스는 계열들 간의 유사성을 생산함으로써 부적절함의 느낌을 일으킬 수도 있고, 아니면 그들의 차이를 보존함으로써 계열들 사이의 공명을 일으킬 수도 있다. 그 긍정적인 용도에서 팔루스는 현존하는 동시에 부재하는 것으로 나타나며, 그 자리를 옮기지 않은 채 하나의 계열에서 다른 계열로 이동한다. 반면, 그 부정적인 용도에서 팔루스는 어린아이가 부모의 이미지와의 관계에서 느끼는 결여를 기표화함으로써 항존하는 문제를 창조한다.

오이디푸스 콤플렉스가 왜 문제인가?

승화는 거세 콤플렉스의 부정적인 이접의 사이에서 불완전한 것으로 남는데, 왜냐하면 그것이 두번째 종합에 갇혀 있기 때문이다. 이 종합과 더불어 두 가지의 문제가 생길 수 있다. 즉 그것은 잃어버린 통일성에 대한 향수를 발생시킬 수 있고, 아니면 심리psyche를 반복하는 고리 모양의 원환圓環으로 만들 수 있다. 들뢰즈에 의하면, 성욕의 '매개적' 표면 전체가 이러한 징후들과 실패들로 고통받고 있다. "그러나 성욕 전체는 …… '덜 성공적인 승화'이다. 즉 그것은 물체적인 심층의 징후와 비물체적인 표면의 승화 사이의 매개물인 것이다."[67] 성적 승화는 전-성기기적 계열을 탈성화하기보다는 단순히 은폐해 버린다. 들뢰즈가 자신의 저작에서 성욕을 비난하는 것은 바로 이런 이유에서다. 이 덜한 승화는 오이디푸스 콤플렉스의 모든 실패들을 유지한다. 즉 성욕은 전-성기기적 대상들과 오이디푸스적 대상들 사이의 유

---

67) Ibid., p. 224.

사성을 수반한다──그것은 어머니의 보살핌으로부터 오는 흥분과 훗날의 성적 환상들 사이의 유사성으로, 공명을 창조하는 데 실패한다. 공명은 유사성이 아니다. 들뢰즈는 성적 환상이 공명이 결여된 채로 사건에 미치지 못하는 것으로 본다. 또한 시간의 세번째 종합에 속하는 '순수사건'만이 공명에 필수적인 이접을 제공한다.

시간의 세번째 종합은 그 점진적 성격과 더불어 차이의 반복을 생산한다. 거꾸로 말하면 성욕은 사유자를 죄와 거세의 반복되는 게임 속에서 곤경에 빠뜨리면서 동일한 것을 반복한다.[68] 프로이트는──오이디푸스 콤플렉스를 전-성기기적 계열에서 파생된 것으로 만듦으로써──그것들의 단순한 유사성 너머를 보지 못하고 말았다. 들뢰즈는 『의미의 논리』에서 이미 반反-오이디푸스적 입장을 정식화하고 있다. 위기의 기점으로서의 오이디푸스 콤플렉스는 시간의 세번째 종합으로의 이행 단계를 구성한다.[69]

『의미의 논리』에서 들뢰즈는 무의식의 중심에 놓여 있는 "핵심적인 콤플렉스"를 전복시킨다. 그리고 그 대안으로서 그는 공명이 콤플렉스를 발생시키는 방식, 그에 대한 치유가 기억으로부터가 아니라, 세번째 종합에 속하는 이른바 '탈성화'라는 급진적 승화로부터 일어

---

68) 우리는 들뢰즈가 성욕에 대한 이런 유형의 사유를 경멸했음을 다음 구절에서 알 수 있다. "위험성은 환상이 표적을 놓치고 그에 미치지 못할 때마다, 즉 그것이 두 표면들 '사이에' 떨어질 때마다, 가장 형편없는 사유에, 성욕에 '대한' 미숙하고 잉여적인 한낮의 백일몽에 의존하고 있다는 점에서 명백하다." (Deleuze, The Logic of Sense, p. 220)

69) 굿차일드에 따르면, 『의미의 논리』에서 『안티 오이디푸스』로의 도약은 "들뢰즈 사유에서 가장 큰 불연속을 남긴다"(Philip Goodchild, Deleuze and Guattari: An Introduction to the Politics of Desire, London: Sage Publications, 1996, p. 76). 여기서 나는 들뢰즈가 이미 앞의 책[『의미의 논리』]을 통해 반反오이디푸스적 입장의 뉘앙스를 주고 있음을 주장한다.

나는 방식을 증명한다. 결론적으로 프로이트가 기억을 통해 반복을 중단시키고자 했다면, 들뢰즈는 반복을 기억의 너머로 확장한다. "따라서 기억상실 때문에 병에 걸리는 것이 아닌 것과 마찬가지로, 단순히 기억을 복구시킨다고 해서 치유되는 것도 아니다. 다른 곳에서와 마찬가지로 여기서도 의식화는 사소한 것이다."[70] 프로이트의 치유는 유사성들의 재인과 연관되며, 그것은 콤플렉스를 극복할 역량을 결여하고 있다. 공명은 재인이 아니라 반복이다. 그러나 공명은 그것을 역동화하기 위해서 강박compulsion을 요구한다. 따라서 들뢰즈가 죽음욕동과 반복강박을 재평가할 때 그는 프로이트와 결별한다. 요컨대 프로이트는 죽음욕동을 신경증에 결부된 하나의 문제적 상황으로서만 그려 내지만, 들뢰즈는 그것을 신경증적 혹은 성적 고착화의 퇴행적 반복으로부터의 가능한 도주逃走, escape로 그려 내는 것이다.

전이는 어떻게 치유하는가?

고착화를 극복하기 위해 우리는 전이를 거쳐야 한다. 그러나 전이란 무엇인가? 들뢰즈는 그것을 신경증에 대한 치유로 기술한다. "유난히 연극적이고 드라마 같은 작업, 바로 그 작업 과정을 통해 비로소 치료가 이루어지거나 이루어지지 않는다. 그 작업 과정은 전이라는 이름으로 지칭된다."[71] 이 문장에 대한 각주에서 그는 페렌치와 랑크의 저작을 참조한다.[72] 두 사람이 함께 쓴 짧은 책 『정신분석의 전개』에서 그

---

70) Deleuze, Difference and Repetition, p. 19.
71) Ibid., p. 19.
72) Ibid., p. 307 참조.

들은 자신들의 기법에 대해 설명한다. 즉 그들은 환자를 교육시키기보다는 환자를 그/녀의 리비도적 애착으로부터 떼어 놓는다는 것이다.

그러나 분석적 개입에 있어서 본질적인 것은 '오이디푸스 콤플렉스'의 확인이나 분석가와의 관계 속에서 오이디푸스적 상황을 단순히 반복하는 것으로 이루어지는 것이 아니다. 오히려 [본질적인 것은] 유아기적 리비도를 그 최초의 대상들에 대한 고착화로부터 해방시키고 떼어 내는 일이다.[73]

그 과정은 몇 단계로 나누어진다. 즉 분석의 실천에 있어서 환자는 분석가에게 애착을 갖게 되는데, '긍정적 전이' positive transference라고 불리는 이 단계에서 신경증 환자는 오이디푸스적 환상들을 행동화하고 [실행에 옮기고] 해소되지 않은 리비도적 애착을 정신분석가에게 투사한다. 분석가의 역할은 신경증 환자의 환상들을 해석 또는 확인하는 것이 아니라 그들을 실망시키는 것이다. 모든 분석의 어느 지점에서 분석가에 대한 환자의 사랑은 미움으로 바뀐다. '부정적 전이' negative transference로 불리는 이 과정은 에로스가 죽음욕동과 다른 것과 마찬가지로 긍정적 전이와 다르다. 에로스는 분석가의 대상-선택과 전-성기기적 계열의 억압된 계열 사이의 공명을 수립하는 반면, 죽음욕동은 이 리비도적 애착을 파괴한다. 리비도적 애착이 파괴될 때, 환자는 자신의

---

73) Sándor Ferenczi and Otto Rank, The Development of Psychoanalysis, trans. C. Newton, Connecticut: International Universities Press, 1986, p. 54.

애착과 그것을 따르는 반복적 행동패턴의 '진실'을 이해하게 된다. 환자는 사랑에 대한 요구가 이러한 패턴을 추동하고 있음을 이해하게 되는 것이다. 요컨대 그것은 내적 **타자**, 초자아를 향해 있는 요구로서, 실제로는 결코 만족될 수 없다. 페렌치와 랑크는 이러한 떼어 냄의 과정을 다음과 같이 기술한다.

> 이 국면에서 문제는 분석가에 대한 사랑의 도움으로 환자가 자신의 사랑을 포기하도록 만드는 것이기 때문이다. …… 환자가 자신이 분석가의 사랑을 현실에서 획득할 수 없다는 것을 확신하게 되면, …… 그는 의식적으로나 정서적으로나 자신의 유아기적 리비도의 요구를 충족시키는 일이 불가능하다는 것을 깨닫게 되고 삶이 제공하는 다른 것들에서 만족을 찾는다. 리비도가 치료로부터 해방되는 순간 얼마나 빠른 속도로 삶에서 새로운 흥미 대상을 찾아내는가 하는 것은 놀랍다. 우리는 일상생활에서 수년간의 교육을 요하는 승화의 과정이 치료의 끝에 다다라 갈 때 최단 시간 만에 발생하는 것을 본다.……[74]

분석가는 환자의 리비도적 욕동의 초점이 되어야만 하며, '시원적인' 아동기의 리비도적 대상들에 대한 어떠한 재인도 헛될 것이다. 또한 애착을 다시 체험하고 공명을 일으킴으로써만 치유가 발생할 수 있다. 재인은 아무런 중요성을 갖지 못한다. 오이디푸스 콤플렉스를 단념할 수 있으려면 우리는 먼저 퇴행해야 한다. 그리고 그럼으로써

---

74) Ibid., p. 20.

전-성기기적 계열과 전이의 계열 사이에 공명을 수립해야 한다. 시간의 두번째 종합은 우리에게 퇴행을 허락하면서 순수과거로 우리를 데리고 돌아간다. 오로지 이 다음에 이르러서야 우리는 점진적 반복의 방향으로 걸음을 옮길 수 있다.[75)]

프루스트의 소설에서 주인공은 알베르틴과 사랑에 빠지고, 모든 기만과 결별의 게임들을 재연한 후에야 비로소 그녀와 헤어질 결심을 한다. 그의 소설에서 우리는 긍정적이고 부정적인 전이의 전 계열이 사랑과 질투의 대립 속에서 작동하는 것을 본다. 오이디푸스적 계열의 공명이 깨질 때, 주인공의 리비도적 에네르기가 해방될 때에야 비로소 그는 예술 작품을 창조할 수 있다. 그러나 최후의 깨어짐에 앞서 주인공은 순수과거 안으로 들어가 그것이 생산하는 공명들을 검토하고 충족되지 않은 소원들의 고통을 경험해야만 한다. 재인은 효과가 없을 것이다. 프루스트의 주인공은 드라마에 충만한 감성적 충격을 주기 위해 그것을 다시 체험해야 한다. 그리고 지성적 재인은 순수하게 자발적인 것으로 남을 것이다. 재인은 반복을 중단시키고자 한다. 그러나 그것은 좌절된다. 이것이 들뢰즈가 프로이트의 '기억'의 이론을 반복의 근저로의 여행으로 변환시킨 까닭이다. 그것은 과거와의 성애적인 접속을 위기의 지점으로 가져간다. 들뢰즈는 이것이 자신을 직접적으로 순수과거에 위치시키는 일을 수반하여, 생생한 접속을 만들고 그것이 야

---

75) 그린에 의하면, 전이는 "시간의 행진을 그 경로를 방해하고 있던 장애로부터 해방시킴으로써 신경증 환자를 과거에 대한 고착화로부터 해방시킨다"(André Green, Time in Psychoanalysis: Some Contradictory Aspects, trans. A. Weller, New York: Free Association Books, 2002, p. 156). 이런 해방은 공명으로부터 강요된 운동으로 흔들리는 진자 운동을 발생시킨다.

기하는 불만족과 실망의 전 영역을 경험하게 한다고 본다.

반복하는 일을 멈추기 위해서는 어떻게 해야 하는 것일까? 그것은 추상적으로 (감정 없이) 회상하는 것으로도, 어떤 개념 일반을 형성하는 것으로도, 억압된 사건을 특수한 모든 측면에서 표상하는 것으로도 충분하지 않다. 이것은 프로이트가 처음부터 강조했던 사실이다. 즉 기억 내용이 머물렀던 바로 그곳에서 기억을 찾고 곧장 과거 안에 자리 잡는 가운데 앎과 저항, 표상과 봉쇄를 생생하게 결합해야 한다.[76]

들뢰즈가 권하는 대로 스스로를 직접적으로 과거 속에 위치시키는 것은 프루스트가 비자발적 기억이라고 부르는, 페렌치와 랑크가 긍정적 전이라고 부르는 자연발생적 작용으로 머물러 있다. 들뢰즈는 이 퇴행을 진자 구조의 최초 운동으로 기술한다.[77] 시간의 두번째 종합, 그리고 그 최초 운동의 공명은 시간의 세번째 종합의 강요된 운동에 대해 전조로서 작용한다. 긍정적 전이의 경우와 마찬가지로 공명을 통해 신경증 환자는 아동기에 충족되지 못한 채로 남아 있는 애착을 다시 경험한다. 그러나 이 최초의 운동은 충족되지 못한 요구의 불만족에서 솟아오르는 미움을 야기한다. 들뢰즈는 이 두번째 운동을, 행동 패턴을 드러내고 어떤 '사건'을 현시하는 '강요된 운동'이라고 부를 것이다. 이 사건은 재인을 피해 간다. 또한 그것은 공명과 강요된 운동 사이의

---

76) Deleuze, Difference and Repetition, pp. 18~19.
77) "그것은 진자 구조를 가진다. 즉 기본 계열은 대상=x, 공명, 최초의 운동보다 큰 크기 amplitude의 강요된 운동에 의해 횡단된다."(Deleuze, The Logic of Sense, p. 239)

갈등으로부터 부풀어 오른다. 다음으로 우리는 이 강요된 운동의 성격을 발견할 것이다.

3. 이접적 계열

『의미의 논리』에서 들뢰즈는 계열 내의 발산에 의한 이접적 종합을 정의한다. "이 세번째 종류에서 계열적 형식은 앞의 것들로 환원될 수 없는 형식으로, 즉 이질적 계열들의 이접적 종합으로 현시된다. 왜냐하면 이 이질적 계열들이 이제 발산하기 때문이다."[78] 계열들 사이의 유사성의 수립이 아닌 이러한 발산은 계열들 자체를 넘어서는 어떤 것, 즉 순수사건 혹은 환상을 풀어놓는다. 이 절에서 우리는 이 환상적 사건이 어떻게 일상적인 판타지들의 선線으로부터 분리되는지를 살펴볼 것이다. 우리가 검토하게 될 처음 세 물음들은 부정적 이접, 오이디푸스 콤플렉스에 속하는 승화로부터 긍정적 이접, 부정법 동사, 그리고 순수사건으로의 이행을 다룰 것이다. 뒤의 세 물음들은 그 시간적 결과들을 다룬다.

　세번째 종합은 프로이트가 처음으로 기술한 자아의 분열로부터 그 힘을 가져온다. 이는 사건이 스스로를 반-현실화하고, 이성 혹은 사유의 범위 너머에 멈추는 것을 허용한다. 그러므로 그것은 나르키소스적 자아가 그 내성內省, introspection 안에서 관조하는 순수사유의 형식으로서 작동한다. 이런 관조 안에서 시간은 모든 〔경험적〕 내용을

---

78) Deleuze, The Logic of Sense, p. 229.

잃어버리고, 시간-선상에 위치될 수 없는 사건들, 시원이 없는 토템식사totem meal와 같은 태고의 사건들이 출현한다. 반대로 이 순수사건들은 우리의 언어와 사유에 '의미'를 주며, 시간의 최종적 종합으로서 일어날 수 있는 모든 것을 표현한다.

강한 승화는 약한 승화와 어떻게 다른가?

들뢰즈는 성적 표면의 승화를 덜 성공적인 것으로 기술하면서 강요된 운동은 "근원적 심층과 형이상학적 표면 사이, 심층의 파괴적인 식인적 욕동과 사변적인 죽음욕동 사이에서 작동하"기 때문에 보다 성공적이라고 설명한다.[79] 전-성기기적 국면과 성기기적 국면 사이의 공명이 하나의 승화의 유형을 수행하기는 하지만 그것은 충분히 멀리 나아가지 못한다. 그래서 공명을 초월하는 새로운 유형의 승화가 새로운 크기, 혹은 계열들 사이의 범위를 발생시키면서 출현하는데, 프로이트와 들뢰즈 모두 이를 '승화'라고 부른다. 그러나 이러한 보다 극단적인 '승화'와 오이디푸스 콤플렉스에서 발견되는 승화 사이에서 주요한 차이가 발생한다. 즉 후자는 이용 가능한 전-성기기의 지대들을 억압함으로써 기억상실을 야기하는 반면, 전자의 경우 전-성기기의 지대들은 더 이상 억압 아래 있지 않으며, 혹은 적어도 더 이상 무용한 것으로 나타나지 않는다. 프로이트는 다음과 같이 말한다. "유아기의 소망적 충동들의 에네르기는 중단되는 것이 아니라 사용될 준비가 된 채로 존속된다──다양한 충동들의 소용없는 목적이 보다 높은, 그리

---

79) Ibid., p. 239.

고 아마도 더 이상 성적이지 않은 충동으로 대체된다."[80] 전-성기기의
지대들에 투여된 에네르기를 이용하는 은폐-기억들은 이제 탈성화된
다. 즉 억압된 충동들이 창조적 사유를 위해 유용한 에네르기로 전환
된 것이다. 들뢰즈는 이 새로운 운동이 공명을 넘어선다고 보는데, 왜
냐하면 엄청난 양의 리비도적 에네르기가 유지될 것을 요구하는 오이
디푸스적 고착화들이 지성적 능력을 직접적으로 방해하기 때문이다.[81]

　　고착화를 극복하는 능력은 승화의 힘을 정의한다. 즉 승화가 커질
수록 보다 많은 에네르기가 풀려 나와 지성에 종사한다. 프로이트가
승화와 지성적 기능들에 대해서 말할 때, 그는 세속적인 과업들, 혹은
고착화로부터 창조로 나아가는 사유의 유형이 아니라 창조적 노력을
말하고 있다. 오이디푸스 콤플렉스의 고착화가 심리를 커다란 갈등에
노출시키기 때문에, 그 갈등을 해결하는 정신의 힘은 확장되어야만 한
다. 또한 그것이 '현실'의 이러한 갈등을 해결할 능력이 없는 상태에
있기 때문에, 그것은 이 지성적 힘을 이용해 세계를 재창조한다. 프로
이트는 승화가 "지성적 작업"에서 쾌락을 발견함으로써 "지성적 목적
들을 그것들이 외부 세계로부터의 불만족에 충돌할 수 없는 방식으
로" 방향전환시킨다고 본다. 이때의 지성적 작업을 통해 발견하는 쾌
락이란 "예술가가 창조에서, 자신의 환상들을 실체화하는 데서 얻는

---

80) Sigmund Freud, Five Lectures on Psycho-analysis, trans. J. Strachey, New York:
　　W. W. Norton & Company, 1949, p. 60.
81) "그 고착화를 포기하고 싶지 않은 특정한 물리적 관성, 리비도의 느린 흐름은 우리에게
　　환영받을 수 없다. 즉 그의 본능들의 승화를 위한 환자의 능력은 커다란 부분을 감당하
　　고, 본능들의 잔인한 삶 위로의 상승을 위한 그의 능력도 그러하다. 또한 그의 지적인 능
　　력들의 상대적인 힘 역시 마찬가지이다." (Sigmund Freud, An Outline of Psycho-
　　analysis, trans. J. Strachey, New York: W. W. Norton & Company, 1949, p. 61)

기쁨, 혹은 문제를 풀거나 진리를 발견하는 과학자의 기쁨"과 같은 것들이다.[82] 프로이트에 따르면, 불만족으로부터의 도피가 승화를 유발한다. 세속적인 대상들을 목적으로 하는 본능은 불만족에 대면한다. 그러므로 예컨대 예술가는 이러한 목적들을 허구적 대상들로 전환시키는 것이다. 그럴 때 예술가는 전-성기기적 계열들의 갈등하는 욕동들을 취하여 그것들을 재-조직화하고, 그럼으로써 그것들을 문학이나 예술과 같은 언어적이거나 표현적인 형식들로 번역한다. 이러한 번역으로 인해 의식과 양립할 수 없는 것으로 남은 목적들은 이제 탈성화된 형식으로 의식에 진입한다. 이것은 억압된 성욕의 다형-도착polymorphous-perverse이 ——비록 언어의 가면으로 위장한 상태일지언정 ——어떻게 예술적 형식을 통해 표현에 이르는지를 설명해 준다. 승화 작업은 새로운 진실들을 표현하는 것으로 보인다. 프로이트는 예술가가 "본능의 만족의 포기를 감수할 수 없기 때문에 현실로부터 돌아서서" "환상의 삶 속에" 자신을 표현하는 "성애적이고 야심찬 소망들"을 향한다고 본다.[83] 예술가는 "자신의 환상들을 새로운 종류의 진실로 주조하는 특수한 재능을 이용함으로써" 현실로 되돌아가고 "그것은 사람들에 의해 현실에 대한 새로운 값진 반영으로서 귀하게 여겨진다".[84] 예술가가 현실 세계를 변양시킨다고 해도 이것이 예술이 현실을 무시한다는 의미는 아니며, 예술가는 현실에 대하여 새로운 진실을

82) Sigmund Freud, Civilization and its Discontents, trans. J. Strachey, New York : W. W. Norton & Company, 1961, p. 29.
83) Freud, On Metapsychology : The Theory of Psychoanalysis, p. 41.
84) Ibid., p. 42.

발견하는 것이다. 예를 들어 프루스트의 소설에서 주인공은 자신의 반복의 '진실'을 깨닫고 그럼으로써 그것들을 반-현실화하기까지 불쾌한 현실들을 반복한다. 이 반-현실화의 과정에서——들뢰즈가 자기-파괴적 행동을 현시하는 식인적 본능이라고 기술하는——신체의 심층의 행위들은 예술적 형식을 부여받는다. 이 과정에서 파괴적 사건을 겪는 사람은 탈인칭화된다. 반-현실화는——마치 무대 위에서인 듯——사건의 재현을 수행한다. 들뢰즈에 따르면, 이러한 행위는 두 단계에서 일어난다. 즉 하나는 현실에서 겪는 것이고, 다른 하나는 무언극을 하는 것이다. "결국 일어나는 것의 무언극 배우가 된다는 것, 반-현실화를 통해 현실화를 복사한다는 것은 …… 사건의 진실에 그것의 불가피한 현실화와 혼동되지 않을 유일한 기회를 부여하는 것이다."[85] 이 인용구에서 우리는, 프로이트가 승화의 활동을 통해 "환상들이 새로운 종류의 진실들로" 바뀌는 것에 대해 말할 때 주장했던 것과 동일한 과정을 볼 수 있다.

승화는 충분히 진행되는가?

프로이트의 저작에서 승화는 오이디푸스 콤플렉스의 종결을 가능하게 만들 정도로만 진행된다.[86] 그것은 부분적으로는 본능의 목적에 거주한다. 즉 잔여분은 부모에 대한 감응[애정]이 되는 것이다. 오이디푸스 콤플렉스에 대한 프로이트의 해소dissolution는 어린아이의 거세 공포를 거세자와의 동일시로 혹은 '공격자와의 동일시'로 변환시킨다. 이러한 동

---

85) Deleuze, The Logic of Sense, p. 161.

일시는 금기를 내면화하는데, 그것은 아이를 초자아와의 동일시를 통해 부분적으로 해방시킨다. 이러한 타협은 어린아이를 향한 억압의 방향을 지배본능으로 조정한다. 승화하는 어린아이는 억압을 건설적인 기획들로 돌린다. 또한 비록 이제는 생산적 목적을 따르지만 그 아이는 여전히 오이디푸스 콤플렉스와 타협한다. 이때 오이디푸스 콤플렉스는 다른 형식을 취하는데, 이를테면 우리가 억압의 주기를 다음 세대로 전이시키는 부모가 되는 경우가 그렇다. 이런 일이 일어날 때 오이디푸스 콤플렉스는 해소된다. 즉 아버지와의 갈등은 그에 대한 감응〔애정〕으로, 그리고 그에 대한 동일시로 바뀐다. 동일한 패턴이 새로운 주기 안에서 반복된다.

프로이트는 승화의 사회적 효용성 때문에, 그것이 문화의 지속을 보장한다는 이유로, 지배본능과 더불어 그것이 창조를 고무한다는 점에서 승화를 지지한다. 그러나 그것은 또한 초자아의 가치들을 유지하는 가운데 새로운 세대에 동일한 가치들을 전한다. 즉 쾌락주의적 충동들에 반하는 문화의 유지가 그것이다. 그러나 프로이트의 주장은 흔들린다. 말하자면 초자아의 구조는 전-성기기적 계열의 도착으로부터 비롯하고 연장되는 것이기 때문이다. 우리의 덕은 악덕의 정초로부터 승격된 것이다. 프로이트는 다음과 같이 말한다. "그러므로 아동기의 다양한 도착 요인은 반동-형성을 통해 더 나은 방향으로 발달될 수

---

86) 프로이트는 오이디푸스 콤플렉스가 부모에 대한 '감응'〔애정〕을 부분적으로 승화시키게 되었을 때 정신분석 치료를 종료한다. "오이디푸스 콤플렉스에 속하는 리비도적 경향들은 부분적으로 탈성화되고 승화되며(이것은 아마도 동일화로의 모든 변환과 더불어 일어나는 것이다), 부분적으로 그 목적 달성이 저지되고 애정의 충동들로 변화된다." (Freud, On Sexuality: Three Essays on the Theory of Sexuality and Other Works, p. 319)

있다면, 장점[덕]들 가운데 하나로 여길 수도 있다."[87] 동시적으로 출현하는 덕들은 악덕에 대한 반동에서 솟아오르는 것이다. 그러나 프로이트는 승화를 그 효용성에 입각해 도착과 구분하기를 고수한다. 이를테면 그는 "고집, 검약, 질서정연함은 항문 에로티시즘을 이용한 결과로 생기는 반면, 야망은 강한 요도 에로티시즘의 소인에 의해 결정된다"고 설명한다.[88] 또한 같은 곳에서 프로이트는 승화가 "이용할 수 없는 것으로 인식되어 있는 도착적 충동들을 효과적으로 저지하는 데 쓰인다"고 말한다.[89] 도착과 승화는 결과물의 사회적 유용성에 의해서만 차이가 날 뿐이다. 그러나 어쩌면 도착이 승화보다 더 많은 것을 달성하는지도 모른다. 요컨대 들뢰즈는 도착이 승화를 초월하고 사고를 추동한다고 본다.

도착은 무엇을 하는가?

단순한 승화 대신에 들뢰즈는 도착이라는 보다 급진적인 탈성화를 제안한다. 그것은 리비도적 욕동을 성적 목적들로부터 전환시켜 재생산적 성욕으로부터 멀리 떨어뜨린다. 그는 탈성화된 승화가 두 가지 방식으로 쾌락원칙에 영향을 미칠 수 있다고 본다. "그것은 원칙의 적용에 영향을 주는 기능 장애를 도입하거나, 아니면 본능의 승화를 증진시킴으로써 쾌락이 다른 종류의 만족을 위해 초월되도록 한다."[90] 그가

---

87) Freud, On Sexuality: Three Essays on the Theory of Sexuality and Other Works, p.164.
88) Ibid., p. 164.
89) Ibid., p. 164.

말하는 바의 탈성화는 성 욕동의 공격적 성분이 성적 대상으로부터 일탈할 때 사디즘적이 되거나 마조히즘적이 된다. 즉 도착자는 쾌락에서 만족을 찾는 대신 고통 속에서 찾는 것이다. 그러나 탈성화로 나아가는 본능들의 이러한 분열defusion[91]은 도착을 초월한다.[92]

프로이트는 또한 도덕적 충동이 어떻게 성 욕동을 '도착시키'는지에 대해 「나르시시즘에 대하여」에서 증명하고 있다. 여기서 그는 어떤 사람은 수치심 없이 탐닉하는 데 반해, 어떤 사람은 수치심을 느끼는 이유에 대해 설명한다. "어떤 사람은 자기 안에 하나의 이상을 설정하여 그에 의거해 자신의 현실자아를 판단하는 반면, 어떤 사람은 그런 이상을 형성하지 않는다."[93] 하나의 이상을 유지하는 사람은 복종할 수 있고, 승화를 통해 '자신을 개선'하거나 자기-혐오로 고통받을 수도 있다. 말하자면 승화하는 사람은 각각의 행위를 판단하는 하나의 이상을 투사하는 것이다. 그러나 들뢰즈에게 이것은 여전히 불만족스러운 것으로 남아 있다. 왜냐하면 이러한 이상은 그것을 노예로 삼는 사회의 억압적 힘들을 반영하기 때문이다. 이 문제는 그로 하여금 대안을 찾게 한다.

---

90) Gilles Deleuze, "Coldness and Cruelty", Masochism, trans. J. McNeil, New York: Zone Books, 1989, p. 116.

91) 분열Entmischung은 융합Mischung과 대립되는 개념이다. 즉 융합이 에로스와 타나토스라는 두 욕동의 결합과 관련된다면, 분열은 두 욕동의 분리와 관련된다. 이에 대해서는 『자아와 이드』를 참조할 것.—옮긴이

92) 이에 대하여 올코프스키는 나와 입장이 다르다. 나는 탈성화가 분열로부터 발생한다고 보지만, 그녀는 "생명과 죽음의 두 본능들이 융합되기 때문에 …… 자아는 탈성화 혹은 승화된다"고 본다(Olkowski, Gilles Deleuze and the Ruin of Representation, p. 174).

93) Freud, On Metapsychology: The Theory of Psychoanalysis, p. 88.

신경증이라는 기능장애와 승화라는 정신적 배출구 외에 다른 해결책은 없는 것인가? 자아와 초자아의 기능적 상호 의존성이 아니라, 그 양자 간의 구조적 균열에 관계되는 제3의 대안은 없을까?[94]

이 대안은 자아를 이상적인 것으로부터 해방시킨다. 그러나 오이디푸스의 주기를 진정으로 탈출하기 위해서, 그리고 우리 선배의 실수를 피하기 위해서 우리는 도착을 파고들어야 한다.

프로이트에게 도착은 정신분석의 드라마에서 솟아오르는 자아의 분열에서 비롯한다. 즉 어린아이는 오이디푸스 콤플렉스에 종속될 것인지 거세에 직면할 것인지 선택해야만 한다. 그 선택에 대해 프로이트는 다음과 같이 기술하고 있다.

오이디푸스 콤플렉스의 영역에서 사랑의 만족이 어린아이에게 그의 페니스를 대가로 요구하는 것이라면, 자신의 신체의 그 부분에 대한 그의 나르키소스적 관심과 그의 부모 대상의 리비도적 카섹시스[리비도 집중] 사이에서 갈등이 일어나지 않을 수 없다.[95]

이 드라마에 사로잡힌 어린아이는 본능적 요구와 지각된 위협 사이에서 선택해야 하고, 사랑과 생명 사이에서 선택해야 한다. 요컨대 승화하는 어린아이는 (본능적 요구에 해당하는) 사랑 대신에 생명을 선

---

94) Deleuze, "Coldness and Cruelty", p. 117.
95) Freud, On Sexuality: Three Essays on the Theory of Sexuality and Other Works, p.318.

택하는 것이다. 프로이트에 의하면, 어린아이에게는 두 가지 선택이 주어져 있다. "그는 자신을 부친의 위치에 놓고 …… 자신의 어머니와 관계를 맺을 수 있다. …… 아니면 그는 자신의 어머니의 위치를 택해 아버지에 의해 사랑받을 수도 있다."[96] 두 가지 선택 모두 아이를 거세시켜 버린다. 이에 대한 유일한 대안이 바로 도착자들이 선택하는 것으로, 그것은 어머니에게 페니스가 없다는 사실을 부인[97]하는 데 있다.

도착자는 속임수를 쓴다. 즉 한 가지 선택을 고르는 대신에 두 가지를 모두 고르는 것이다. 프로이트는 어린아이가 두 가지 선택을 모두 취하는 경우를 기술하고 있다. "이제 어린아이는 현실의 위험을 인식하거나 …… 현실을 부인하고 두려워할 이유가 없다고 …… 스스로 믿게 하거나 간에 선택을 해야 한다. 어린아이는 둘 중 어느 쪽도 택하지 않거나, 혹은 동시에 둘 다를 택한다."[98] 자아는 이 드라마 속에서 분열된다. 즉 한쪽은 현실을 추구하고, 다른 쪽은 이드의 본능을 추구한다. 거세의 드라마에서 프로이트는 세 가지 가능한 결과를 열거하는데, 신경증·정신이상·도착증이 그것들이다. 프로이트에 의하면, 첫번째[신경증]가 현실에 기여하는 반면, 두번째[정신이상]는 이드의 본

---

96) Ibid., p. 318.
97) 여기서 말하는 '부인' Verleugnung이란 어머니/여성에게 남근이 부재하다는 외상적인 지각의 현실을 인정하지 않고 환상 속에 거주하는 것을 말한다. 그래서 부인은 특히 물신주의와 밀접한 관련성을 갖게 된다. 왜냐하면 어린아이는 페니스의 부재를 의식하기 이전의 마지막으로 본 대상을 물신으로 취하기 때문이다. 이것은 명백히 현실을 근본적으로 부정하고 회의하는 사태로 이어진다. 따라서 들뢰즈는 부인이라는 것이 현실을 지연시키고 그 안에 관념적인 것을 도입하는 상상작용의 기초이자 나르키소스적 자아의 핵심적인 요소라고 본다. 이는 들뢰즈의 마조히즘에 대한 분석에서 구체화되고 있다. 『매저키즘』 중 「냉정과 잔혹」 참조.—옮긴이
98) Freud, On Metapsychology: The Theory of Psychoanalysis, p. 461.

능에 기여한다. "전자에서 현실에 기여하는 자아는 이드의 일부를 억제하는 반면, 정신이상에서 그것은 이드의 명령에 따라 현실의 일부로부터 자신을 분리하게 둔다."[99] '현실'의 경로를 따르는 신경증은 만족스럽지 못한 진실을 향해 방향을 돌리는 반면, 정신이상은 현실을 억제하는 이드의 본능을 향한다. 즉 도착자는 이 두 가지 행위를 동시에 수행하고, 그럼으로써 두 면 위에서 작동한다. 프로이트는 도착자가 "현실을 거부하는 동시에 어떠한 금기도 받아들이기를 거부하고" 또한 "현실의 위험을 인식한다"고 본다.[100] 이 도착 이론은 두 가지 표면에 대한 들뢰즈의 이론을 지지한다. 즉 도착자의 자아의 절반은 사고의 이상적 면을 발생시키고, 그것은 거세를 부인한다. 동시에 다른 반쪽은 거세의 현실을 인식한다. 그리하여 부인된 절반은 사고의 형이상학적 표면을 발생시키고, 나머지 절반은 신체의 능동들과 수동들을 구성한다. 도착자는 부인의 과정을 통해 두 면 사이를 오간다.

심리의 일부가 거세를 거부할 때 일어나는 부인은 현실에 대한 대안을 수립함으로써 사고를 가능하게 한다. 그 대안이란 거세를 감내하는 사람을 비인칭적 '그들'로 변환시킴으로써 거세의 행위를 중성화하는 형이상학적 표면이다.[101] 이 비인칭적 '그들'은 이상적 자아로서 스스로를 현시하는데, "그 안에서 어머니의 이미지는 전능함이라는 나

---

99) Freud, On Sexuality: Three Essays on the Theory of Sexuality and Other Works, p.355.

100) Freud, On Metapsychology: The Theory of Psychoanalysis, p. 461.

101) 들뢰즈는 부정denegation의 과정을 행동으로부터 사유로의 이행으로 기술한다. "유명한 '부정'의 메커니즘(그것은 내가 원한 것이 아니다……)은 사유의 형성에 관한 그 모든 중요성과 더불어, 하나의 표면으로부터 다른 표면으로의 이행을 표현하고 있는 것으로 해석되어야만 한다." (Deleuze, The Logic of Sense, p. 208)

르키소스적 이상으로서의 '이상적 자아'를 반영하는 거울의 역할을 수행한다".[102] 이상적 자아는 팔루스적 어머니의 이미지 ─ 거세 콤플렉스를 거부하는 이상화 ─ 를 드러낸다. 그것은 자아의 다른 반쪽이 동시적으로 긍정하는 현실을 효과적으로 빠져나간다. 들뢰즈는 이것이 일어나는 이유가, 부인이 행위들을 두 부분으로 분열시키기 때문이라고 본다.

> 한편으로 행위의 전체 이미지는 물리적 표면에 투사된다. 이 [물리적] 표면에서 행위 자체는 의도된 것으로 나타나고 치유와 환기의 형식 안에서 결정된 것으로 발견된다. 반면 행위의 전체 결과는 형이상학적 표면 위에 투사된다. 이 [형이상학적] 표면에서 행위 자체는 의도된 것이 아니라 생산된 것, 살해와 거세의 형식에 의해 결정된 것으로서 나타난다.[103]

행위들은 발산한다. 즉 한편에서는 작용과 반작용이 일어나고, 다른 편에서는 행위가 의도되지 않은 것으로서 스스로를 물질화한다. 이 분열의 두번째 측면에서 행위는 부정법 동사로 가장 잘 표현되는, 부정형不定形의 법 혹은 중성의 법을 취한다. 이 분열 이전에 초자아는 자아를 종속시켰지만, 이제 초자아는 이드의 원형들로부터 내부 세계를 발생시킨다. 프로이트는 내부 세계와 외부 세계 사이에서, 자아와 초

---

102) Deleuze, "Coldness and Cruelty", p. 129.
103) Deleuze, The Logic of Sense, pp. 207~208.

자아 사이의 분열에서 이러한 관계를 인정한다. "자아가 근본적으로 외부 세계나 현실의 대변체인 반면, 초자아는 그것과는 대조적으로 내부 세계나 이드의 대표자로서 존재한다."[104] 내부 세계는 토템식사, 오이디푸스 콤플렉스, 거세 콤플렉스와 같은 신화들을 내포하고 있다. 초자아의 새로운 기능은 들뢰즈의 '순수사건' 이론에 정초한다. 이드는 우리가 시간 속에서 조우하는 모든 실재 사건을 위한 원형적 사건을 담지하고 있다.

균열된 나는 어떻게 텅 빈 시간의 형식과 연결되는가?

자아가 분열될 때 한 부분은 '나르키소스적'이 되고 다른 부분은 원형들 속에 연관된다. 들뢰즈에 의하면 전자는 수동적 자아를 수립하고, 후자는 사유의 능동성을 수립한다. "왜냐하면 수동적 자아가 나르키소스적이 될 때 능동성이 사유되어야 하기 때문이다."[105] 사유는 나르키소스적 자아로부터 유래하기보다는 이드의 현시, 혹은 그가 '순수사유'라고 부르는 것, 의식적 사유와 구별되는 초월적 사유로부터 유래한다.[106] 나르키소스적 자아가, 신화 속의 나르키소스가 그러했던 것처럼 스스로를 사랑받는 대상으로 취할 때 그것은 상실의 위협으로부

---

104) Freud, On Metapsychology: The Theory of Psychoanalysis, p. 376.

105) Deleuze, Difference and Repetition, p. 110.

106) 푸코는 들뢰즈의 환상에 대한 사유를 거론하면서 사유는 환상의 극화이자 상연에 다름 아니라고 말한다. "사유의 역할이 환상을 연극적으로 생산하고 이 특이성의 극점에서 보편적 사건을 반복하는 것이라면, 사유 자체는 환상과 부재하는 사건의 환상적 반복 이외에 무엇이겠는가?"(Michel Foucault, Language, Counter-Memory, Practice: Selected Essays and Interviews, trans. D. F. Bouchard and S. Simon, Ithaca: Cornell University Press, 1977, p. 178)

터 벗어난다. 즉 현실대상들이 시간 속에서 사라져 버리는 반면, 사랑-받는-대상으로서의-자아는 고착된 채로 그리고 시간의 텅 빈 형식 속에 영원히 남아 있다. 이런 이유로 그는 나르키소스적 자아가 시간적 내용을 결여하고 있다고 말한다. "나르키소스적 리비도를 통해, 자아로 향하는 리비도의 역류를 통해 모든 내용이 사상捨象되는 것이다."[107] 나르키소스적 자아의 신화는 시간 속을 흘러가기보다는 행위의 텅 빈 형식들처럼 영원해 보인다.

자아가 분열될 때 리비도는 탈성화하고, 거세의 현실을 무시한 채로 보상적 환상을 수립한다. 프로이트에 따르면, 자아가 리비도를 정상적으로 외적 대상들에 투사한다면, 이때 대립되는 운동은 본능적 충동들의 전도를 표상한다.

> 그런 식으로 자아는 대상 리비도 집중으로 리비도를 취하고 자신을 유일한 사랑의 대상으로 설정하며 이드의 리비도를 탈성화 혹은 승화시킴으로써, 에로스의 목적과는 반대 방향으로 일하며 자신을 반대되는 본능 충동에 봉사하는 편에 위치시킨다.[108]

리비도는 외부 세계를 피함으로써 탈-카섹시스를 겪게 되고, 그럼으로써 에로스를 죽음욕동으로 대체한다. 들뢰즈는 자아가 대상-카섹시스를 위한 이드의 현시를 대체할 때 죽음욕동이 표면화한다고

---

107) Deleuze, Difference and Repetition, p. 110.
108) Freud, On Metapsychology: The Theory of Psychoanalysis, pp. 386~387.

본다. 자아가 대상들로부터 돌아설 때, 그것은 자아를 초월하는 무시간적 사건들을 관조한다. 들뢰즈는 이 사건들 중 하나를 프로이트의 토템식사 이론에서 발견한다.[109] 거기서 자식들은 아버지를 죽여 그를 먹는다. 이 사건은 결코 현실적으로 일어나지 않은 것이므로 초험적인 것이다. 들뢰즈는 이 사건이 스스로에 정초한다고 본다. 그러나 프로이트는 계통발생에 호소함으로써 이드의 원형들을 위한 정초를 끊임없이 찾는다.[110] 프로이트는 기억의 유전을 통해 토템식사라는 사건을 설명한다. 들뢰즈는 하나의 사건은 모든 형식의 기억으로부터, 심지어 계통발생적 기억으로부터도 벗어날 때 비로소 순수한 것으로 남는다고 본다.[111] 프로이트의 원형적 사건 이론은 플라톤의 상기의 이념을 닮기 시작한다. 즉 과거의 삶에서 잊혀졌던 이념들이 이번 삶에서 다시 부상하는 것이다. 프로이트가 빠져 버린 이 플라톤적 덫을 피하기 위해 들뢰즈는 다른 해석을 제안하는데, 이제 그것에 대해 검토해 보자.

행위는 부정법 동사와 어떻게 다른가?

이제 오이디푸스 콤플렉스의 해소와 나르키소스적 자아의 개시와 더불어, 이전에 억압되었던 전-성기기의 지대들은 다시 유용하게 된다. 오이디푸스적 국면에서 이 지대들은 스스로를 언어로 표현하거나 무의식적인 대상-표상들을 의식적인 동사-표상들에 연결시키는 능력을 결여하고 있었다. 그것은 오이디푸스적 국면이 단지 대상들에만 영향을 미치고, 그것의 번역들은 단지 명사들에만 영향을 미치기 때문이다. 다시 말해 그것은 다만 각각의 부분대상들과 관련된 "음소들, 형태소들, 의미소들"[112]에만 영향을 미치는 것이다.[113] 그러나 언어가 의미를 부여하려면 부분적 파편들 사이의 접속을 필요로 한다. 그리고 순수사유의 형이상학적 표면이 이 접속을 제공한다. 이 단계 동안에 부정법 동사는 능동들과 수동들을 증류하면서 그것들의 부분적인 본성을 제거한다. 이 동사는 지시작용을 대상으로, 혹은 기표작용을 개념으로 속인다. 그 대신, 동사가 침묵하고 있는 동안에 부분적인 파편들(예컨대 명사들)이 섞여 드는 것을 허용한다. "그러나 동사는 침묵한다. 그리고 에로스는 시끄럽고 죽음욕동은 침묵한다는 생각을 문자 그대로 받아들여야만 한다. 동사에서 두번째 조직화가 발생하고, 이 조직화로부터 언어의 모든 배치가 진행된다."[114] 들뢰즈에게서 '동사'라는 말의 사용은 특수한 의미를 가지고 있다. 즉 그것은 침묵하여 언어를 조직화하는 가운데 전–성기기의 욕동들의 활동을 형이상학적 표면 위의 의미로 번역함으로써 전–성기기의 욕동들에 표현을 부여한다. 전의식에, 의미의 순수 표면에 속하는 부정법 동사는 스스로를 그 언어적 용도로

---

109) "『토템과 터부』는 사건에 대한 위대한 이론이다."(Deleuze, The Logic of Sense, p. 211)

110) "자아의 경험들은 처음에는 유전에는 못 미치는 것처럼 보인다. 그러나 그것이 충분히 반복되면 …… 그것들은 스스로를 변환시켜 …… 이드의 경험들이 되고 이것의 인상은 유전에 의해 보존된다."(Freud, On Metapsychology: The Theory of Psychoanalysis, p. 378)

111) 페디다에 따르면, 들뢰즈가 정신분석학을 사건의 과학이라고 말할 때, 그는 그것을 정신분석학이 아닌 어떤 것으로 변환시키고 있다. 왜냐하면 "프로이트적 정신분석학은 다만 사건과 그것의 부재의 불가피한 장소에서 그것의 의미에만 관심이 있기 때문이다. 그것은 억압의 행위에서 재인된다. 사건은 필연적인 허구로 남아 의식적 행위와 사유의 기술적 현상학의 부재를 대체하는 심리적 메커니즘의 전제 속에서 환상의 본성과 기능을 파악한다"(Pierre Fedida, "Le philosophe et sa peau", L'arc 49, 1972, p. 66).

112) Deleuze, The Logic of Sense, pp. 247~248.

113) 세르주 르클레르는 언어적 요소들이 어떻게 지대들에 귀속되는지를 증명한다. Serge Leclaire, Psychoanalyzing: On the Order of the Unconscious and the Practice of the Letter, trans. P. Kamuf, Stanford: Standford University Press, 1998.

114) Deleuze, The Logic of Sense, p. 241.

부터 분리시킨다. 요컨대 우리는 그것을 지시할 수 없고, 의미화할 수 없다. 또한 비록 '먹다' 라는 말을 발음할 수는 있지만, 부정법 동사의 의미는 먹을 수 있는 대상들, 먹기의 개념, 심지어 먹기의 실연demon-stration조차도 피해 간다. 우리는 부정법의 의미를 그 제한되고 생각할 수 있는 예들로부터 해방시켜야 한다. 부정법 동사의 의미는 사건의 핵을 구성하는 이드의 원형들 안에서 스스로를 중지시킨다. 들뢰즈에 의하면, 동사의 이런 측면이 동사를 모든 가능한 행위들과 사건들에 대하여 독특하고 상징적인 것으로 만든다. "영광스러운 사건은 능동이나 수동과 혼동되기보다는 …… 사태와의 상징적인 관계에 진입하고, 능동이나 수동으로부터 영원한 진리를 추출한다."[115] 동사는 행위들을 상이한 주체들로부터 결합시키고, 행위 자체와 무관한 행위의 표현을 생산하는데, 그것은 형이상학적 표면 위로 도약한다. 들뢰즈는 이런 표현주의를 '일의적' 혹은 형이상학적 표상을 창조하는 동사-표상에 귀착시킨다. "이것은 그 일의성 안에서 탐식하기와 생각하기를 활용하는 동사이다. 즉 그것은 먹기를 형이상학적 표면 위에 투사하고 그 표면 위에 생각하기를 그린다[스케치한다]. …… 동사는 이접의 최고의 긍정적 힘(발산하는 것을 위한 일의성)임은 물론이고 '동사적 표상' 전체이다."[116] 간단히 말해서, 신체의 행위들은 정신에서 행위의 이미지로 번역된다. 예컨대 우리가 말 한 마리와 한 사람이 무거운 짐을 나르는 것을 본다면, 우리는 우리 자신의 신체에서 무거움과 들어 올리

---

115) Deleuze, The Logic of Sense, p. 240.
116) Ibid., pp. 240~241.

는 힘을 감각할 것이다. 또한 어떤 어린아이라도 단일한 사유 내에서 발산하는 행위들을 연결시키는 부정법 동사를 통해 스스로를 표현하는 이런 공감적 반응을 알 것이다.[117] 이 보편적인 공감적 반응은 신체로 하여금 멀리서도 서로에게 감응하면서 단일한 동사 안에서 감정들의 보편적 공통성을 표현하도록 한다. 예를 들어 우리는 '나르다' 라는 부정법 동사를 말에게나 사람에게나 동일하게 사용한다. 다양한 행위들을 표현하는 단일한 동사는 들뢰즈가 **존재의 일의성**이라는 말로 의미하는 것인 듯하다.[118]

순수사건은 어떻게 발산하는 계열들의 통일성을 표현하는가?

하나의 사건이 어떻게 발산하는 계열들을 표현하는지 밝히기 전에, 우리는 먼저 발산하는 계열들을 정의해야 한다. 즉 발산하는 계열들은 복수적인 결과들을 가진다. 들뢰즈는 보르헤스의 글에서 다음 구절을

---

117) 이 예는 프로이트의 환자인 꼬마 한스에 대한 들뢰즈의 기술에서 온 것이다. Gilles Deleuze, Spinoza : Practical Philosophy, trans. R. Hurley, San Francisco: City Lights Books, 1988, p. 124.

118) 들뢰즈는 말한다. "스피노자에 따르면 속성들은 그 '주체' 가 변화한다고 해서 본성을 변화시키지 않는 존재의 일의적 형식이다."(Gilles Deleuze, Expressionism in Philosophy: Spinoza, trans. M. Joughin, New York: Zone Books, 1992, p. 49) '생성' 을 허용하는 것은 이 일의적 **존재**이다. 그리고 꼬마 한스와 그의 말에 대한 강박관념에 대한 프로이트의 분석을 논하면서 들뢰즈와 가타리는 이렇게 말한다. "우리가 본 한 마리 말은 그것이 일부를 이루는 배치의 한 기능으로서 감정affect들의 등록에 의해 규정된다. 그것은 그 자체 이외에는 아무것도 표상하지 않는 감정들이다. 그것은 이를테면 눈이 가려져 있음, 마구나 재갈을 하고 있음, 당당함, 커다란 고추를 가졌음, 똥을 싸는 살찐 엉덩이를 가졌음, 물기, 무거운 짐을 끌기, 채찍을 맞음, 넘어짐, 다리로 소동을 일으킴 같은 것들이다."(Gilles Deleuze and Félix Guattari, "The Interpretation of Utterances", Language, Sexuality and Subversion, ed. P. Foss and M. Morris, Sydney: Feral Publications, 1978, p. 146) 꼬마 한스는 '감정들' 을 공유하는 능력을 통해 말이-된다. 요컨대 그들은 그들의 주체를 교환함으로써 교환함 없이 속성들(동사들)을 공유한다.

인용하여 발산하는 계열들을 설명한다.

모든 허구적 작품 속에서 독자는 매번 여러 가지 가능성과 마주치게 되는데, 그는 하나를 선택하고 다른 나머지들은 버리게 됩니다. 취팽의 소설 속에서 독자는 모든 것을——동시에——선택하게 됩니다. 이렇게 해서 그는 다양한 미래들, 다양한 시간들을 선택하게 되고, 그것들은 무한히 두 갈래로 갈라지면서 증식하게 됩니다. 여기서 이 소설이 가진 모순들의 정체가 밝혀집니다. 예를 들어 팽이라는 사람이 어떤 비밀 하나를 간직하고 있는데 낯선 사람이 자신의 방문을 두들겼고, 팽은 그를 죽이기로 결심을 했다고 합시다. 당연히 그것의 결말은 아주 다양할 겁니다. 팽이 침입자를 죽일 수도 있고, 침입자가 팽을 죽일 수도 있고, 둘 다 살아날 수도 있고, 둘 다 죽을 수도 있는 등 아주 많습니다. 취팽의 작품에서는 모든 결말이 함께 일어납니다. 각 결말은 또 다른 갈라짐의 출발점이 됩니다.[119]

각각의 가능한 사건은 공통된 하나의 요소를 공유한다. '죽이다'라는 부정법 동사가 그것이다. 이야기의 주어들/주체들과 목적어들/대상들은 덜 중요하며, 이것은 주체들과 행위들 사이의 관계를 효과적으로 전복시킨다. 요컨대 진정한 사건들은 변환에 의해 주체/주어들에게, 혹은 대상/목적어들에게 일어나는 것이 아니며, 변환 자체가 사

---

119) Jorge Luis Borges, Ficciones, trans. E. Editores, New York: Everyman's Library, 1993, p. 75.〔황병하 옮김, 『보르헤스 전집 2 : 픽션들』, 민음사, 1994, 160~161쪽.〕

건을 구성한다. 그것은 오직 부정법 동사를 통해서만 표현될 수 있는 변환이다. 결국 동사 주변을 순환하는 모순되는 결과들이 발산하는 계열들을 구성하는 것이다.[120]

라이프니츠에게 있어서 공가능하지 않은incompossible[121] 세계들이 분기하고 발산하는 것은, 신이 하나의 완전히 논리적인 세계를 창조함으로써 두 개의 모순되는 사건들이 동시적으로 일어날 가능성을 제거하기로 선택했기 때문이다. 들뢰즈는 이것을 역전시킨다. 즉 신이 사건을 선택하는 것이 아니라 순수사건이 자기 자신을 선택하는 것이다. 이와 비슷한 일이 프로이트의 무의식 이론에서 일어난다. 다시 말해 무의식은 정합적인 사건들을 담지하지 않는다. 들뢰즈에 의하면, 무의식은 중성적인 동사 주위에서 결정화結晶化하는 분기하는 사건들을 담지한다. 그는 이 중성에 대해 다음과 같이 기술한다.

자아의 개별성은 환상 자체의 사건과 섞여 든다. 비록 사건이 환상을

---

120) 장-클레 마르탱은 'Le jardin aux sentiers qui bifurquent' 이라는 장에서 보르헤스와 라이프니츠에 있어서의 갈림길들에 대해 멋지게 분석하고 있다. Jean-Clet Martin, *Variations: La Philosophie de Gilles Deleuze*, Paris: Editions Payot & Rivages, 1993, pp. 131~146.

121) 'incompatible' 이라는 말은 표면적으로는 '양립할 수 없는' 이라는 뜻을 갖지만, 여기서 이 말은 라이프니츠의 맥락을 어느 정도 전제한 말이다. 라이프니츠의 불공가능성不共可能性 개념은, 예컨대 죄를 지은 아담과 죄를 짓지 않은 아담은 논리적으로 모두 가능하지만(共可能性), 이 둘이 함께 가능하지 않다는 것이다. 다시 말해 죄를 지은 아담의 세계와 죄를 짓지 않은 아담의 또 다른 세계가 (잠재적으로) 공존하지만, 이 둘이 하나의 시공간의 좌표상에 수렴할 수 없다는 말이다. 라이프니츠에 따르면, 이미 현실화되어 우리 눈앞에 펼쳐져 있는 이 세계 이외에도 다른 세계의 계열화가 (잠재적으로) 무수히 존재한다고 한다. 그러나 하필이면 지금의 세계만이 현실화된 까닭은 신이 '최적화' 의 원칙에 의해 창조했기 때문이라는 것이다.—옮긴이

통해 표상하는 것이 또 다른 개별자로서, 혹은 차라리 그것을 통해 해소된 자아가 지나가는 다른 개별자들의 계열로서 이해된다고 해도 그렇다.[122]

환상에서 행위를 감당하는 인칭은 무관한 것으로 남는데, 그것은 환상이 주어들/주체들과 목적어들/대상들과 관련하여 중성을 견지하기 때문이다. 이런 이유로 라플랑슈와 퐁탈리스는 시원적인 판타지나 환상 속에서 주체가 언제나 행위를 수용하는 것은 아니라는 것, 또는 심지어 사건의 구성 요소를 형성하는 방식에 대해 기술한다. "시원적인 환상은 …… 주체화의 부재로 …… 특징지어진다. 예를 들어 '아이가 맞는다'는 판타지에서 어린아이는 여러 등장인물들 중 하나이다."[123] 주체는 환상 속으로 녹아드는데, 왜냐하면 행위 자체만이 불변하는 것으로 남아 있기 때문이다. 예컨대 때로는 아버지가 친구를 때리고 있고, 때로는 아버지가 맞고 있으며, 어떤 때는 그가 형제나 누이를 때리고 있고, 어떤 때는 어머니가 누군가를 때리고 있기도 한 것이다. 우리는 이것을 어떤 근원적인 때리는 '주체'의 위장으로 해석해서는 안 된다. 주체는 무관한 것이 되고, 다만 행위만이 환상에 본질적인 것으로 남는다. 라플랑슈와 퐁탈리스는 환상의 구조를 복수의 출연자를 가진 것으로 기술한다.

'한 아버지가 딸을 유혹한다'는 어쩌면 유혹 판타지의 요약본일 수 있을 것이다. …… 이것은 복수의 출연자를 가지는 시나리오로서, 거기서 주체가 즉각적으로 딸로서 지정될 것인지의 여부를 보여 주는 것은 아무것도 없다. 그것은 아버지로서 고착될 수도 있고, 혹은 심지어 유혹한다는 말에 있을 수도 있다.[124]

이 시나리오는 복수의 가능성들이 동시에 분출된다는 점에서 보르헤스의 이야기와 놀랄 만큼 유사해 보인다. 하나의 사건은 발산하는 결과들을 표현해야 한다. 결과적으로 들뢰즈는 순수사건이 차이 자체라고 주장할 수 있다.

발산하는 계열들은 복수적 결과들을 유지하는 것 이외에, 공명의 와중에 그것들을 접속시킨다. 들뢰즈에 따르면, 순수사건은 상반되는 것들이 그 차이를 가로질러 공명하도록 하며, 그것은 "그 자체의 거리를 통하여 *스스로*와 소통하고 그 모든 이접사들을 가로질러 공명한다".[125] 순수사건은 그 주위에서 모든 발산들이 공명하는 중추로서 작동한다. 자기 자신을 시간 전체의 상징으로서 현시하는 순수사건은 어떤 결정된 순간에 일어나는 것이 아니라 매 순간에 출몰한다. **존재**에 속하는 부정법 동사는 시간으로부터 독립적인 것으로 남는다. 그러므로 시간의 세번째 종합은 모든 인칭들과 모든 연대기를 배제한다.[126]

순수사건은 '균열된 나'의 내적 기능을 드러내며, 그것은 "시간

---

122) Deleuze, The Logic of Sense, pp. 213~214.
123) Laplanche and Pontalis, "Fantasy and the Origins of Sexuality", p. 22.
124) Ibid., pp. 22~23.
125) Deleuze, The Logic of Sense, p. 176.
126) 이런 이유로 들뢰즈는 다음과 같이 말한다. "언어 안에서 나타나는 동사와 **존재** 안에 존속subsist하는 동사 사이에서 우리는 아직 문법적 규정의 놀이에 사로잡히지 않은 하나의 부정법을 상상해야 한다──그것은 모든 인칭은 물론 모든 시간, 모든 법과 태(능동, 수동, 재귀)로부터도 독립된 하나의 부정법이다."(Deleuze, The Logic of Sense, p. 214)

속에 나타나는 수동적 자아의 상관항이다".[127] 수동적 자아, 나르키소스적 자아, 부정법 동사를 표현하는 초자아 사이에 시간에 대한 직관이 존속한다.[128] 간단히 말해서 환상에서 발견되는 상반되는 것들 사이의 긴장은 텅 빈 시간에 대한 직관을 발생시킨다. 연대기적 시간은 지속적인 현실화들의 임의적 계기繼起 안에서 표면화된다. 그러나 시간에 대한 순수 직관은 환상을 본질적인 방식에 연관시킨다. 즉 그것은 동일한 사건 안에서 발산하는 모든 가능성들에 대한 긍정을 의미한다.

들뢰즈는 미래가 예견에서 비롯하는 것이 아니라고 본다. 대신에 그는 상반되는 결과들을 긍정하는 미래의 체계를 제안한다. "한정하거나 제한하는 긍정이 아니라, 던져진 물음들이나 이런 물음들을 산출하는 결정들과 동일한 외연을 갖는 긍정."[129] 간단히 말해서, 미래는 두 가지 형식을 취할 수 있다. 하나는 그 안에서 우리가 어떤 사건의 기대되는 결과를 예견하는 것이고, 다른 하나는 우리, 나, 예견된 사건을 결여하고 있는, 그 안에서 모든 가능한 결과들과 동시에 교전하는 환상이 출현하는 것이다. 우리의 욕망들은 선호하는 것을 따르기 때문에 그런 미래를 긍정하는 것은 불가능한 듯하다. 그러나 환상 속에서 도래할-현재는 미래를 구성하지 않으며, 환상은 무제한의 생성/되기를 미래에 부여한다. 들뢰즈는 미래가 다가올 어떤 사태가 아니라, 어떠

---

127) Deleuze, Difference and Repetition, p. 86.
128) 브뤼소는 "아이온은 부정법 동사에 속한다"고 본다. James Brusseau, Isolated Experiences: Gilles Deleuze and the Solitudes of Reversed Platonism, Albany: State University of New York Presses, 1998, p. 82. 그의 독해는 부정법의 '탈인간성' inhumanity의 설득력 있는 예를 이룬다.
129) Deleuze, Difference and Repetition, p. 116.

한 극한도 없이 일어날 수 있는 모든 것을 표상하는 사건이라고 본다. "하지만 반면 즉자적으로 고려되는 사건의 미래와 현재가 있다. 그것은 각각의 현재를 피하고 사태의 제한에서 자유로우며 비인칭적·전개체적·중성적이고 일반적이지도 특수하지도 않은 eventum tantum (순수사건)이다."[130] 우리는 들뢰즈가 말하는 이 'eventum tantum'의 본성을 환상에 대한 프로이트의 발견에서 보았다.

4. 결론

우리는 성욕이 어떻게 출현해 억압을 겪고 잠복기 이후에 어떻게 재출현하는지를 보았다. 이 분열은 통접적 계열과 이접적 계열 모두를 설명한다.[131] 그 두 가지가 적절히 기능할 때 그것들은 서로를 존립하게 하지만, 제대로 작동하지 않는다면 오이디푸스 콤플렉스가 출현하고 전-성기기의 계열과 성인의 계열 사이의 유비들을 끌어들인다. 그것

---

130) Deleuze, The Logic of Sense, p. 151.

131) 『안티 오이디푸스』에서 연접적, 이접적, 통접적 종합은 서로 다르게 정리된다. 그로부터 빌라니는 이접을 재생과, 연접을 재인과 연합시키게 되었다. Arnaud Villani, La guêpe et l'Orchidée: Essai sur Gilles Deleuze, Paris: Editions Belin, 1999, p. 104. 또 홀랜드는 그로부터 세 가지 종합과 칸트의 세 가지 종합을 연합했다. Eugene W. Holland, Deleuze and Guattari's Anti-Oedipus: Introduction to Schizoanalysis, New York: Routledge, 1999, p. 25. 그러나 이것은 논쟁의 여지가 많은 채로 남아 있는데, 왜냐하면 베르장은 이 세 가지 종합을 칸트의 "오성의 순수 개념의 연역"이 아니라 "지각의 예취"에 관련시키고 있기 때문이다. 후자에서 세 가지 종합은 "지각의 예취에 대한 칸트의 하위구분들(현실, 부정, 제한)에 일대일 상응하고 있다"(Véronique Bergen, L'ontologie de Gilles Deleuze, Paris: L'Harmattan, 2001, p. 354). 아마도 베르장의 분석이 『안티 오이디푸스』에 들어맞는 것이라면, 홀랜드의 개념화는 『차이와 반복』에 보다 잘 적용될 수 있을 것이다. 두 책 사이의 차이에 대한 문제는 이 책의 범위를 넘어서는 것이다.

은 시간의 두번째와 세번째 종합의 일의적 공명과 강요된 운동을 분열시킨다. 우리는 프로이트의 성욕에 관한 이론이 이 시간의 종합을 설명하는 데 어떻게 이용될 수 있는지를 살펴보았다. 들뢰즈의 오이디푸스 콤플렉스 비판은 세 가지 종합에 대한 그의 진행에 완전히 〔입장이〕 확립된 상태로 남는다. 또한 이 비판 없이 그는 에로스와 죽음욕동을 그 부정적 용도로부터 해방시킬 수 없었을 것이다.

3장 _ 에네르기적 종합

1. 이드의 에네르기학

『차이와 반복』에서 들뢰즈는 이드를 '강도장'强度場으로, 그리고 '움직이는 장소'로 기술하고 있다. 이드 안에서 쾌락원칙은 "생물심리학적 삶을 조직화하는 경향이 있다."[1] 강도장에 해당하는 이드는 '묶기'[Bindung=liaison]라고 불리는 일련의 종합들을 수행한다.[2] 들뢰즈는 프로이트의 이런 측면에 주목해 묶기에 시간적 의미를 부여하면서 그것을 확장한다.[3] "이드는 국소적 자아들이 거주하는 장소이다. 이

---

1) Deleuze, Difference and Repetition, p. 96.[이는 즉 쾌락이 어떤 현상이나 과정으로 그치는 것이 아니라 어떻게 그 과정을 지배하는 경험적 원리의 지위를 획득하는가 하는 문제와 관련된다.—옮긴이]
2) '묶기'는 들뢰즈의 맥락에서 '종합'이나 '수축'에 해당하는 적분積分의 의미를 가지고 있다. 이를테면 동물의 눈이 먼저 있어서 사물을 보는 것이 아니라, 오히려 빛이 묶인(=수축한) 결과로 눈이 발생한다는 것이다. 마찬가지로 욕동Trieb은 묶인 흥분이나 자극에 다름 아니며, 각각의 묶기가 일어나는 층위들마다 애벌레 자아들이 형성된다. 이렇게 국소적인 자아들의 생성을 통해 이드의 시간, 즉 현재의 시간이 구성된다는 것이다.—옮긴이

국소적 자아들은 이드에 고유한 시간, 살아 있는 현재의 시간을 구성한다. 바로 이곳 이드에서 묶기에 상응하는 통합이 일어난다."[4] 시간의 첫번째 종합은 이드 안에서 일어나며, 그것[이드]은 유기체와 구별 불가능한 것으로 남는다. 이 절에서 우리는 유기체 혹은 이드가 어떻게 현재를 프로이트가 '소통'[5]이라 부르는 종합과 더불어 수축하는지를 밝힐 것이다. 우리는 유기체가 어떻게 자신의 환경을 안정화시키고 자신의 통일성을 유지하며 습관을 발달시키는지를 살펴볼 것이다. 이는 프로이트의 쾌락원칙에 대한 수정을 요하는데, 종합은 [쾌락]원칙 때문이 아니라 [쾌락]원칙에 앞서 일어나기 때문이다.[6] 그러나 묶기가 쾌락으로 이어질 때 환각hallucination은 잠재적 형태로 나타난다. 그것[환각]은 욕망의 대상으로 작용하고 현실의 테두리를 채운다. 이 대상은 가중加重, summation을 통해 모습을 드러내는 본능, 모든 내생적 흥분의 총합으로부터 그 힘을 이끌어 낸다. 들뢰즈는 수동적 종합이 소통과 가중의 과정을 통해 일어난다고 본다.

그런데 세 가지 오류가 시간의 첫번째 종합에 대한 우리의 관점을 흐리게 하고 있다. 첫번째 오류는 구상력이 현재를 각지[파악]한다는

---

3) 이드 안에서 '묶기'를 통해 국소적 흥분들은 하나의 애벌레 자아로 적분된다. 이 애벌레 자아를 통해 흥분의 매듭들, 최초의 심리, 욕동Trieb이 솟아오른다. 묶기를 통해 애벌레 자아가 태어난다는 것은 국소적인 흥분들이 묶여서 '욕동'을 이루고, 그 욕동 자체가 의식 이전의, 의식을 구성해 주는 어떤 최초의 심리의 탄생을 의미하는 것이다. 다시 말해 이것은 자극이나 흥분의 경험을 통해 형성되는 작은 수동적 자아들, 그래서 이것들이 모여 결국 능동적인 큰 자아를 이루게 되는 애벌레 자아들이며, 이드는 이러한 묶기에 의해 태어난 애벌레 자아들로 우글거리게 된다. 또한 시간의 관점에서는 국소적 자아들이 매듭지어질 때마다 살아 있는 현재가 종합되어 흐르게 된다.—옮긴이
4) Deleuze, Difference and Repetition, p. 97.

칸트의 주장에서 기인한다. 그는 유기체의 역할, 유기체의 욕구의 역할, 진화의 역할을 무시하며, 따라서 시간의 첫번째 종합을 감성과의 어떠한 연관도 갖지 않는 순수하게 정신적인 인식능력에 위치시킨다. 두번째 오류는 쾌락이 우리의 모든 습관을 추동한다는 프로이트의 주장에서 기인한다. 이것은 마치 〔우리가 어떤 것을〕 열망하는 것이 우리의 유기체적 욕구의 선택을 설명하는 것처럼, 열망의 의식적 감각을 향한 주관적 성향〔편향〕을 표상한다. 들뢰즈는 그 자리에 쾌락원칙을 적용한다. 즉 그것은 습관 형성의 보다 심층적 과정의 신호인 것이다. 이는 세번째 오류로 이어지는데, 그것은 현실에 대한 우리의 표상들이 전적으로 외부적 원천에서 출현한다는 믿음이다. 들뢰즈의 잠재적 대상은 현재에 대한 우리의 각지에 환각을 더하고, 그럼으로써 현실적 요소들의 엄격한 재-현을 전복시킨다. 유기체의 내부에서 분출해 나오는 본능은 우리의 외부적 감성은 물론 현재에 대한 우리의 각지에도 기여한다. 이 모든 오류들의 제거와 더불어 우리는 비인간적 원천인 유기체로부터 오는 시간의 종합을 파악하게 될 것이다. 우리에게 속하지 않는 시간의 감각이 출현할 것이다. 이때 시간은 의식보다 더 많은 층위에서 유기체에 영향을 미칠 것이다. 이 오류들의 제거를 통해 들뢰즈의 시간의 첫번째 종합을 조명해 보고자 한다.

---

5) '소통'은 앞서 1장에서 설명한 바 있는 'Bahnung'이다. 이는 흥분이 뉴런들 사이를 이동할 때 부딪히게 되는 흐름의 저항이나 장벽을 뚫으면서 길을 내는 것을 의미한다.—옮긴이

6) 쾌락원칙을 넘어서 더욱 근본적인 것이 수동적 종합이라는 것이다. 들뢰즈는 쾌락을 얻기 위해 반복한다는 프로이트의 전제를 거부하고 반복/수동적 종합이 쾌락을 산출한다고 본다. 이에 대해서는 『차이와 반복』 2장 4절 이하 참조.—옮긴이

유기체는 어떻게 지속을 종합하는가?

신경체계는 대상들을 선택할 수 있고 그것들을 지속에 대한 우리의 의식적 감각에 선행하는 지각 속에 유지할 수 있다. 우리가 마치 우리의 의지를 대상들에 투사하는 것 같지만 이는 부대현상으로 남아 있는데, 왜냐하면 유기적 종합이 이러한 주체적[주관적] 현시에 선행하기 때문이다. 들뢰즈는 베르그손에 관한 자신의 책에서 의식에 선행하는 주체성의 두 가지 대상적 측면들을 확인하고 있다. "첫번째는 대상으로부터 추상하는 데 한정되며, 두번째는 비결정의 지대를 수립하는 데 한정된다."[7] 대상을 확인하는 첫번째 측면은 이 지각된 대상이 근거로부터 두드러져 나오도록 한다. 대상을 비결정의 순간에서 중지시키는 두번째 측면은 유기체가 반응할 때까지 그것을 지각 내에 간직한다. 이 두 가지 측면들은 의지, 지향성, 주체로부터 자유롭기 때문에 시간의 수동적 종합을 구성한다. 들뢰즈는 이 두 가지 수동적 종합을 '욕구-주체성'과 '뇌-주체성'이라고 부른다. 그는 욕구-주체성에 대해 다음과 같이 기술한다. "욕구는 사물들의 연속성에 구멍을 내고 대상에서 관심을 끄는 모든 것을 보유하면서 나머지 것들은 흘러가게 놓아둔다."[8] 욕구는 각지의 종합을 수행한다. 다시 말해 유기체는 자신에게 결여된 요소들만을 각지한다. 그러나 이러한 각지 이후에 뇌는 이 이미지를 간직할 필요가 있는데, 그는 이것을 뇌-주체성이라고 기술하고 있다. "뇌는 대상에서 우리의 욕구에 상응하는 것을 '선택할' 수단

---

7) Gilles Deleuze, Bergsonism, trans. H. Tomlinson and B. Habberjam, New York: Zone Books, 1988, p. 53.
8) Ibid., p. 52.

을 제공하며, 수용된 운동과 수행되는 운동 사이에 간격을 도입한다."[9] 선택하는 것은 시간을 통해 이미지가 지속되는 결과를 수반하는데, 이는 재생의 종합을 요한다. 요컨대 유기체는 이미지를 재생하여 그것이 선택할 수 있을 때까지 유지한다.

들뢰즈가 베르그손의 철학에 매료된 까닭은, 그것이 순수하게 정신적인 것으로 추정되는 사물들에 대한 유기체적 설명을 제공하기 때문인 듯하다.[10] 그러나 우리가 만일 단순한 유기체들로부터 진화했다는 것을 믿는다면, 우리는 이를 단순한 유기적 종합들이 의식에 선행한다는 결론에 이르기까지 추구해야 한다. 단순한 유기체는 세계에서 양분이 되는 대상을 발견하기 위해서 음식과 음식이 아닌 것을 구분하고 음식을 획득할 때까지 이러한 지각을 유지해야만 한다. 이는 시간적 지각을 요하기 때문에 그것을 주체성을 가진 생물에만 한정하는 것은 불합리해 보인다. 그러므로 우리는 이러한 단순한 유기체들 내에서의 지속[11]에 대해 살펴볼 필요가 있다.

단순한 유기체가 변화하는 환경을 감각할 때, 그 환경이 불연속적으로 나타나기 때문에 감관들은 그것을 지속적인 도식으로 종합하여 대상을 안정화시켜야만 한다. 이러한 기본적인 도식 없이 진화는 결코 시

---

9) Ibid., p. 52.

10) 베르그손의 입장에서는 가령 지성intelligence과 같이 서구 전통철학에서 인간의 선험적 능력으로 간주한 것조차 진화의 산물로 보고 있다.—옮긴이

11) 베르그손이 말하는 지속durée은 생명의 연속적이고 질적인 다양체로서 시간의 본성에 해당한다. 즉 '지속'은 생명 그 자체라고도 할 수 있다. 가령 꽃이 피는 시간을 우리의 직접적인 지각으로는 파악할 수 없지만, 개화開花의 장면을 녹화한 카메라를 고속으로 돌리면 지각 가능한 것이 된다. 말하자면 꽃의 지속은 인간의 지속과 다른 것이다. 이렇듯 모든 생명은 저마다의 고유한 지속=시간을 가지고 있다.—옮긴이

작되지 않았을 것이다. 가장 기본적인 유기체라고 해도 그런 도식 없이는 생존할 수 없었을 것이다. 오늘날에도 이러한 기본적인 기능들은 여전히 우리의 신경체계의 일부를 형성하고 있다. 시간의 수동적 종합은 가장 단순한 유기체와 가장 복잡한 유기체 모두에 적용된다.[12] 들뢰즈가 설명하는 시간의 수동적 종합은 이 실재적인 유기적 과정들에 속해 있다.

유기체가 관조한다는 것은 무엇을 의미하는가?

비유기체의 문제와는 달리 신경체계를 갖춘 유기체는 자극에 대한 창조적인 반응을 발달시킨다. 예컨대 바위는 침식되겠지만 유기체는 들뢰즈가 말하는 '수축'과 '관조'[13]를 수행하기 때문에 통일성을 유지한다. 혹은 빛을 모으기 위한 선-결정된 설계design를 결여하고 있는 눈은 '삶의 위급성'[14]으로부터 분출되는 유기체적 욕구를 통해 이러한 능력을 획득한다. 이 눈이 바위와 다른 까닭은, 그것이 성장하고 발달하는 데 필요한 요소들을 흡수하기 때문이다. 이는 그가 다음과 같은 물음을 던지도록 이끈다. "어떤 유기체가 예외이겠는가? 모든 유기체는 반복의 요소와 경우들로 이루어져 있다. 관조되고 수축된 물, 질소, 탄소, 염소, 황산 등으로 이루어져 있으며, 그래서 자신을 구성하고 있

---

12) 이렇게 볼 때 가령 인간과 아메바 사이에도 유기체로서의 수동적 종합이라는 하나의 연속성이 도입된다.—옮긴이

13) '수동적 종합'synthèse passive은 '관조'contemplation와 '수축'contraction을 통해 이루어진다. 여기서 '관조'는 능동적이고 의식적인 주체 아래에 있는 애벌레 자아들에 의한 무의식적 응시에 해당한다. 즉 수동적 자아들이 의식 이전의 관조를 통해 계기들을 수축하게 되고, 그로 인해 '살아 있는 현재'가 종합된다.—옮긴이

14) Deleuze, Difference and Repetition, p. 78.

는 모든 습관들을 서로 얽고 조여 매고 있다."[15] 그 유기체는 생존하기 위해 특정한 과정들을 반복함으로써 그것이 필요로 하는 요소들〔원소들〕을 발견하고 동일화하고 흡수해야만 한다.

들뢰즈가 아리스토텔레스의 완전태完全態, entelechy[16] 개념으로 복귀하는 수동적 종합을 환기하면서 단순한 유기체를 인간처럼 형상화한다고 비난하는 사람들도 있을 수 있겠지만 이는 별 의미가 없다. 들뢰즈는 아리스토텔레스로부터 벗어나고 있다. 왜냐하면 유기체의 기계적mechanical 반복은 그것의 반응들을 '선택하는' 듯이 보이기 때문이다. 언제나 똑같이 굴러 떨어지는 바위와는 달리, 눈과 같은 기관은 관조하는 요소들에 의해 적응하고 진화한다. 바위는 이런 과정을 거치지 않는다. 어떤 구조를 유지하는 유기체만이 흡수할 필요가 있으며, 따라서 그것〔유기체〕에 결여된 요소들을 관조할 필요가 있는 것이다.

자극에 대한 반응을 선택함으로써 유기체는 습관을 발달시킨다. 습관과 관조는 함께 일어나지만, 우리의 습관을 야기하는 힘은 무엇인가? 다음으로 우리는 차이와 반복 양자의 중심에 있는 이 핵심적인 문제로 관심을 돌려야 한다.

---

15) Ibid., p. 75.
16) 아리스토텔레스의 '완전태' entelechy라는 용어 사용에 대해서는 다음 저작을 참조하라. Aristotle, The Basic Works of Aristotle, ed. R. McKeon, New York: Random House, 1941.〔아리스토텔레스에 의하면, 실체ousia는 현실태現實態와 가능태可能態＝잠재태潛在態를 함께 가지고 있다. 이때 잠재태에서 현실태로의 생성/운동이 일어나는데, 현실태로 이행한 잠재태는 더 이상 잠재태가 아니다. 그러나 현실화되지 못한 잠재태는 그 자체로 잠재태인 것이다. 완전태完全態란, 잠재태가 머금고 있는 그 이상을 가리킨다. 예컨대 도토리의 완전태는 참나무가 되는 것이고, 소년의 완전태는 어른이 되는 것이며, 성인의 완전태는 행복에 있다는 것이다. 즉 완전태는 그것이 현실화되든 잠재적으로만 존속하든 관계없이 그 자체로 있는 것이지만, 잠재태는 완전태가 현실화되기 직전까지의 상태를 말한다.―옮긴이〕

습관과 쾌락 중 어떤 것이 우선하는가?

프로이트는 상–식에 따라 쾌락원칙이 우리의 모든 행위들을 추동한다고 주장한다.[17] 만일 우리가 쾌락을 느낄 만한 어떤 것을 발견한다면, 우리는 자연스럽게 그것을 반복하고자 할 것이다. 그러나 이것이 과연 정당한가? 이는 '자극으로부터의 도피' flight from the stimulus[18]라는, 프로이트가 정의한 쾌락을 따를 때에만 이치에 맞을 듯하다.[19] 욕구로부터 발생한 유기체의 긴장은 이 욕구가 충족되어 쾌감으로 이어질 때까지 기다려야 한다. 프로이트는 유기체가 과도한 긴장에 대처하는 전략을 발전시킨다고 본다. 이때 그 최상의 전략은 최소한의 노력으로 긴장을 해소하는 것이다. 쾌락원칙은 이 최소한의 노력을 추동한다.

들뢰즈는 프로이트가 성급하게 결론에 이른다고 비판한다. 즉 쾌락과 이완이 함께 나타날지는 몰라도 그 두 가지가 필연적으로 접속되어 있는 것은 아니라는 것이다. 들뢰즈는 쾌락이 관조의 충족을 신호하는 것이라고 본다.[20] "쾌락은 이완과 수축으로 이루어진 경우들을 자기 자신 안에서 수축시키는 충만한 관조의 들끓는 동요[21]인 한에서 원칙이다."[22] 욕구의 만족은 이완과 수축 모두에 선행한다. 쾌락의 느낌은 만족을 야기하기보다는 〔만족을〕 신호한다. 유기체의 욕구가 수축

---

17) 프로이트는 '쾌락원칙'에 입각하여 '쾌락'을 얻기 위해 '반복'이 이루어진다는 식의 논변을 편다. 이에 반해 들뢰즈는 '쾌락원칙을 넘어서'에 주목하면서 수동적 종합으로서의 '습관'이 쾌락원칙의 조건이라고 본다. 요컨대 '쾌락의 반복'이 아니라 '반복의 쾌락'이라는 것이다.—옮긴이

18) Freud, Project for a Scientific Psychology, p. 296.

19) 프로이트의 쾌락Lust은 긍정적이고 현동적인 어떤 것이 아니라, 과도한 자극이나 흥분으로 인한 불쾌를 경감하는 데 있다는 점을 상기하자.—옮긴이

20) 들뢰즈는 관조하는 행위 자체가 쾌락에 상응하는, 마음의 들끓는 동요나 흥분을 수반한다고 본다.—옮긴이

과 이완의 현실적 원인을 이룬다면, 쾌락은 다만 의사-원인을 이룰 뿐이다. 들뢰즈는 프로이트가 이 의사-원인을 현실적 원인으로 착각했다고 본다.

들뢰즈는 유기체가 시간 속에서 자신의 통일성을 유지하고자 하며, 쾌락은 이러한 1차적 목적을 따른다고 주장한다. 유기체의 욕구는 무엇이 쾌락을 가져다줄지를 결정하는 것이지, 쾌락이 유기체의 욕구를 결정하는 것이 아니다. 그러므로 들뢰즈에 따르면 수축의 '습관'은 쾌락원칙 이전에 오고, 쾌락은 다만 우리의 습관을 추동하는 듯이 보일 뿐이다.[23] 주체의 동인이 아닌 유기체의 동인을 검토해 본다면 이러한 오류는 사라질 것이다. 반복은 쾌락의 주관적 요소가 진화하기 오래전에 유기체에 스며들어 있다.

쾌락원칙은 시간적 귀결을 가진다. 만일 프로이트의 쾌락원칙이 옳다면, 이때 현재는 사라질 것이다. 쾌락에의 추구는 환원을 추구함으로써 미래를 고려하고, 이완의 상태로 되돌아감으로써 과거를 고려한다. 따라서 그것은 현재를 비껴가 버린다. 그러나 들뢰즈가 옳다면, 유기체의 과거와 미래는 현재에 종속된다. 유기체는 흥분을 '묶고' 그것의 현재의 통일성을 유지할 때 쾌감을 얻는다.[24] 들뢰즈에 따르면, 그것은 흥분을 지배하려는 의도를 요구하지 않는다. "묶기의 종합은 어떤

---

21) 영역본에는 'emotion'으로 되어 있으나, 원전에는 연정으로 인한 마음의 흥분이나 동요를 뜻하는 'émoi'로 되어 있다. 이 말을 '흥분'으로 번역할 시에는 프로이트가 자주 사용하는 '흥분'이라는 단어 'Erregung' = 'excitation'과 변별이 어려우므로 '마음의 들끓는 동요'로 옮겼다.—옮긴이
22) Deleuze, Difference and Repetition, p. 74.
23) 쾌락원칙의 근저에는 그것을 추동하는 반복이 감추어져 있다는 것이 『차이와 반복』 2장 1절의 핵심적 논지이다.—옮긴이

흥분을 지배하려는 의도나 노력을 통해서는 설명될 수 없다. 비록 이 종합이 그런 효과를 갖는다고 해도 말이다."[25] 유기체는 자기 자신의 긴장을 감소시키고자 하기 이전에 생존하고 성장하고자 한다. 쾌락은 애벌레 통일성들이 유지될 때 흘러나오고, 불쾌는 이 통일성이 붕괴될 때 흘러나온다. 또 흥분의 고조가 유기체를 붕괴시킨다면, 이때 2차적인 효과로서 유기체는 그 흥분을 쏟아 내고자 투쟁해야만 할 것이다.

유기체는 어떻게 습관-기억들을 축적하는가?

유기체는 어떻게 습관-기억들을 축적하는가? 이 기세 좋은 물음에는 많은 위험요소들이 따른다. 들뢰즈는 프로이트의 생물심리학적 삶에 대한 접근과 베르그손의 기억에 대한 접근 모두에 찬사를 보낸다. 프로이트는 기억을 신경학적 과정에 결부시켰고, 베르그손은 이 가능성을 반박했다. 순수과거는 뇌 속에 있는 것이 아니지만, 습관-기억에 대해서 동일하게 말할 수는 없다. 유기체는 지각의 습관을 획득한다. 앞서 살펴본 것처럼 대상들을 재인하는 능력은 가장 이른 진화적 단계에 속한다. 이제 우리는 이러한 습관들이 어떻게 발달하는지를 살펴보아야 한다.

『과학적 심리학 초고』에서 프로이트는 ψ[프시=비투과성 뉴런의 체계]로 상징화되는 뉴런군에 대해 기술하고 있다. 이 ψ 뉴런의 장벽

---

24) 말하자면 묶기의 종합이나 습관 안의 반복은 쾌락원칙의 '너머'에 있으며 더욱 근본적이라는 것이다. 이러한 묶기의 수동적 종합을 통해 결국 쾌락원칙이 유래하는 역량인 이드의 영역까지 끌어올려진다. 따라서 쾌락을 얻고자 반복하는 것이 아니라 반복함으로써 쾌락을 획득하는 것이다.—옮긴이
25) Deleuze, Difference and Repetition, p. 97.

들은 뉴런들 사이의 신호들을 신경 에너지의 일정한 정도의 양($Q\dot{\eta}$)이 초과될 때까지 억제한다. 더 많은 흥분이 장벽을 지나갈수록 그것은 관통하기 쉬워진다. 한 뉴런이 투과 가능하게 되면 그것은 흔적을 남기고, '소통'[Bahnung]의 과정이 신경의 패턴[반복양상]을 주조하기 시작한다.

소통이 보존하는 것처럼 보이는 '동일성'은 오직 뉴런들 사이의 차이로부터 출현할 뿐이다.[26] 프로이트에 따르면, 모든 장벽의 "소통 정도가 똑같다면 …… 이때 기억의 특징은 명백하게 드러나지 않을 것이다".[27] 소통은 과거의 흥분을 코드화된 사슬로서 보존한다. 그것은 마치 문자열과 같아서 차이들을 통해 코드화된다. 모든 문자들이 동일하게 나타난다면 전언은 사라질 것이고, 때문에 프로이트는 "만일 소통이 어디에서나 똑같다면, 왜 어떤 길이 선호되는지 설명할 수 없을 것이다"라고 말한다.[28] 프로이트는 부지중에 변별적 장differential field이라는 구조주의적 원리를 따르고 있다. 하지만 이 장場은 유동하는 상태에 있는데, 왜냐하면 그것이 하나의 흥분으로부터 분출되는 것이 아니기 때문이다. 프로이트에 따르면, 그것[변별적 장]은 반복을 통해 발생한다. "소통은 흥분 과정에서 뉴런을 통과하는 양($Q\dot{\eta}$)과 그 과정의 반복 횟수에 달려 있다."[29] 변별적 장은 반복을 통해 변화한다. 그 차

---

26) 프로이트는 ψ 뉴런이 접촉하는 장벽의 소통 정도가 모두 동일하다면 기억은 그 특이성을 변별하여 보존할 수 없을 것이라고 본다. 즉 소통이 어디에서나 동일하다면 어떤 길이 왜 선호되는지를 설명할 수 없다는 것이다. 따라서 그는 ψ 뉴런들의 소통의 '차이'에 의해 기억된다고 말하고 있다.―옮긴이

27) Freud, Project for a Scientific Psychology, p. 300.

28) Ibid., p. 300.

29) Ibid., p. 300.

이들이 습관을 고착시키고 창조할 때, '묶기'[Bindung]라고 불리는 과정이 ↓뉴런을 통과하는 흥분들을 가둠으로써 에네르기를 집적한다.[30] 이런 식으로 소통은 신경 에네르기를 묶고 그 양을 최소화한다.[31]

소통된 뉴런과 소통되지 않은 뉴런의 차이는 뉴런들이 자신의 에네르기를 언제 방출할지를 자체적으로 결정하도록 해준다. 이를테면 굶주린 유기체가 음식을 대할 때, 신경의 흔적을 떠난 포만감의 신호가 일어난다. 이제 유기체가 유사한 상황에 처하면, 그것은 자신의 에네르기를 방출함으로써 반응하게 될 것이다. 유기체는 반복을 통해 이러한 습관을 획득하며, 각각의 반복은 일정한 패턴을 강화한다. 이런 식으로 유기체는 과거의 일어남들[사건들]을 현재 속에 수축한다.

지연된 재인에서 출현하는 유기체의 기대는 우리로 하여금 지속에 주의를 기울이도록 한다. 유기체의 과거는 신경의 흔적이라는 형식으로 우리의 지속에 대한 감각을 형성한다. 들뢰즈는 "욕구는 이 미래가 나타나는 양식이며, 기대의 유기체적 형식에 해당한다. [반면] 파지의 과거는 세포의 유전이라는 형식으로 나타난다".[32] 이 '세포의 유전'이나 흔적은 무의식적이고 수동적인 채로 남아 있다. 다만 그로부터 발생하는 우리의 기대감은 능동적인 것일 수 있다. 예컨대 시계의 '틱-톡' 하는 소리를 들을 때 우리는 시계 소리를 듣는 순간을 회상하려고

---

30) 즉 이드에서 일어나는 흥분들의 종합을 통해 긴장의 해소(쾌락)를 얻고자 하는 것이다. 이러한 흥분들의 묶기(종합)로 인해 애벌레 자아들이 태어나며, 따라서 들뢰즈는 이드를 애벌레 자아들이 우글거리는 장으로 보고 있다. 이렇게 국소적 자아들이 종합된다는 것은 동시에 (현재의) 시간이 흘러간다는 것을 의미한다.—옮긴이

31) 링기스는 다음과 같이 말한다. "묶기가 실현하는 것은 자유롭게 유동하는 유입의 억제, 혹은 어떤 특정한 리듬을 실현시키기 위한 흥분의 고조에 있다."(Lingis, "Oedipus Rex", p. 97)

능동적으로 노력하지 않는다. 대신 우리는 비자발적으로 '틱'과 '톡'이라는 두 요소를 하나의 경우로서 듣는다. 우리는 자연발생적으로 spontaneously 그것들이 순서대로 계속되기를 기대하는데, 왜냐하면 뇌의 소통[Bahnung]이 자율적으로 그것들을 수축하기 때문이다. 이런 식으로 우리의 삶 전체가 습관의 수축을 추구한다.[33]

　　데이비드 흄이 우리는——미래에 대해 알지 못함에도——내일 태양이 떠오르기를 기대한다고 말할 때, 우리는 그것이 일어나리라고 필히 예견한다.[34] 우리는 현재 실존의 패턴이 지속되기를 기대한다. 소통은 과거를 미래로 확장함으로써, 그리고 과거를 연속되는 현재 둘레에 감쌈으로써 이러한 기대를 우리에게 부과한다. 이는 들뢰즈가 수동적 종합이라고 말하는 것에 일치한다. "수동적 종합은 우리의 삶의 습관을 구성한다. 즉 '이것'it이 계속되고 두 요소 중 하나가 다른 요소를 뒤따라올 것이라는, 또한 그럼으로써 우리의 경우가 영속하리라 확신

---

32) Deleuze, Difference and Repetition, p. 73. 〔수동적 종합은 먼저 감각이나 지각보다 한층 더 원초적인 유기체 자체의 종합(유기적 종합)에서 출발한다. 그도 그럴 것이 감각과 지각은 결국 유기체를 전제할 때 성립하기 때문이다. 들뢰즈가 엠페도클레스를 염두에 두고 말했듯이 우리는 이미 수축된(=수동적으로 종합된) 물, 흙, 빛, 공기이며, 유기체 안에는 수축, 파지retention, 기대attente=expectation의 시간(=수동적 종합)이 발생한다. 물론 유기체적 층위에서 파지의 과거는 '유전'의 형식으로, 기대의 미래는 '욕구' besoin=need의 형식으로 작동한다. 또한 이러한 유기적 종합은 자연스럽게 인간과 다른 유기체 간의 '연속성'을 함축한다(인간과 아메바의 연속성!).—옮긴이〕

33) 습관habitus은 긴장을 해소하여 (자극/흥분의 강도의) 평형상태에 도달하고자 하는 반복=수축=수동적 종합에 해당한다. 이를 통해 쾌락은 하나의 현상에 그치는 것이 아니라 (쾌락)원칙의 자리에 오르게 된다. 주의할 점은 들뢰즈는 프로이트와 달리 습관(반복)이 쾌락에 선행한다는 것, 즉 습관을 통해서 쾌락이 산출된다는 점을 강조하고 있다는 것이다.—옮긴이

34) 이에 관해서는 다음의 저작을 참조하라. David Hume, A Treatise of Human Nature, ed. E. C. Mossner, London: Penguin Books, 1984.

하는 우리의 기대를 구성하는 것이다."[35] 이것이 들뢰즈가 말하는 수축의 의미다.

경우들을 형성하는 습관은 위급성에 대한 감각을 만들어 내는데, 이는 '사물들이 달랐을 수도 있지 않을까?' 라는 현재의 물음으로부터 발생한다. 우연으로 인해 우리는 지체감을 경험한다. 우리는 기대가 충족될 때 쾌락을 느끼지만, 소통이 들어맞지 않았을 수도 있다는 가능성이 드러날 때 긴장의 시기를 겪기도 한다. 이런 식으로 우리 의식의 지속에 대한 경험은 신경체계에서 일어나는 소통의 수동적 수축〔종합〕으로부터 상승한다. 그러나 때로 기대가 매우 강해질 때 소통은 특별한 종류의 대상을 산출할 수 있는데, 그것이 바로 잠재적 대상이다. 이제 이 〔잠재적〕 대상들이 어떻게 출현하는지 살펴보자.

잠재적 대상들은 어떻게 우리의 지각에 영향을 미치는가?

독서를 할 때 우리는 소통의 힘으로 인해 예기치 않았던 말을 오독하게 될 수 있다. 우리가 어떤 패턴을 기대하기 때문에 우리는 예기치 않았던 것을 간과하고 환각을 통해 패턴을 부여하는 것이다. 그런 공통된 환각은 가령 우리가 잘 아는 방으로 들어설 때 일어난다. 이때 우리는 우리 주변의 사물들을 친숙한 배치로 조직화한다. 적어도 어떤 징후가 이런 지각에 강력하게 대치되기 전에는 그렇다. 이런 유형의 소통은 혼돈으로부터 질서를 산출해 내고, 지각을 습관적인 패턴에 들어맞도록 구조화한다. 프로이트는 이 과정을 신경학적으로 설명한다. 말

---

35) Deleuze, Difference and Repetition, p. 74.

하자면 엄청난 양의 에네르기가 봉쇄된 ψ 뉴런 안에 집적되면 긴장이 증대되고, 지각으로의 방출이 결여되어 있는 상태에서 이 긴장이 경로를 통해 분출되면 환각이 일어난다는 것이다.[36] 프로이트에 의하면 "위급성이나 소원의 사태가 다시 나타나면, 카섹시스[리비도 집중]는 두 기억 위를 지나가면서 그것들을 활성화시킬 것이다".[37] 이 과정 —— 프로이트가 '소망의 활성화' 또는 '1차 과정'이라 부르는 —— 은 환각을 발생시키고, 현실적 대상이 나타날 수 있기 전에 잠재적 대상을 활성화시킨다. 이러한 "ψ의 1차 과정들은 잠자는[꿈꾸는] 동안 매일 우리에게 나타난다"[38]고 프로이트는 말한다.[39] 그 과정들은 또한 깨어 있는 삶에서도 일어나는데, 이때 그것들은 기억된 것으로 지각된 것을 보충함으로써 현실을 채워 나간다. 예컨대 잘 아는 사람의 얼굴을 볼 때, 우리는 그 사람의 얼굴의 모든 세부적 특징들을 식별할 필요가 없다. 왜냐하면 그것은 이미 1차 과정에서 제공되어 있는 것이기 때문이다. 이는 우리가 종종 아는 사람이 나이가 드는 모습을 그것이 매우 분명해지기 전까지 눈치 채지 못하는 이유를 설명해 준다.

이런 낮과 밤의 상태들의 종합은 들뢰즈로 하여금 현실적 대상과 잠재적 대상의 이원성을 유지하도록 해준다. 그러나 잠재적 대상은 자기 자신을 현실 대상에 통합시키기보다는 "그 안에 박혀 있거나 꽂혀

---

36) 다시 말해 대상에 대한 기억이 소망이나 1차 과정의 활성화에 의해 영향을 받아 지각과 구분할 수 없는 환각을 불러일으킨다는 것이다.—옮긴이

37) Freud, Project for a Scientific Psychology, p. 319.

38) Ibid., p. 336.

39) 1차 과정들은 ψ의 발달 과정에서 억압되기 때문에 우리가 잠잘 때 ψ에 있는 내생적 부하가 감소되고, 이는 양(Q $\dot{\eta}$)의 방출로 이어져 이완된 상태에 머물 수 있는 것이다.—옮긴이

있지만, 잠재적 대상은 현실적 대상 안에서 자신을 보완할 반쪽을 발견하는 것이 아니라, 오히려 [잠재적 대상은] 현실 대상에 줄곧 결여되어 있는 나머지 잠재적 반쪽[의 존재]에 대해 증언한다".[40] 잠재적 대상은 보통 현실적 대상을 보완한다. 그런데 잠재적 대상이 현실적 대상을 대체한다면, 이때 환각이 튀어나오고 불가피한 실망이 따른다. "소망의 활성화가 지각과 동일한 것——이른바 환각——을 일으킨다. 거기서 만일 반사작용이 개입하면 반드시 실망이 일어나게 된다."[41] 마치 사막에서 길을 잃은 굶주린 사람이 신기루를 향해 손을 뻗듯이 그는 실망의 충격을 받게 될 것이다.

애벌레 자아들을 낳는 ↓ 뉴런들은 잠재적 대상이나 욕망된 대상들을 발생시킨다.[42] 들뢰즈는 묶기로부터 초래된 이 애벌레 주체들이 환각적 대상 속에서 만족을 구한다고 본다.[43] "비록 여기서 환각이 묶기의 사실성과 모순되는 것은 아니라 해도, 묶기에서 생기는 만족감은

---

40) Deleuze, Difference and Repetition, p. 101.[잠재적 대상은 현실적 대상에서 절취되고, 다시 현실 속에 합체된다. 이때 잠재적 대상은 자신이 잘려 나온 그대로 다시 붙는 것이 아니라 박혀 있거나 꽂혀 있는 상태로 회귀한다. 즉 잠재성(순수기억) 속에서 '전치'와 '위장'을 통해 차이생성하는 가운데 현실성과 상관적 관계를 만들어 가는 것이다. 이러한 잠재적 대상은 예컨대 멜라니 클라인의 '좋으면서 나쁜 대상', 위니코트의 '과도기 대상', 라캉의 '대상 a', 페티시즘 등과 같이 고유한 동일성을 결여하고 이분화된다. 즉 하나의 엄마가 좋은 엄마와 나쁜 엄마로 갈라져 각각 자신의 반쪽이 부재함을 통해서만 나머지 반쪽이 실존할 수 있는 그런 관계를 형성한다는 것이다.—옮긴이]

41) Freud, Project for a Scientific Psychology, p. 319.

42) 괄란디에 따르면, "각각의 수동적 종합은 보다 구조화된 통일성 안에서 자극을 경험하고 수축하며 통합할 수 있는 '애벌레 주체', '수동적 자아'를 구성한다"(Gualandi, Deleuze, p. 108).

43) 이때의 만족감은 나르키소스적 만족감이라 할 수 있다. 왜냐하면 자아는 대상들을 관조하면서 그 속에서 대상이 아닌 자아 자신의 이미지를 (환각적으로 투사하여) 보기 때문이다. 때문에 나르키소스적 자아가 대상을 통해 보는 것은 언제나 자기 자신일 뿐이다.—옮긴이

불가피하게 자아 자신의 '환각적' 만족감이다."[44] 이드에서 일어나는 이러한 묶기의 과정은 욕동들의 환각적 '목적'을 구성한다. 이 욕동들은 "묶인 흥분들 이외에 아무것도 아니다".[45] 묶인 흥분의 이 수동적 종합 안에서 욕망된 대상들은 등가적인 현실 대상을 찾기 위해 능동적 종합을 강요하거나 혹은 추동한다. 다음으로 이 욕동의 기원을 찾아볼 것이다.

본능은 어떻게 내생적 흥분으로부터 발생하는가?

프로이트는 내생적 흥분으로부터 발생하는 본능들이 "신체의 세포에서 태어나는 것으로 배고픔, 호흡, 성욕 등과 같은 커다란 욕구들을 일으킨다"[46]고 본다. 그러나 이러한 내부적 자극으로부터 "유기체는 철수할 수 없다. 마치 내부적 자극이 외부적 자극으로부터 그랬던 것처럼 말이다". 프로이트에 의하면, "그 자극이 멈추는 것은 오직 특수한 조건[47]에 종속되었을 때뿐이다".[48] 유기체는 자신의 내부적 상태를 변화시키기 위해 행위를 취해야 한다. 우리의 본능들은 흥분과 행위 사이의 이러한 흐름 속에서 출현한다.

---

44) Deleuze, Difference and Repetition, p. 97.
45) Ibid., p. 97.〔들뢰즈는 '욕동' Trieb을 묶인 자극/흥분으로 본다. 또한 이드에서 각각의 묶기가 일어나는 층위마다 하나의 애벌레 자아들이 수축되며 이러한 국소적 자아들을 통해 살아 있는 현재의 시간이 구성되는 것으로 본다.─옮긴이〕
46) Freud, Project for a Scientific Psychology, p. 297.〔신체는 점점 복잡화되면서 신체 자체로부터 오는 내생적 자극을 받게 된다. 신체는 외부적 자극에서 벗어날 수 있지만, 내생적 자극에서는 벗어날 수 없다. 다시 말해 내생적 자극을 피하기 위해 그 양(Q)을 조절할 수 없는 것이다. 이에 대해 뉴런 체계는 지속적으로 자극/흥분이=0에 상응하는 평형상태에 이르고자 한다. 내생적 자극은 이후에 욕동Trieb 개념으로 발전하게 된다.─옮긴이〕
47) 이를테면 음식에 대한 욕구가 그에 해당한다.─옮긴이
48) Ibid., p. 297.

외부적 자극이 우리가 대상에 접근할 때 동요하는 반면, 내부적 자극은 일정하게 유지된다. 다시 말해 우리는 불에서 달아나듯이 본능으로부터 달아날 수 없다. 이는 프로이트에게 한 가지 문제를 제기한다. 즉 흥분의 내부적 원천이 일정하게 유지된다면, 그것은 어째서 배고픔, 정욕, 혹은 불안의 순간에만 모습을 드러내는 것일까? 이 물음에 답하기 위해 그는 문턱threshold 개념에 호소한다. "그것〔내생적 자극〕의 심리적 효과의 간헐적 특성은, 그것이 ↓로 가는 전도로에서 저항에 부딪히며, 그 저항은 양의 증가가 있을 때에만 극복하게 된다는 관점을 필요로 한다."[49] 세포에서의 흥분이 일정하게 남아 있다면, 배고픔과 같은 욕구는 이 흥분이 문턱을 넘을 때 비로소 의식에 들어오게 된다.

프로이트는 이 생물학적 문턱의 개념을 구스타프 테오도어 페히너에게서 가져온다. 페히너는, 물리적 자극의 힘은 의식의 감각이 산술적으로 증가함에 따라 함께 증가한다는 법칙을 제안했다.[50] 물리적 강도는 그것이 문턱을 넘을 때까지 지각 불가능한 것으로 남아 있기 때문에 의식의 감각과 다르다. 즉 강도가 구분되고 가분적可分的인 양을 보유하는 반면에, 감각은 구별 불가능하고 통합된 질을 가지고 있는 것이다. 양화된 강도로부터 질화된 감각으로의 이행은 '복합'complication[51]이라 불린다. 프로이트는 페히너의 법칙을 인용하여 설명할 때 이 용어를 사용한다. "따라서 φ〔투과성 뉴런의 체계〕속의 양

---

49) Freud, Project for a Scientific Psychology, p. 316.
50) 다음의 저작을 참조하라. Gustav Fechner, Elements of Psychophysics, trans. H. E. Adler, London: Holt, Rinehart and Winston, Inc., 1966.

은 ψ[비투과성 뉴런의 체계] 속의 복합으로 표현된다. 이런 식으로 양 (Q)은 적어도 특정한 한계 내에서, ψ로부터 멀어져 간다. 그 모든 것은 그런 식으로 국소화되는 페히너의 법칙을 생각나게 한다."[52] 신경 체계 내에서 복합은 감각을 종합한다. 즉 비투과성의 뉴런들 속에서 충동들은 자신들의 양적 구별성을 유지하지만, 소통의 여과장치를 거치면서 이 충동들은 의식으로 인해 왜곡되는 것이다. 일찍이 페히너 이전에 라이프니츠가 이미 이런 원리를 발견했다. 그는 그것을 파도의 예를 통해 설명한다.

> 내가 해안을 따라 걸으며 바다가 만드는 거대한 소음을 들을 때, 나는 총체적인 소리를 이루는 각각의 파도의 분리된 소리들을 듣지만 그것들 각각을 식별하지 못한다. 그와 같이 우리의 혼란스러운 지각들은 세계 전체가 우리에게 주는 인상들의 결과다.[53]

페히너의 법칙을 따르는 이러한 현상은 파도의 소리들을 백색 소음 속으로 압축한다. 각각의 파도 소리는 그 자체로 구분되는 것이지만, 귀의 여과장치를 거칠 때 그것은 왜곡된다. 또한 비록 이러한 무의식적인 요소들이 변별적인 것으로 남아 있음에도 의식은 단지 그것들의 가중加重을 지각할 뿐이다. 들뢰즈는 라이프니츠라는 렌즈를 통해

---

51) 이것이 들뢰즈에게는 모든 주름이 동시적으로 공존하는 혼돈의 국면을 가리키는 '온-주름운동'이 된다.—옮긴이

52) Freud, Project for a Scientific Psychology, p. 315.

53) 다음의 저작을 참조하라. G. W. Leibniz, Philosophical Writings, trans. M. Morris and G. H. R. Parkinson, ed. G. H. R. Parkinson, London: Everyman, 1995, p. 201.

프로이트를 읽는다.[54] 그에 따르면, 프로이트는 "라이프니츠의 추종자인 페히너를 존경한다".[55] 들뢰즈는 모나드의 빈위들을 무의식적인 것과 결합하여 잡종을 창조해 낸다.

정교한 유형의 종합인 가중은 신체의 모든 세포로부터 분출되는 모든 박동을 끌어 모은다. 흥분은 ψ 뉴런의 모든 경로들을 범람하며 그것이 접촉 장벽들 중 하나에 스며들어 배출될 때까지 신경체계 안에 집적된다. 프로이트에 의하면, 이 지점에서 "전도로는 투과 가능하게 된다".[56] 마치 풍선이 터지듯 에네르기는 가장 투과적인 경로를 따라 흐르고 부분대상을 촉발시킨다. 이때 유기체의 모든 충동들을 구체화하는 기억 이미지가 출현한다. 그러므로 "부분대상들은 미세지각들의 요소"[57]라고 들뢰즈는 말한다.[58] 부분대상은 본능적 에네르기의 총계를 구현한다. 즉 기억의 경로가 투과적인 것이 될 때 본능적 에네르기는 이 대상에 투여[집중]되는 것이다.

흥분의 가중과 그것이 하나의 이미지에로 투여되는 것은 유기체에 하나의 목적, 본능, 혹은 욕동을 제공한다. 프로이트는 이러한 내부

---

54) 여기서 들뢰즈는 부분대상들을 미세지각들의 요소들로, 말하자면 무의식을 미세지각들로 이루어진 미분적 세계로 보고 있다.—옮긴이

55) Deleuze, Difference and Repetition, p. 108.〔들뢰즈는 이 대목에서 무의식을 대립적인 방식(대립적 무의식)으로 파악하는 프로이트를 헤겔적 성격을 띠고 있는 후기 칸트주의자로 분류하고 있는데, 그런 그가 어째서 라이프니츠의 추종자인 페히너를 존경하고 그가 징후학자로서 보여 준 변별력에 경의를 표하는지를 의문에 부치면서 라이프니츠와 프로이트를 접속시키고 있다.—옮긴이〕

56) Freud, Project for a Scientific Psychology, p. 316.

57) Deleuze, Difference and Repetition, p. 108.

58) 이 점에서 미분적이고 미세지각들로 이루어져 있는 무의식은 의식과 본성상의 차이를 갖는 것으로 보고 있다. 주의할 것은 본래 정신분석학의 불연속의 사유를 들뢰즈가 라이프니츠 등을 동원하여 연속적 사유로 비틀고 있다는 점이다.—옮긴이

적 충동〔Antrieb〕이 심리psyche를 활동하게 한다고 본다. "그 체계 내에서 모든 심리적 활동을 유지하는 충동이 일어난다. 우리는 이 힘을──본능〔Trieb〕의 파생물인──의지로 알고 있다."[59] 이 '의지'는 신경의 종합에서 비롯한다. 이를 설명하기 위해 유아의 예를 생각해 보자. 유아의 신체가 뇌로 신호를 보내면 그것은 가중을 거쳐 가슴의 기억 이미지에 투여된다. 배고픔의 감각은 이 부분대상과 연합하게 되고, 유아는 젖-빨기에 대한 본능을 경험한다. 이 본능은 유아가 흥분의 수위를 낮추고 기억의 경로를 비우는 특수한 행위를 수행할 때까지 심리를 사로잡을 것이다. 프로이트는 이러한 자극의 감소가 본능의 목적을 이룬다고 본다.

> 자극의 제거는 오로지 신체 내부에서 양(Qή)의 방출을 당분간 멈추게 하는 개입을 통해서만 가능하다. 그리고 이러한 개입은 외부 세계에서의 어떤 변화를 요청한다(양분의 공급, 성적 대상의 접근). 그것은 특수한 행위로서, 오직 제한된 수단을 통해서만 일어날 수 있다.[60]

이러한 특수 행위에 대한 충동은 자기-보존 및 삶 욕동에의 욕동들로 기능한다. 위에 인용한 구절에서 우리는 삶 욕동이 어떻게 활동하는지 알 수 있다. 유기체는 그것이 필요로 하는 요소들을 통합하여 가중의 과정을 통해 종합한다.

---

59) Freud, Project for a Scientific Psychology, p. 317.
60) Ibid., pp. 317~318.

때로 가중은 삶 욕동보다는 죽음욕동을 선호한다. 흥분은 가장 투과 가능한 경로를 찾지만, '가장 투과 가능한' 경로가 고통스러운 기억 이미지를 활성화시킨다면 어떻게 될까? 결국 가장 강한 인상들이 가장 강한 흔적들을 남기게 마련이고, 프로이트는 고통을 "모든 과정 중에서 가장 강제적"[61]이라고 기술한다.[62] 고통은 뉴런들을 쾌락보다 더 강제적으로 투과함으로써 신경체계를 움직이게 한다. 고통은 내부적이고 외부적인 두 가지 원천을 가진다. 여기서 외부적 흥분은 ψ 뉴런의 과도한 흥분을 막는 방패막이를 가지고 있지만 내부적 고통, 즉 정서적 고통은 이러한 메커니즘을 가지고 있지 않다. 프로이트가 외상 trauma에 대해 이야기할 때, 그는 통상 그것을 과도한 성적 흥분에 연관 지으며, 심지어 전쟁의 외상에조차도 성적 공명이 투여된다. 내부로부터 솟아오르는 외상은 외부적 사건보다는 리비도의 사건들로부터 비롯한다. 삶 욕동이 하나의 이미지에 투여되고 그것에 작용하는 것과 마찬가지로 죽음욕동도 그러하다. 삶 욕동처럼 죽음욕동도 프로이트가 '반복강박'이라고 부르는 특수한 행위를 부추긴다. 이러한 강박은 동일한 행위의 회귀를 강제하면서 내부적 흥분을 배출시킨다.

만일 고통스러운 소통이 보다 큰 힘을 가진다면 어째서 우리의 모든 본능은 죽음욕동이 되지 않는 것일까? 프로이트의 억압 이론은 이 물음에 대한 답을 시도한다. 프로이트는 억압의 기본적인 기능을 다음

---

61) Freud, Project for a Scientific Psychology, p. 307.
62) 고통이란 외부적인 양(Q)의 유입에 따른 양적 긴장(Q ἡ)의 증가에 다름 아니다. 즉 과도한 양이 ψ에 강제적으로 침입하여 자극/흥분이 지나치게 증대되면서 고통으로 전화되는 것이다.—옮긴이

과 같이 요약한다. "고통의 체험은 혐오, 적대적인 기억 이미지에 대한 투여를 싫어하는 경향으로 이어진다."[63] 혐오는 억압이다. 이 억압은 고통스러운 경로들이 그 흥분을 격감시킬 때 일어난다. 다음 절에서는 자아가 이 억압을 어떻게 야기하는지 살펴볼 것이다.

2. 자아의 에네르기학

자아의 출현과 더불어 심리 안에서는 심층적인 변화가 일어난다. 말하자면 실체적인 것으로서 작용하는 하나의 대상이 이드의 모든 부분 욕동들을 한데 끌어 모으면서 출현한다. 이러한 새로운 발생은 자아가 그 대상들의 현실을 검증하도록 허용한다.[64] 이는 능동적 종합을 구성한다. 그러나 현실-자아의 이 새로운 능동적 확장과 함께 수동적 종합은 쾌락-자아 안에서 심화된다.[65] 들뢰즈에게 이러한 발생은 칸트의 감성론과 분석론 사이의 구분과 유사하다. 새로운 감성론은 현실 검증에 속하지만, 동시에 개념들의 비-표상적이고 무의식적인 분석론이

---

63) Ibid., p. 322.

64) 현실 검증Realitätsprüfung이란 자아로 하여금 내부의 자극과 외부의 자극, 즉 상상작용과 지각을 구분하게 하는 과정을 말한다. 즉 어떤 것이 현실인지 아닌지를 구분하는 문제와 관련되는 것이다. 물론 심리장치는 지각을 통해 외부의 대상을 인식하고 그것을 현실로서 받아들이지만, 기억의 작용이 강할 경우 환상이 발생하면서 현실과 가상을 구분하지 못하게 되는 상황이 발생하기 때문이다.—옮긴이

65) 쾌락-자아Lust-Ich와 현실-자아Real-Ich는 각각 쾌락원칙과 현실원칙에 상응하는 자아 개념이다. 프로이트가 두 원칙이 있음에도 굳이 이 개념을 제시한 까닭은 자아 욕동의 발달을 보여 주기 위한 일환이었다. 즉 자아의 욕동은 처음에 쾌락원칙에 따라 활동하지만, 점차 현실원칙을 따른다는 것이다. 그런데 프로이트의 쾌락원칙이 들뢰즈의 수동적 종합에 상응하고 현실원칙은 능동적 종합에 상응한다는 점을 고려할 때, 현실-자아와 능동적 종합, 쾌락-자아와 수동적 종합의 연결 또한 이러한 맥락에서 이해될 수 있다.—옮긴이

순수과거[66]의 형식으로 출현한다. 이러한 분열과 함께 자아는 꿈과 현실을 구별 가능하도록 해주는 판단이나 지향성의 힘을 획득한다. 자아는 이러한 두 가지 상태〔꿈과 현실〕 사이에 사로잡히게 되고, 부단히 서로의 안으로 접혀 들어가는 자신을 발견하게 된다. 꿈과 현실 사이에서 자아가 사물을 파악하고자 할 때, 자아는 자기 자신을 통과하는 압축된 이미지들의 흐름을 전개한다.

들뢰즈는 시간의 두번째 종합과 관련된 네 가지 중요한 문제들과 씨름하고 있다. 첫째로 그는 현실 검증이 어떻게 프로이트의 초험적 대상인 '사물'과 직접적으로 관련되는지를 증명하고 있다. 이를 통해 그는 현실 검증을 그것과 연관된 자기-부정의 의미로부터 해방시킨다. 대신 그는 현실 검증에 능동적 종합이라는 적극적인 기능을 부여한다. 둘째로 그는 지향성이 어떻게 주체가 아닌 본능, 신경 피드백, 부정으로부터 나타나는지를 증명한다. 에로스와 죽음욕동은 우리의 대상-관계들을 창조하는 데 필수적인 역할을 수행한다. 셋째로 그는 칸트의 개념들을 무의식적 환상들로 변환시킨다. 이러한 환상들 안에서 과거의 초험적 형식이 시간의 두번째 종합에 생명력을 불어넣으며 출현한다. 마지막으로 그는 다루기 까다롭고 모호한 칸트의 도식들을 복합〔온-주름운동〕과 펼침〔밖-주름운동〕, 혹은 계열들 사이의 수렴과 발산이라는 동적 과정으로 대체해 버린다. 수렴과 복합의 과정에서 시

---

66) 순수과거는 베르그손의 『물질과 기억』에 등장하는 첫번째 역원뿔 도식에서의 밑면 AB, 두번째 역원뿔 도식에서의 역원뿔 전체에 해당하는 순수기억을 의미한다. 두번째 역원뿔 도식의 경우, A′B′, A″B″…… 등의 단면은 순수과거 AB가 현재의 행위(S)와 관련해 수축된 순수과거의 상이한 정도들을 나타낸다(AB로 갈수록 팽창되고 S로 갈수록 수축).—옮긴이

간의 두번째 종합은 과거의 환상들을 낳는다. 또한 발산과 펼침의 과정에서 시간의 세번째 종합이 시작된다. 이번 절에서는 시간의 두번째 종합에 대한 문제들을 밝힐 것이다.

자아는 어떻게 2차 과정을 가능하게 하는가?

프로이트가 '측면-카섹시스'라고 부르는 자아는 의식과 구분되어 있다. 이와 같이 구분된 까닭은 자아가 에네르기의 흐름을 방해할 수 있고 1차 과정의 극도로 연합된 상태를 억제할 수 있는 한 다발의 뉴런들로 이루어져 있기 때문이다. 따라서 자아는 고통스러운 이미지들의 외상적 반복을 예방하게 된다. 풀려난 에네르기는 가장 투과 가능한 경로들을 따르고 이러한 경로들은 가장 큰 고통을 유발하기 때문에, 에네르기는 외상적인 이미지들을 피하기 위해 장애물을 창조함으로써 그것들을 우회해야만 한다. 이때 이 장애물은 a와 b로 상징되는 두 개의 뉴런들 사이에 프로이트가 α로 상징한 장애물이다.

> a는 적대적인 나쁜 기억 이미지이고, b는 불쾌감에 대한 열쇠 뉴런이라고 가정하자. 이때 a가 나타나면 우선 불쾌감이 일어날 것이다. 만일 그것이 총계에 이르기까지 방출된다면, 아마 이 불쾌감은 없을 것이다. α에 대한 억제작용과 더불어 불쾌감의 방출은 매우 경미해지고 뉴런체계는 별다른 손해 없이 양(Q)의 발생 및 방출을 면하게 될 것이다.[67]

여기서 프로이트는 억압을 경제학적 용어로 기술하고 있다. 다시 말해 그는 여기서 재생되지 않은 하나의 다이어그램을 그려서 a와 b 사이에 개입하는 대안적 경로가 어떻게 한 지점에서 다른 지점으로 흐르는 에네르기를 '철회할' 것인지를 설명한다.[68]

측면-카섹시스는 마치 에네르기를 저장하는 트랜지스터나 배터리, 트랩 에네르기와 같은 뉴런들의 순환으로부터 에네르기를 철회시킨다. 다시 말해 측면-카섹시스는 1차 과정에서 사용해 왔던 에네르기를 전환하고, "2차 기능에 요구되는 〔양의〕 저장수단"으로 작용하는 "뉴런군"을 만든다.[69] 자아는 이러한 저장을 유지하면서 2차적인 기능에 종사한다. "그것〔뉴런계〕은 특수한 행위의 요구를 부합시키기에 충분한 저장량 $Q\acute\eta$을 유지시켜야 한다."[70] 이러한 저장은 '현실적' 행위들을 수행하기 위해 신경체계가 근육체계로 신호들을 보낼 수 있도록 한다. 프로이트는 현실 세계를 향한 본능적 목적들의 전향을 일컬어 '2차 과정'이라고 부른다. 1차 과정과 2차 과정은 신경체계 내에서 출현한다. 이때 자아는 2차 과정에 유리하도록 1차 과정을 억제한다. "자아가 존재한다면, 그것은 틀림없이 심리적인 1차 과정을 억제한다."[71] 자아는 잠재적 대상들을 억제하여 현실 대상들을 산출한다. 자아가 비록 의식은 아니지만, 그것〔자아〕은 다음에서 살펴볼 현실 검증을 통해 의식을 가능케 한다.

---

67) Freud, Project for a Scientific Psychology, p. 324.
68) 이 다이어그램은 Ibid., p. 324에 있다.
69) Ibid., p. 323.
70) Ibid., p. 297.
71) Ibid., p. 324.

현실 검증이란 무엇인가?

『차이와 반복』에서 들뢰즈는 현실 검증에 대한 프로이트의 정의에 대해 네 가지로 논박한 후, 자신이 직접 적극적인 정의를 제시하고 있다.

첫째로 들뢰즈는 현실 검증이 외부 세계로부터 비롯하지 않는다고 말한다. "현실의 정립을 외부 세계에 의해 연역된 어떤 효과로 보는 것은 완전히 잘못된 것이다."[72] 동일성을 결여하고 있는 현실 대상들은 외부 세계에 대한 지각을 산출하지 않는다. 다시 말해 세계의 안정적인 동일성을 가정하기 위해서는 외부 세계가 다량의 에네르기들로만 이루어진다는 과학적 의견을 무시해야만 한다. 어떤 심리학자들은 유아의 첫번째 전체대상에 해당하는 어머니가 하나의 동일성을 가지고 있다고 본다. 말하자면 이들은 그녀의 현실이 그녀 자신의 신체에서 비롯한다고 가정하는 것이다. 만일 그와 같은 경우라면 현실 검증은 아무것도 할 수 없을 것이다. 즉 현실 검증은 이러한 현실을 창조하기보다는 단지 발견하는 것일 테니 말이다.

둘째로 들뢰즈는 현실의 정립이 "수동적 종합이 직면한 실패의 결과"[73]로서 일어나는 것이 아니라고 말한다. 프로이트에 따르면, 1차 과정은 유기체의 욕구에 반응하여 환각을 낳는다. 또한 이 환각들이 유기체적 욕구를 만족시키는 데 실패하면 "반드시 실망이 일어나게 된다".[74] 가령 내가 샌드위치를 먹는 꿈을 꿀 때 아무리 먹어도 나의 배고픔을 만족시킬 수 없다면, 나는 그것을 하나의 꿈으로 인식할 것이

---

72) Deleuze, Difference and Repetition, p. 230.
73) Ibid., p. 98.
74) Freud, Project for a Scientific Psychology, p. 319.

다. 또한 잠에서 깨어나서 현실의 샌드위치를 먹을 것이다. 하지만 이것이 마치 강력한 논증인 것처럼 보여도 생물학적 욕구는 대상의 현실을 전적으로 설명해 줄 수 없다. 1차 과정의 실패는 특수한 활동에의 욕구를 촉진하지만 사물에 현실성을 부여하지는 못하기 때문이다.

셋째로 들뢰즈는 현실 검증이 '부정적 판단'의 형식[75]을 취하지 않는다고 말한다.[76] 프로이트는 이러한 [부정적] 판단의 유형에 대해 다음과 같이 언급하고 있다. "그것은 어떤 특정한 속성의 사물에 의한 소유를 긍정하거나 부정한다."[77] 따라서 판단은 단지 사물의 속성들에만 적용될 뿐이다. 하지만 이와 달리 현실 검증은 실체적인 것에 역점을 둔다.[78]

넷째로 들뢰즈는 "현실원칙이 쾌락원칙과 대립하고 쾌락원칙을 제한하며 쾌락원칙에 포기를 강요한다고 가정하는 것도 잘못된 것이다"[79]라고 말한다.[80] 현실원칙은 쾌락을 지연시킬 뿐이다. 앞에서 예로든 샌드위치 꿈에서, 우리는 특수한 행위가 받아들여질 수 있을 때까지

---

75) 이를테면 "이것은 ~가 아니다"의 부정적 형식을 말한다. 다시 말해 현실 검증은 능동적이고 현동적인 형식을 취한다는 것이다.—옮긴이
76) Deleuze, Difference and Repetition, p. 98.
77) Freud, On Metapsychology: The Theory of Psychoanalysis, p. 439.
78) 여기서 '실체적인 것'은 대상을 의미한다. 즉 현실 검증은 실체적인 것(대상)을 향하고, 이러한 이행을 통해서 능동성을 강화하게 된다. 이는 라캉의 거울단계 이론이 잘 보여 주고 있다. 라캉에게 주체는 자기 안에서 즉자적으로 성립하는 것이 아니라 바깥의 타자와의 변증법적 관계를 통해 구성된다. 즉 거울에 상응하는 엄마나 다른 타자와의 관계에서 유아는 조각난 몸의 환상을 극복하고 하나의 동일성을 획득하게 된다. 이것은 예컨대 유아가 누워 있는 방의 천장에 모빌을 묶어 놓았을 때의 상황과 유사하다. 즉 모빌이라는 대상을 응시하는 유아는 모빌(혹은 부모)의 통일성을 거쳐 자기 자신의 통일성을 확보하게 되기 때문이다.—옮긴이
79) Deleuze, Difference and Repetition, p. 98.

쾌락이 포기되는 것이 아니라 지연된다는 점을 살펴보았다. 1차 과정에서 쾌락은 직접적으로 나타나며, 2차 과정에서 쾌락은 지연된다. 현실원칙은 쾌락원칙을 포기하는 대신에 그것을 확장한다. 들뢰즈에 따르면, "당장의 쾌락을 포기하는 것은 쾌락의 관념이 전제하는 원칙의 역할 안에, 즉 쾌락의 관념이 과거와 미래와의 관계에서 전제하는 역할 안에 이미 함축되어 있다".[81] 이 〔현실〕원칙은 쾌락을 미래로 투사하고 쾌락을 연기하며, 따라서 쾌락이 자기 자신을 부분적이고 파편적인 방식이 아닌 체계적이거나 전체적인 방식으로 해소할 수 있도록 해준다.

이는 현실 검증에 대한 적극적인 정의로 이끈다. "현실 검증은 …… 묶기를 넘어서서 연결의 지지대로서 종사하는 어떤 '실체적인 것'을 향한 자아의 모든 능동성을 추동하고 고취한다."[82] 자아는 속성들을 종합하는 실체적 대상에 초점을 맞춘다. 현실 검증은 특수한 활동이 일어났음을 징후로 나타낸다. 즉 이러한 징후는 지각된 대상으로부터 발생하지 않는다.[83] 이에 대해 프로이트는 그것을 방출discharge이라고 부른다. "그러므로 ω로부터 오는 방출의 정보는 Ψ에게는 질이나 현실 징후

---

80) 가령 쾌락원칙을 만족시키는 어떤 것을 포기하는 행위 역시 쾌락원칙 전체를 상실하지 않기 위해 시간의 지연을 도입하는 것에 지나지 않는다는 말이다. 따라서 현실원칙을 따르는 행위도 결국엔 쾌락원칙에 의한 것이다. 그래서 쾌락원칙이 수동적 종합에 해당된다면, 현실원칙은 능동적 종합에 해당된다고 할 수 있다. "현실원칙은 선행하는 수동적 종합 위에 정초하는 한에서 어떤 능동적 종합을 규정하고 있는 것이다."(Ibid., p. 99)—옮긴이

81) Ibid., pp. 98~99.

82) Ibid., p. 98.

83) 외부적 대상을 지각하면서 W(지각) 속에서는 흥분이 일어나지만 Ψ(비투과성 뉴런의 체계)에는 아무런 의미도 없다. 때문에 ω(지각 뉴런의 체계)에서 일어나는 흥분은 그 자체의 방출로 끝나고, 그에 대한 정보만이 Ψ에 전달된다. 따라서 Ψ에 전달된 방출정보가 Ψ에게는 질이나 현실 징후로 인식되는 것이다.—옮긴이

가 된다."[84] 여기서 프로이트는 의식에 반응적인 뉴런들을 가리키기 위해 상징 ψ를 사용한다. 실체적인 대상은 이러한 뉴런들이 수용하고 사라지고, 따라서 모든 수렴하는 인식능력들로부터 자극을 허용할 때 발생한다. 들뢰즈는 바로 이러한 수렴 때문에 우리가 어떤 대상을 재인할 수 있는 것이라고 본다. "하지만 어떤 대상이 재인되는 것은 하나의 인식능력이 그 대상을 또 다른 인식능력의 대상과 동일한 것으로 규정할 때이다."[85] 이러한 방출의 징후가 각각의 인식능력으로부터 비롯하기 전에 대상은 통일성을 가질 수 없다. 다음의 예를 생각해 보자. 내가 하나의 사과를 볼 때, 나는 그 사과를 움켜쥐고 먹고자 할 것이다. 하지만 내가 그 [사과의] 이미지를 만질 때 내 손은 어떠한 압력의 징후도 경험할 수 없으며, 따라서 현실의 징후도 없는 것이다. 대상은 환각이다. 그러나 내가 하나의 사과를 느끼고 맛을 보고, 그리고 유기체가 배고픔에 대한 만족을 등록한다면, 이때 그 대상은 현실적인 것처럼 보일 것이다. 요컨대 마치 사물의 본성과 같이 보이는 대상은 신경-피드백을 통해 출현한다. 또한 신경-피드백이 하나의 일관된 패턴을 따를 때, 우리는 하나의 통일성을 재인할 수 있다. 때문에 우리가 대상에 투사하는 것처럼 보이는 '지향성'은 심리 자체 안에 머물러 있다. 말하자면 대상과 자아 모두 방출의 징후를 통해 자기 자신을 현시하는 것이다. 이러한 자아와 대상의 두 통일성은 신경의 종합으로부터 출현한다. 그러나 이러한 통일성에 앞서 '사물'이 이들의 구조를 산출한다. 다음으로 우리는 이 구조를 살펴볼 것이다.

---

84) Freud, Project for a Scientific Psychology, p. 325.

프로이트의 '사물'은 무엇을 하는가?

프로이트는 '사물'이라는 이 용어를 공감 반응의 구조를 기술하기 위해 사용한다. 다음의 인용문에서 프로이트는 사물을 동료 인간의 구성 요소와 같은 어떤 속성에 대립하는 것으로 묘사하고 있다.

> 하나는 그것의 일정한 구조에 의해 인상을 만들면서 마치 사물과 같이 함께 머물러 있고, 반면에 다른 하나는 기억의 활동──즉 주체 자신의 신체로부터 정보에로 소급되어 추적될 수 있는──에 의해 이해될 수 있다.[86]

이 인용문에서 사물의 실체적 구조는 속성이나 기억할 만한 질들을 가지고 있지 않다. 가령 '비명'screaming의 속성은 자신이 비명을 지른 기억을 통해 타인에게 나타나게 한다.[87] 공감-가치sympathy-value에서 비롯하는 이러한 속성들은 자신들에게 하나의 위치locus를 제공하는, 마치 대상의 본성과 같은 사물을 설명하는 데 실패한다. 우리의 지각을 구조화하는 사물 자체가 무의식적인 상태로 남아 있기 때문에, 그것[사물]은 칸트의 대상=x와 같이 의식에 대해 '초험적' 관계를 가진다.

칸트의 초험적 철학은 대상=x의 초험적 특성들을 인칭에 종속시

---

85) Deleuze, Difference and Repetition, p. 133.
86) Freud, Project for a Scientific Psychology, p. 331.
87) "대상의 다른 지각도──가령 만일 그가 비명을 지른다면──그 사람(주체) 자신의 비명에 대한 기억과 동시에 그 자신의 고통에 대한 체험들까지 일깨울 것이다."(Ibid., p. 331).

킴으로써 대상=x의 본성을 배반한다. 들뢰즈에 따르면, 칸트의 초험적 철학은 "개체의 무한한 분석적 존재보다는 **인칭**이라는 유한한 종합적 형식을 선택한다".[88] 이를 수정하기 위해 들뢰즈는 프로이트를 활용하는데, 프로이트는 의식이나 판단이 부정negation을 통해 작동한다고 보고 있다. 즉 판단은 "어떤 사물이 어떤 특정한 속성을 소유했는지를 긍정하거나 부정한다".[89] 이 사물은 판단의 여과장치를 통과하기 전에 들뢰즈에게 사물의 무한한 분석을 부활시키도록 허용하는 어떤 총체적 실재를 가지고 있다. 들뢰즈에 의하면, 칸트의 가능성의 총체라는 개념은 개체적 **존재**라는 시원적인 개념을 정초했다. "칸트는 모든 가능성의 총체라는 관념이 어떻게 '시원적인' 술어들을 거의 모두 배제하고 이런 식으로 한 개체적 **존재**로서 완전하게 규정되는 개념을 구성하는지를 보여 준다."[90] 시원적인 사물이나 대상=x는 발산하고 모순적인 속성들을 가지고 있기 때문에 의식은 그것을 식별할 수가 없다. 이를테면 그것은 마치 무지개의 모든 색깔을 머금고 있는 순수한 빛과 같이 결코 구분될 수 없는 것이다. 지각의 내용에 관한 이 낯선 명제들은 칸트의 첫번째 **비판**[순수이성 비판]에서 직접적으로 비롯한다.

그러나 모든 실재성을 소유한 것의 개념은 바로 완전하게 정의된 물자체物自體의 개념뿐이다. 그리고 모든 가능한 [짝들의] 모순적인 술어들 가운데 하나의 술어, 이른바 절대적으로 존재자에 속하는 것은 자

---

88) Deleuze, The Logic of Sense, p. 106.
89) Freud, On Metapsychology: The Theory of Psychoanalysis, p. 439.
90) Deleuze, The Logic of Sense, p. 345.

신의 정의 속에서 세워진다. 즉 진정한 실재ens realissmum의 개념은 개체적 존재의 개념인 것이다. 그러므로 필히 실존하는 모든 것에 속하는 것은 기초로서 종사하는 초험적 이상이다.[91]

부정 이전의 상태에 해당하는 이 완전한 규정은 술어들의 부정에서 일어나는 경험적 규정과는 다르다. 지각의 초험적 정초는 우리가 지각하는 '속성들'과는 구분되어 있다. 따라서 들뢰즈가 '대상=x'라는 용어를 사용할 때, 그는 초험적 관념을 가리키는 것이다.

우리는 칸트처럼 초험적인 것을 통각apperception의 통일성으로 환원하지 않고 초험적 사물과 그것의 경험적 대응자 사이의 구분을 유지해야만 한다. 칸트가 초험적인 것을 '나'라는 인칭적 형식과 유사하게 만든 것과 달리, 들뢰즈는 초험적인 것의 이러한 함정을 피하고 있다. 들뢰즈는 이를 초험적 철학의 중대한 오류라고 말한다. "초험적인 것을 의식으로 규정하려는 모든 시도들의 오류는 초험적인 것을 정초할 이미지로, 또한 그것과의 유사성으로 간주하는 데 있다."[92] 이러한 이유로 그는 통각의 통일성을 제거하기 위해, 또한 그 통일성의 장소에서 이성에 대한 칸트의 **이념**을 사용하기 위해 칸트의 초험적 조건을 수정한다. 칸트 자신은 이성이 사유의 대상들을 통일한다고 주장한다.

따라서 이성은 독자적으로 오성에 종사한다. 오성이 가능한 경험의

---

91) Kant, Critique of Pure Reason, pp. 490~491.
92) Deleuze, The Logic of Sense, p. 105.

근거를 포함하는 한에서가 아니라 …… 오성에게 스스로 아무 개념도 갖지 않는 어떤 특정한 통일성을 향해 자신의 방향을 규정하기 위해서, 그리고 오성의 모든 활동들을 통일하기 위한 방식으로, 모든 대상의 측면에서, 절대적 전체 속으로 말이다.[93]

그러나 칸트는 이 절대적인 전체가 '유한한 개체들'을 떠나기 때문에 **존재**를 완전하게 규정하려는 신학적 요구들을 갖는다고 본다. 들뢰즈에 따르면, 이 신학적 요구는 "제한된 실재들만을 표현하는 파생된 술어들을 수용하는 과업"[94]이다. 들뢰즈는 이러한 과도한 신학적 해석을 제거하기 위해 무한한 오성이라는 신학적 이상을 무의식으로 변환시킨다. "사유 안의 사유 불가능자, 순수사유의 무의식은 지식의 이상에 종사하는 무한한 오성 속에서 실현되어야 한다."[95] 이 무한한 오성에서 무의식으로의 전치는 프로이트의 독해에 의해 추동된 것으로 보인다.[96] 복합의 한 유형에 해당하는 1차 과정의 개념은 가능한 술어들의 총계를 취하여 그것들을 무의식에 전달한다.

프로이트와 칸트의 추론이 비슷하게 보이지만 그것들은 상이한 층위에서 작동하고 있다. 왜냐하면 칸트의 관념이 이성의 관념인 데 반해, 프로이트의 1차 과정은 무의식의 에네르기적 모델로 남아 있기

---

93) Kant, Critique of Pure Reason, p. 318.
94) Deleuze, The Logic of Sense, p. 106.
95) Deleuze, Difference and Repetition, p. 193.
96) 들뢰즈는 차이생성적 무의식의 개념을 부분적으로 살로몬 마이몬에게서 가져온다. 그러나 그는 이 통찰을 프로이트의 저술에 한정하여 적용한다. 1차 과정이라는 프로이트의 개념은 무의식에서의 복합이라는 개념에 이르는 하나의 길을 제공한다.

때문이다. 프로이트의 저술에서 자아가 강도를 억제하는 것이 "지각과 기억을 구분하기 위한 규준"[97]을 제공한다고 주장할 때, 우리는 이 논증의 효과를 살펴볼 수 있다. 자신의 순수한 상태에 있는 기억은 1차 과정이나 무의식적인 무한한 분석에서 유래하며, 지각은 2차 과정이나 유한한 규정에서 유래한다. 말하자면 자아가 1차 과정 내에서의 압축을 억제하고 자신의 모순된 이미지들을 부정할 때, 자아는 하나의 대상을 규정하게 된다. 칸트의 '완전한 규정'과 같이 1차 과정은 압축의 상태에 있는 동안 미규정적인 것으로 나타난다. 그리고 마찬가지로 프로이트와 칸트는 모두 펼침explication의 과정에 있는 이러한 상태를 무효화함으로써 규정에 이른다. 〔프로이트의〕압축과 〔칸트의〕이성은 매우 상이함에도 불구하고 양자 모두 초험적으로 기능한다.

주체와 대상은 이러한 펼침의 과정에서 나타난다. 프로이트는 사고의 내부적 세계와 지각의 외부적 세계의 대조가 1차 과정과 2차 과정에서 비롯한다고 본다. 또한 이들의 통일은 칸트의 작업에서 그러하듯이 동시에 이루어진다. "내가 존재를 사유하는 것에 해당하는 나 자신의 실존을 나의 외부에 있는 다른 사물들과 구분하는 것 ——그들 사이에 있는 나의 신체 ——은 마찬가지로 분석적 명제와 같다. 왜냐하면 다른 사물들은 나 자신과 구분되는 것으로 내가 생각하기 때문이다."[98] 하지만 칸트는 '내'가 외부 세계를 그 자체로 표상한다고 본다. 즉 이러한 표상이 없다면 자기-의식은 잠복해 있을 것이다. 이에 반해 프로이

97) Freud, Project for a Scientific Psychology, p. 326.
98) Kant, Critique of Pure Reason, p. 370.

트의 저술에서 자아는 1차 과정의 억제를 통해 형성되는데, 이러한 억제는 자아가 현실적 대상에 초점을 맞추도록 허용한다. 즉 전자〔자아〕는 자신의 활동에서, 그리고 후자〔현실적 대상〕는 표상을 통해 자기 자신을 정립함으로써 생겨난다.

　　자기-인식은 내부 세계와 외부 세계의 분열에서 싹튼다. 다시 말해 칸트의 '나는 생각한다' 가 술어들을 대상에 부여하는 반면, 대상은 이 술어들에 통일성을 부여하고 객관성의 구조가 그것들을 통일하는 것이다. 또한 이런 식으로 내부적 통일성과 외부적 통일성은 서로를 반영한다. 이러한 이유로 칸트의 초험적 'x' 는 생각하는 '나' 의 통일성을 요청한다. "사유하는 나, 혹은 그, 혹은 그것(사물)을 통해 표상되는 것은 사유들의 초험적 주체=x에 지나지 않는다. 초험적 주체=x는 그것의 술어들인 사유들을 통해서만 알 수 있을 뿐이며, 술어들과는 별개로 우리는 그 주체에 대해 어떠한 개념도 가질 수 없다."[99] 경험적 술어들은 미규정적인 'x' 를 펼쳐 낸다. 프로이트와 칸트의 규정 방식은 각기 다르다. 가령 프로이트의 경우에 'x' 는 1차 과정의 자아의 부정을 통해 규정되는 반면, 칸트의 경우에 'x' 는 판단의 부정을 통해 규정된다. 양자 모두 이 'x' 를 실재성을 구조화하기 위해 사용하지만, 그들의 규정 방법은 천양지차다. 그럼에도 불구하고 이 'x' 는 대상이 시간 속에서 지속하도록 한다. 다음으로 우리는 이것이 어떻게 일어나는지를 살펴볼 것이다.

---

99) Kant, Critique of Pure Reason, p. 331.

하나의 대상은 어떻게 시간을 통해 동일한 것으로 재인되는가?

들뢰즈는 현실-자아와 쾌락-자아가 칸트가 분류한 감성론과 분석론의 구분과 유사하다고 본다. "소망하고 쾌락을 얻기 위해 애쓰며 불쾌를 피하기만 하는" 쾌락-자아와, "유용한 것을 지향하고 손해로부터 자기 자신을 지키는" 현실-자아 사이에 분열이 이루어진다.[100] 쾌락-자아는 욕망된 대상을 통합하여 사고의 대상과 기억의 대상을 산출하기 위해 노력한다. 반면에 현실-자아는 지각된 대상을 통일하기 위해 노력한다. 이러한 이유로 들뢰즈는 프로이트의 두 자아를 형성하는 욕동을 칸트의 감성론과 분석론의 구분과 비교한다.

> 단지 묶인 흥분으로만 정의되었던 욕동은 이제 분화된 형식을 통해 나타나게 된다. 즉 욕동은 현실의 능동적 노선을 따를 때는 자기보존 욕동으로, 이러한 새로운 수동적 확장 안에서는 성 욕동으로 나타난다. 첫번째 수동적 종합이 '감성론'을 구성한다면, 두번째 수동적 종합은 마땅히 '분석론'의 동의어로 정의될 수 있다.[101]

수동적 종합의 첫번째 확장이 오직 현재에만 관련되어 감각들을 종합하기 때문에 그것은 칸트의 감성론에 상응한다. 또한 수동적 종합의 두번째 확장이 과거의 선험a priori〔선험적 과거〕을 구성하여 과거와 관련되기 때문에 그것은 칸트의 초험적 분석론에 상응한다. 욕망된 대

---

100) Freud, On Metapsychology: The Theory of Psychoanalysis, pp. 40~41.
101) Deleuze, Difference and Repetition, p. 109.

상은 칸트의 초험적 분석론의 동일한 요구를 따른다. 왜냐하면 욕망된 대상은 지각보다는 사고에 의존적인 상태로 남아 있기 때문이다.

두 자아[쾌락-자아, 현실-자아]는 사고의 상이한 유형들을 발생시킨다. 가령 지각의 동일성은 기억 속에서 만족감을 주는 대상의 이미지를 발생시키고, 사고의 동일성은 이 첫번째 이미지를 만족시킬 지각 속의 이미지를 찾게 된다.[102] 지각의 동일성은 들뢰즈가 칸트의 두번째 종합인 구상력에서의 재생과 관련시킨 '재생의 종합'을 산출한다.[103] 사고의 동일성은 칸트의 세번째 종합인 개념에서의 재인과 관련된 '재인의 종합'을 산출한다.[104] 지각의 동일성은 만족을 주는 대상의 기억을 재생할 때 '재생'의 종합을 산출하게 된다. 예컨대 유아가 엄지를 빠는 행위는 과거의 만족스러웠던 이미지를 재생하는데, 이는 칸트의 초험적 분석론과 유사한 '지각의 동일성'을 산출한다.

지각의 동일성은 잠재적 대상을 활성화시킴으로써, 마치 무의식적인 칸트의 개념과 같이 작동한다. 다시 말해 지각의 동일성은 가능한 판단의 술어와 같이 미규정적인 상태로 남아 있게 된다. 그러나 이 [가능한] '판단'이 오성을 벗어나기 때문에, 지각의 동일성은 자신의 표

---

102) 지각의 동일성Wharnehmungsidentität과 사고의 동일성Denkidentität은 각각 1차 과정과 2차 과정이 '지향하는 바'를 가리키기 위한 용어이다. 먼저 지각의 동일성은 욕구의 충족과 결합된 지각의 반복을 목표로 한다. 즉 욕구의 충족과 관련된 1차 과정에서 그러한 욕구의 충족을 주는 대상의 이미지(표상)와 지각(만족을 주는 방출)을 결부시키는 것이다. 이에 반해 사고의 동일성은 충족의 억제와 관련된 2차 과정에 상응한다. 즉 그것은 표상들의 강도에 현혹되지 않으면서 심리과정을 1차적인 쾌락원칙에서 벗어나게 하고자 한다. 그러나 이것은 마치 현실원칙이 결국 쾌락원칙에 종사하는 것과 마찬가지로 욕망을 실현하는 (1차 과정의) 우회로에 지나지 않는다.—옮긴이

103) Deleuze, Difference and Repetition, p. 98.

104) Ibid., p. 98.

상적 측면들에 도전하는 가운데 칸트의 분석적 개념의 특성들을 유지할 수 있다. 칸트는 개념이 "아직 규정되지 않은 대상의 어떤 표상과 관련된다"고 본다.[105] 이는 대상이 정신의 순수한 작동 속에서 규정되도록 한다. 들뢰즈는 이러한 [정신의] 작동을 ('분석적'이지 않을) 기억된 과거가 아닌 순수과거로 옮겨 놓는다. 그러므로 이 새로운 '분석적' 개념들은 욕망의 인식능력에 의해 산출되는, 자가-성애적으로 투사된 과거에서 발생해야 한다.

지각의 동일성은 "집적된 흥분의 양의 도움으로 [욕구의] 만족의 경험과 '지각의 동일성'을 수립할 수 있을 때" 출현한다.[106] 지각의 동일성은 어떤 이미지를 통해 소망을 충족시키는데, 그 이미지는 유기체적 욕구를 만족시키는 데 실패한다. 이 [유기체적] 욕구를 만족시키기 위해 사고의 동일성은 욕망된 이미지가 상연될 수 있을 때까지 즉각적인 만족을 지연시킴으로써 발생한다. 이러한 이유로 프로이트는 다음과 같이 주장할 수 있었다. "사고하는 것은 [욕구의] 충족의 기억에서 출발하여 …… 운동 체험들의 중간적 단계를 통해 다시 한번 이루어지기를 희망하는, 동일한 기억에 대해 전과 동일한 카섹시스에 이르는 우회로에 불과하다."[107] 지각의 동일성은 사고 안에서 만족시키는 이미지를 재생하며, 사고의 동일성은 그 이미지를 현실 속에서 상연한다. 이런 식으로 사고의 동일성은 "꿈을 실현시킨다". 즉 재인의 종합은 현

---

105) Kant, Critique of Pure Reason, p. 106.
106) Sigmund Freud, The Interpretation of Dreams, trans. J. Strachey, London:Penguin Books, 1991, p. 761.
107) Ibid., p. 762.

실적 대상과 잠재적 대상의 이러한 공명에서 발생한다.

구상력 안에서 이미지를 재생하는 강도는 명석한 사고를 억제한다. 그러므로 만일 사고가 현실의 이미지들에 초점을 맞춘다면, 그것〔사고〕은 "그 관념들의 강도에 의해 현혹되지 않고 이 관념들 사이의 경로들을 접속하는 데에만 집중해야 한다".[108] 강도는 관념들의 '압축'을 산출함으로써 구별 불가능하게 남아 있는 잠재적 대상을 낳는다. 하지만 하나의 이미지가 잠재적 대상의 계열들로부터 선택될 때, 그 이미지는 하나의 현실적 대상에 자기 자신을 귀속시키면서 구분된다. 관념이 자신의 강도를 잃어버릴 때, 그것은 압축으로부터 출현하고 지각으로 이행하여 현실화된다. 요컨대 관념은 쾌락-자아 안에서 순환하는 파편적인 속성들로부터 현실-자아가 '실체적' 대상에게 부여하는 일정한 속성으로 이행한다. 이전에 상상된 속성은 이제 자기 자신을 지각 안에서 현시한다.

속성이 구상력에서 지각으로 이행할 때, 기억은 이전에는 가져보지 못한 힘을 획득한다. 즉 기억은 이제 시간을 통해 지속하는 대상들을 재인할 수 있게 된다. 이 새로운 능력은 현실 검증의 목적을 충족시키는 것인데, 그 목적은 시간 속에서 지속할 수 있는 대상을 수립하는 것이다. "〔현실 검증의 목적은〕 제시된 것과 일치하는 현실의 지각 속에서 하나의 대상을 발견하기 위해서가 아니라 그러한 대상을 재발견하기 위해서, 즉 그것이 아직도 기억 속에 존재한다는 것을 확신하기 위해서이다."[109] 현실 검증의 도전은 생산보다는 재생에서 기인한다. 다시 말해 쾌락-자아가 하나의 사유-이미지를 생산할 때, 현실-자아는 그 이상을 생산해야만 한다. 말하자면 현실-자아는 이제 새로운 기억의 유형,

더 이상 잠재적 대상의 기억이 아니라 현실적 대상의 기억을 주조하기 위해 대상을 안정화시켜야 하는 것이다. 이 새로운 기억은 우리가 시간의 첫번째 종합에서 다룬 '습관-기억'과 구분되는데, 이는 처음으로 기억이 대상들 자체에로 확장되기 때문이다. 처음으로 능동적 기억은 대상들을 재인하게 된다.

'대상=x'는 동일한 것의 상이한 현상들 사이를 조정하여 기억이 지속되도록 한다. 왜냐하면 그것〔대상=x〕은 시간 속에서 자신의 자리를 고정시킬 수 있는 규정된 술어들을 가지고 있지 않기 때문이다. 술어들을 가지고 있지 않은 '그것'it이라는 말과 같이 대상=x는 어떤 술어라도 취할 수 있다. 그와 마찬가지로 '그것'은 "그것이 있었다"와 같이 과거에 존재할 수 있을 뿐만 아니라 "그것이 있다"와 같이 현재에 존재할 수도 있다. 그러므로 대상=x는 마치 '그것'이라는 말처럼 자기 자신을 현재와 과거에 동시적으로 현시할 수 있다. 들뢰즈는 이 대상이 "하나의 현재에서 또 다른 현재로 반복되는 것이 아니라 이 현재들이 잠재적 대상(대상=x)을 중심으로 형성하는, 공존하는 두 계열들 사이에서" 자기 자신을 반복한다고 본다.[110] 그것은 잠재적 계열에서 한 번, 그리고 현실적 계열에서 다시 한번 스스로를 현시한다. 잠재적 계열은 이전의 현실적 대상에 가면을 씌움으로써 기억 속에 있는 두 현실적 계열들을 병치하는 것처럼 보일 수 있지만, 이러한 병치는 오직 잠재적 위장으로부터 비롯할 뿐이다. 즉 현실적 대상과 잠재적 대

---

108) Freud, The Interpretation of Dreams, p. 762.
109) Freud, On Metapsychology: The Theory of Psychoanalysis, p. 440.
110) Deleuze, Difference and Repetition, p. 105.

상에 동시에 속하는 '대상=x'는 기억들의 접속을 지지한다. 대상=x
는 '지각된' 현실적 대상도 '기억된' 잠재적 대상도 아닌 것으로 활동
하는 가운데 자기 자신을 현재와 과거의 초험적 통일성 안에서 모두
현시한다.[111]

    프루스트의 작품에서 하나의 대상=x로서 기능하는 콩브레의 환
상은 현실적인 것이나 기억된 것, 즉 그것이 가리키는 장소와 다르
다.[112] 콩브레는 지각의 블록과 기억의 블록을 인칭화한다. 들뢰즈는
이 두 개의 블록이 "그것들을 공명하게 만드는 대상=x로서의 콩브레
그 자체와 관계하는 한에서 서로 공존하고 있다"고 본다.[113] 그것은
"그 자체로서는 의미가 없으며 따라서 어떤 의미든 받아들일 수 있
는"[114] '떠다니는 기표'와 같이 작동한다. 이러한 이유로 들뢰즈는 '있
다' there is라는 말을 이 환상을 기술하기 위해 사용한다. "[어두운] 전
조에는 의심할 나위 없이 어떤 자기동일성이 있다. 또 전조를 통해 소
통하게 되는 계열들 사이에는 확실히 어떤 유사성이 있다. 하지만 이
'있다'는 전적으로 미규정적인 상태에 머물러 있다."[115] '있다'가 미규

---

111) 상징계의 역할을 억압적인 '시원적' 항 이외의 다른 어떤 것으로도 인식하지 않는다면,
    올코프스키의 해석은 상상계와 실재계라는 두 항들로 제한된다. 이는 대상=x라는 상
    징계의 역할을 무시할 때 그녀로 하여금 잠재적인 것을 '전치의 원리'로 만들도록 인도
    한다. Olkowski, Gilles Deleuze and the Ruin of Representation, p. 166.
112) 올코프스키는 '콩브레'를 하나의 부분대상으로 본다(Ibid., p. 159). 이에 반해 나는 콩
    브레가 하나의 환상으로서, 계열들 사이를 순환하는 대상=x로서 작동하고 있다고 본
    다. 나의 연구 목적상, 질적인 공감 반응들로 정의되는 잠재적 대상들과, 차이를 내면화
    하는 복합적 본질로서의 환상들을 구분할 필요가 있다. 그 구분은 명확하다. 왜냐하면
    잠재적 대상이 '상상계'를 수반하는 반면에, 대상=x는 '상징적인' 상태로 남아 있기
    때문이다.
113) Deleuze, Difference and Repetition, p. 122.
114) Deleuze, The Logic of Sense, pp. 49~50.

정적인 까닭에, 그것은 현재의 현실적 계열들과 과거의 잠재적 계열들에서 모두 모순 없이 나타날 수 있다.

지향성의 원천은 무엇인가?

철학자들은 주체, 자기, 혹은 자아가 본래부터 대상을 향해 자기 자신을 투사한다고 전제할 때 지향성[116]을 당연한 것으로 여기게 된다. 프로이트의 장점은 자아가 대상-카섹시스를 찾는다는 것을 단순히 제시하는 데 그치지 않고, 이것이 어떻게 일어나는지를 설명해 주는 데 있다. 그는 꿈꾸고 있는 상태와 깨어 있는 상태 사이의 차이를 기술하면서 설명하고 있다. 가령 꿈꾸는 상태에서, 혹은 1차 과정에서 이미지들은 혼돈스럽게 나타난다. 다시 말해 고정된 장소나 시간을 가지고 있지 않을 때 양립할 수 없는 술어들이 모여 연합하게 된다. 왜냐하면 꿈꾸는 동안 우리는 오직 깨어 있는 상태에서만 가질 수 있는 판단의 힘을 결여하고 있기 때문이다. 판단은 어떤 욕망된 이미지가 하나의 등가적인 지각의 이미지를 찾을 때 일어난다. 또한 이와 더불어 판단은 종결되고 행위가 시작된다.[117] 이미지들의 압축이 현실의 활동을

---

115) Deleuze, *Difference and Repetition*, p. 119.

116) (의식의) 지향성Intentionalität은 후설이 주로 사용한 현상학적 용어로서, 쉽게 말해 우리 의식은 언제나 자기 바깥을 향해 개방되는 속성을 가지고 있다는 것이다. 현상학에서 의식이라는 말은 정신이나 주체성과 동일한 의미로 사용되는데, 칸트가 견지하고 있는 지나친 주체 중심의 구성주의적인 입장에서 탈피하여 주체와 대상의 관계가 일방향적이 아닌 노에시스와 노에마의 협력적 작용의 방식으로 의미를 파악한다고 본다. 따라서 의식은 바깥을 향해 열려 가면서 자신도 끊임없이 변해 간다. 하지만 현상학 역시 의식에 너무나 큰 비중을 둔 관계로 주체 중심적이라는 비판에서 자유로울 수 없다. 왜냐하면 의식에 주어지는 것은 무엇이든 그 자체로 의심 없이 받아들여지는 소박한 주체철학의 전제를 가지고 있기 때문이다.—옮긴이

불가능하게 하기 때문에, 자아는 그 이미지들을 묶어 지각의 신호와 소망의 신호로 구분해야만 한다.

판단은 **에로스**와 죽음욕동에서 유래하는, 의지와 상관없는 부정의 유형에서 발생한다.[118] 부정은 "억압의 결과와 쾌락원칙의 강박에서"[119] 사고를 해방시킨다.[120] 부정의 상징은 숨어 있는 리비도의 부정 안에서 생겨나 형성된다. 리비도의 부정은 기억 뉴런들 사이에서 흐르는 에네르기를 억제하여, 항구적인 소통들 이면에 남아 있는 고통스런 기억들이 활성화되는 것이나 반복강박을 산출하는 신경체계에 균열이 생기는 것을 예방한다. 심리는 신경체계에 대한 이러한 파괴적인 감정들을 피하기 위해 '융합'〔Mischung〕이라 불리는 과정을 시작하는데, 이것은 "외부 세계에 있는 대상을 향해 …… 그 본능을 대부분 외부로 전환함으로써"[121] 죽음욕동에 대항한다. 요컨대 내부에서 분출하는 파괴적인 힘들은 대상들을 지배하기 위해 외부로 전환하게 된다. 이런 식으로 '지향성'이나 대상-카섹시스가 시작된다.

자아는 고통스런 흥분들로부터 에네르기를 감소시키고 흥분들을

---

117) 프로이트는 다음과 같이 말한다. "두 개의 카섹시스에서 동시에 일어나는 것은 사고행위를 종결짓기 위한 생물학적 신호와 시작을 위해 방출을 허용하는 생물학적 신호가 된다."(Freud, Project for a Scientific Psychology, p. 328)
118) 프로이트는 통합을 **에로스**와 관련시키고, 배제를 죽음욕동과 관련시킨다. "긍정 ── 통합의 대리자에 해당하는 ── 은 에로스에 속하고, 부정 ── 배제의 계승자 ── 은 파괴 욕동에 속한다."(Freud, On Metapsychology: The Theory of Psychoanalysis, p. 441)
119) Ibid., p. 441.
120) 사고는 판단기능을 수행하기 위해 부정적 상징을 창조하여 억압의 결과와 쾌락원칙에서 벗어나고자 한다. 프로이트는 이것이 무의식 속에서는 '아니오'를 발견할 수 없다는 사실에서 잘 드러난다고 본다.─옮긴이
121) Ibid., p. 418.

억압하기 위해 에네르기를 사용한다.[122] 이런 식으로 강한 흥분들의 파괴적인 포텐셜은 자아의 연합에 도움을 준다. 융합이란 죽음욕동이 **에로스**에 종사하는 것에 다름 아니다. 죽음욕동은 풀고 **에로스**는 묶는다. 다시 말해 죽음욕동은 이미지들을 펼침으로써 현실원칙에 따르고, **에로스**는 이미지들을 복잡화함으로써 쾌락원칙에 따른다.[123] 말하자면 죽음욕동이 우리를 가혹한 현실로 내몬다면, **에로스**는 우리를 꿈꾸게 한다. **에로스**는 구상력이 이미지들을 재생하는 것을 돕는다. 하지만 억압이 없다면 이 재생은 재인으로 이어지지 않을 것이다. 자아는 파괴적인 에네르기를 사용하여 어떤 모순적인 이미지들을 부정하기 때문에 하나의 안정적이고 정합적인 이미지를 생산한다. 현실 검증이 신경-피드백을 통해 이 이미지를 승인할 때 그것은 '지향된' 대상이 된다.

지향성의 감각은 다음의 두 가지 이유로 인해 발생한다. 첫번째 이유는 죽음욕동이 쾌락원칙을 억압하여 그것을 지연시키기 때문이다. 두번째 이유는 죽음욕동의 파괴적 에네르기가 지배본능instinct for mastery을 분출시키는 근육의 방출을 향해 흘러가서 **에로스**와 **타나토스**를 융합시키기 때문이다.

이 새로운 지향성의 감각으로 인해 대상=x와 초험적 장의 의미

---

122) 신경체계는 과잉적인 에네르기를 묶고 그것을 외부로 전향시킨다. 왜냐하면 "불쾌는 자아 자체에 의해 장악되고", 그것이 마치 "자아로부터 나오는, 억제하는 측면-카섹시스에 필요한 양의 원천과 같이" 작동하기 때문이며, 따라서 "불쾌가 강해질수록 1차적 방어 역시 강해질 것이다"(Freud, Project for a Scientific Psychology, p. 324).

123) '펼침' explication이 말 그대로 주름pli을 밖으로ex 펼치는 (밖-주름)운동이라면, '복합/복잡화' complication는 모든 다양한 주름들이 함께com 공존하는 (온-주름)운동이다. 따라서 펼침은 밖으로 펼치는 죽음욕동에, 복합은 함께 접혀 있는 에로스에 연결된다.—옮긴이

가 분명해질 것이다. 들뢰즈는 이러한 개념들을 사용하여 사르트르의 지향성의 개념에 도전한다. 사르트르는 그의 책 『자아의 초월성』에서 우리가 행위에 돌입할 때 발생하는 비철학적 의식을 상정함으로써 칸트의 통각의 통일성이라는 지위를 박탈하고자 한다. 가령 우리가 〔시내〕전차의 뒤를 쫓아갈 때, 사르트르에 의하면 "따라잡아야 하는 전차 등에 대한 의식과 의식에 대한 비−의존적 의식이 있다. 사실상 나는 이때 대상들의 세계에 빠져 들고 있다. 다시 말해 그 대상들이 내 의식의 통일성을 구성하는 것이다".[124] 『의미의 논리』에서 들뢰즈는 이 초험적 장의 개념을 비판하는데, 왜냐하면 그것〔초험적 장〕이 의식에 머물러 있기 때문이다.

> 이 〔초험적〕 장은 의식의 장으로 규정될 수 없다. 사르트르의 시도에도 불구하고, 우리는 의식을 환경〔모체〕으로서 유지시킬 수 없다. 이와 동시에 우리는 인칭의 형식과 개체화의 관점에 반대한다.[125]

사르트르가 〔초험적〕 '나'를 제거할 때, 그는 여전히 의식을 개체화의 정초로 두고 있다. 그러나 이와 반대로 들뢰즈는 "의식은 통일의 종합 없이는 아무것도 아니다"[126]라고 주장한다. 종합 없는 의식을 전제하는 것은 마치 논점을 처음부터 옳은 것으로 미리 정해 놓고 논하

124) Jean-Paul Sartre, The Transcendence of the Ego: An Existentialist Theory of Consciousness, trans. F. Williams and R. Krikpatrick, New York: Hill and Wang, 1993, p. 49.
125) Deleuze, The Logic of Sense, p. 102.

는 것과 같다. 들뢰즈는 사르트르가 잘못 판단하여 의식의 구조에 호소해서 의식을 통일하고자 하는 것으로 본다. 그는 다음과 같이 말한다. "우리가 이 비인칭적 의식을 순수 지향성과 파지[과거지향]에 의해 정의한다 해도 [지향성과 파지는] 여전히 개체화의 중심들을 전제하고 있다."[127] 우리가 [초험적] '나' 혹은 자기-의식을 제거한다 해도, 행위하는 동안에는 경험의 통일성에 대해 여전히 설명할 수 없다. 들뢰즈는 이러한 난점을 해결하기 위해 대상=x에 호소한다. 사르트르는 초험적 대상에 해당하는 대상=x, 혹은 미규정적인 일반 대상을 간과하고 있다. 즉 이 의식에서 벗어나는 요소 없이 의식은 경험을 통일하지 못한다. 그러므로 의식의 종합은 무의식적이고 전-인칭적이어야만 한다.

대상=x의 본성을 이해하기 위해 들뢰즈는 라이프니츠의 공가능하지 않은 세계들에 대한 이론으로 되돌아간다. 이 이론은 한 세계에 있는 사람이나 사물은 또 다른 세계에서는 다른 술어들을 가지고 존재할 수 있다는 점을 이론화하고 있다. 이는 '모호한' vague 대상의 실존을 요구한다. 이 '모호한' 대상은 자신의 술어들이 부분적으로 혹은 전적으로 차이가 있다 해도 각각의 세계에서 동일자로 남아 있다. "그래서 여러 세계에 공통된 '모호한 아담', 즉 방랑자, 노마드, 아담=x가 존재한다. 마치 섹스투스=x나 팡=x가 존재하는 것처럼 말이다. 결국 모든 세계들에 공통된 어떤 것=x가 존재한다."[128] 이러한 대상

---

126) Ibid., p. 102.
127) Ibid., p. 105.
128) Ibid., pp. 114~115.

들은 여전히 '모호한' 상태에 있다. 왜냐하면 대상=x가 동일자로 머물러 있는 동안 술어들은 각각의 가능 세계에서 달라지기 때문이다.[129]

물론 라이프니츠의 가능 세계 이론은 형이상학적 사변에 해당한다. 그러나 프로이트의 무의식 이론으로 되돌아가면, 우리는 꿈속에서 유사한 어떤 것과 조우하게 된다. 꿈속에서 대상=x는 공가능하지 않은 질들을 가진다. 가령 남성이면서 동시에 여성으로도 나타나는 꿈을 꿀 수 있다. 또는 누군가가 동시에 죽기도 하고 살아 있기도 한 상태로 나타나는 꿈을 꿀 수도 있다. 오직 깨어난 이후에야 현실 검증은 속성들을 대상=x에 부여한다. 개체화는 대상=x가 초월하는 의식적인 상태에서 일어날 뿐이다.

꿈속에서 우리는 대상으로부터 분리된 '특이성들'과 조우하게 된다. 들뢰즈는 특이성에 대해 다음과 같이 말한다. "[특이성들은] 무의식적 표면 위에서 일어나고, 노마드적 배분을 통한 자가-통일화의 내재적이고 움직이는 원리를 가진다. 그런데 이 노마드적 배분은 의식의 종합의 조건인 고정되고 정주적인 배분들과 근본적으로 구분된다."[130] 우리는 잠자고 있는 동안에만 통일된 의식을 결여한 노마드적 특이성들을 일견할 수 있다. 깨어 있는 동안에는 사물의 속성들이 고정되거나 정주적인 것으로 나타난다. 왜냐하면 이것은 의식이 속성들을 표상하는 방법이기 때문이다. 오직 판단의 힘이 약화되고 측면-카섹시스가 작동하지 않을 때에만 전-개체적 특이성들이 작동하는 것을 볼 수

---

129) 즉 모든 대상=x는 인칭들을 가리킨다. 이는 술어들의 계열화(혹은 종합)에 의해 상이한 가능적 세계가 펼쳐진다는 점을 의미한다.—옮긴이
130) Deleuze, The Logic of Sense, p. 102.

있다. 다음으로 우리는 이 특이성들을 프로이트의 사물과 비교하여 좀 더 살펴볼 것이다.

본질은 사물과 어떻게 다른가?

잠자는 동안에, 특이성들은 프로이트가 압축[131]이라 부르는 복합적 상태 속에 존속한다.[132] 꿈은 우리로 하여금 인물, 장소, 사물의 동일성을 착각하게 만들기 때문에, 들뢰즈는 사물의 본질을 그가 '질적 차이'[133]라고 부르는 이 '잠자는 상태' 속에 위치시킨다. 이러한 질적 차이 혹은 질화 가능성의 순수 요소[134]는 다른 질들에 의한 변이보다는 스스로에 의한 내적 변이를 향유한다.[135] 이 변이는 객관성과 주관성을 모두 초월한다.[136] 이러한 내면화된 질들은 마치 자신들의 공감-가치sympathy-value나 모방-가치imitation-value로 인해 심리와 세계 사이에서 작동

---

131) 앞서 설명한 바 있듯이 압축Verdichtung은 전치Verschiebung와 마찬가지로 경제학적 원리에 입각해 세워진 개념이다. 즉 다양한 연상의 사슬이나 교차로에서 자유로운 에네르기의 흐름에 따라 주제나 인물 등이 꿈속에서 여러 번 등장하기도 하고, 다양한 요소들이 겹쳐지고 혼합되어 인물이나 형상을 구성하기도 한다.—옮긴이

132) "집합적이고 혼합적인 형상의 구조는 압축이 꿈속에서 작동하는 주된 수단 가운데 하나다."(Freud, The Interpretation of Dreams, p. 400)

133) Deleuze, Proust and Signs, pp. 45, 41.

134) Deleuze, Difference and Repetition, p. 173.〔'질화 가능성qualitability의 순수 요소'라는 말은 마치 보편함수에서 보편자(중세철학에서의 보편자 개념이 아닌 dx, dy로서의 보편자)가 궁극적으로 표현하는 것을 의미한다. 다시 말해 함수에서 어떤 질과 관계된 특정한 미분관계(미분비)로서의 보편자인 특정한 값이나 양이 아니라, 그것을 또다시 미분해서 그 밑의 궁극적 보편자를 구해 낸다는 의미에서 말이다.—옮긴이〕

135) 주라비치빌리에 따르면, "차이는 더 이상 강도적 차원이 아닌 (다른 차원들 위에서의) 관점으로서만 나타난다. 즉 이는 상호 간의 함축에 해당한다"(François Zourabichvili, Deleuze: Une philosophie de l'événement, Paris: Presses Universitaires de France, 1994, p. 84).

136) 들뢰즈가 정의한 바와 같이, 본질은 "심리적 상태는 물론이고 심리적 주관성이나 보다 높은 주관성의 어떤 형식으로도 환원되지 않는다"(Deleuze, Proust and Signs, p. 43).

하는 기호들처럼 활동한다.[137] 단순한 지각들이 비자발적인 응답을 불러일으킬 때, 심지어 우리의 의식적 판단 이전에도 1차 과정은 이미 그 지각들에 조짐[기호]으로서 반응한다. 우리는 이 조짐에 대해 단지 최소한으로만 인지할 뿐이다. 가령 우리가 칼로 팔을 베는 장면을 보게 된다면, 우리는 고통에 몸이 움씰거리는 것을 느낄 수도 있고, [고통의] 조짐을 느껴서 우리의 팔을 움켜쥘 수도 있다. 꿈속에서 우리는 종종 현실 대상과 분리된 이러한 조짐이나 특이성과 조우하고, 또한 그들이 마치 현실인 것처럼 반응한다. 들뢰즈의 의미에서 '잘리다' 와 같은 질적인 사건은 마치 운동 이미지처럼 작동하게 된다. 운동 이미지는 대상도 주체도 표현하지 않으며, 대신 세계가 그 순간에 개체화되는 방식을 표현한다.

복합[온-주름운동]을 수반하는 펼침[밖-주름운동]은 이미지들을 분리하여 대상들 안에 위치시킨다. 2차 과정 안에서 심리는 하나의 대상을 투사하고, 그 대상에 결부되는 소망적-카섹시스로부터 이미지들을 선택하며, 그 대상 안에서 이미지들을 접속한다. 간단히 말해 심리는 자신의 욕구를 만족시킬 속성들을 찾는다. 즉 심리는 자신의 기억-이미지와 공명하는 속성들을 재인하고자 하는 것이다. 우리는 우리의 소망적-카섹시스의 기대들을 충족시키는 그러한 기호들이나 속성들을 지각한다. 가령 우리는 고골의 단편에서 어디서나 등장하는 코와

---

137) 모방-가치[Imitationswert]는 "우리가 지각을 감지하면서 우리 자신의 운동을 모방할 때" 발생한다. 공감-가치[Mitleidswert]는 지각이 "자기 자신의 고통스러운 감각에 대한 기억 이미지를 불러일으키므로 그는 그것에 부합하는 불쾌감을 느끼고 적절한 방어 운동을 반복하게 된다"(Freud, Project for a Scientific Psychology, p. 333).

마찬가지로 우리가 보기를 기대하는 것을 보게 된다.[138] 따라서 우리의 리비도적 투여가 그 질들을 선택하지 않은 까닭에, 자신들 안에서 잠복 중인 사물들은 의식의 층위로 떠오를 수 없는 많은 질들을 보존하고 있다. 비록 어떤 질들이 표면화된다 해도, 본질 안에 갇혀 있는 대다수의 질들은 어둡고 애매한 상태로 남아 있다.

본질의 〔애매한〕 어두움 너머에 질화에서 벗어나는 사물(대상=x)이 놓여 있다. 다시 말해 사물은 자신의 불변하는 텅 비어 있음 안에서 우리의 포착으로부터 벗어나는 것이다. 이러한 이원성을 깨달은 프로이트는 지각을 "이해되지 않는 불변의 부분(사물)과 이해될 수 있는 가변적인 부분(사물의 속성이나 운동)"으로 구분하고 있다.[139] 사물은 지각의 질들이 지닌 속성과 달리 판단을 벗어나는데, 왜냐하면 질은 사물을 내포할 능력을 결여하고 있기 때문이다. 기억은 단지 질적 차이들을 집적할 뿐인데, 그 질적 차이들은 우리가 어떤 대상을 구분할 때 지각의 대상과 병합된다. 그러나 기억은 자신의 현실화와는 별개로 대상들의 이미지를 저장하기보다는 개별화하는 속성들을 집적할 뿐이다. 정신의 구성체에 해당하는 사물은 기억이 아니다. 이 사물이 텅 빈 형식으로 남아 있기 때문에 프로이트는 우리가 그것을 알 수 있다는 것을 부정한다. "우리가 사물이라고 부르는 것은 판단을 벗어나는 잔여들이다."[140] 대상=x와 같이 미규정된 사물은 각각에 있어서 개별화와

---

138) 이 소설에서 주인공은 그의 코를 잃어버린다. 그는 도처에서 자신의 코를 찾기 시작한다. Nikolai Gogol, "The Nose", The Overcoat and Other Short Stories, trans. M. Struve, New York: Dover Publications, 1992.
139) Freud, Project for a Scientific Psychology, p. 383.
140) Ibid, p. 334.

규정을 요하는 지각, 기억, 사고를 초월한다. 이러한 유형의 초험적 종합은 우리가 검토한 세 명의 사상가들의 작업에서 드러난다. 프로이트는 이를 사물이라 불렀고, 칸트는 이성의 **이념**이라 불렀으며, 들뢰즈는 "감성적인 것의 존재"[141]라고 불렀다. 들뢰즈는 우리가 감각의 장과 조우할 때 "마치 그것〔조우의 대상인 기호〕이 문제인 듯이" 우리는 즉각적으로 이해할 수 없는 "모순적인 지각"과 조우하게 된다.[142] 어떤 특정한 시점 이후에 자아는 사물의 도움으로 이러한 감각들을 하나의 대상으로 종합하기에 이른다.

들뢰즈는 라이프니츠의 모나드를 '관점'으로 변환시킴으로써 모나드를 이용해 초험적 사물을 설명한다. 『프루스트와 기호들』에서 그는 모나드를 내포의 중심으로 변환시킨다. 말하자면 두 질들이 하나의 단일한 이미지로 수렴될 때 하나의 관점이 출현하게 된다. 이 관점은 "관점들이 서로 다른 관점들 안에 놓일 수 있고, 그것들이 서로 공명할" 때까지 각각의 대상을 탈구시킨다.[143] 이 내포된 관점은 대상의 독립성을 용해시키고, 따라서 주체의 관점은 이 수렴 안에서 소멸된다. 가령 프루스트의 소설에서, 이전에 느낀 차의 맛과 현재 느끼는 차의 맛은 콩브레의 '관점'이 그 질들을 결합하기 전까지는 서로 소통하지 않은 〔상이한〕두 질들로 남아 있다. 콩브레는 모나드와 같이 어떤 주관적인 기억이나 지각으로 환원될 수 없는 세계의 독특한 '영역'을 표현한다. 이 '관

---

141) Deleuze, Difference and Repetition, p. 140.〔이것은 주어진 소여로서의 감성적 존재자와 대별되는, 오히려 소여를 산출해 낸다는 의미에서의 감성적인 것의 존재이다.—옮긴이〕
142) Ibid., pp. 140, 141.
143) Deleuze, Proust and Signs, p. 167.

점'은 시간 속에서 ——주인공의 현재의 지각으로도 그의 현실적인 과거로도 수렴되지 않는—— 발산하는 순간들을 내포하는 대상=x이다. 대신에 그 순간들은 실존하지 않는 콩브레의 환상으로 수렴된다.

들뢰즈는 콩브레와 같은 어떤 관점이 공가능한 세계의 전형이 된다고 본다. 『주름』에서 그는 공가능한 세계를 기술하기 위해 라이프니츠가 예시한, 네 가지 개체화하는 특이성을 지닌 아담의 모나드를 재생한다. "최초의 인간이 되는 것, 천국의 〔에덴〕동산에서 사는 것, 자신의 갈비뼈에서 창조된 아내를 갖는 것, 그리고 네번째로 죄를 짓는 것."[144] 이러한 특이성들은 단일한 관점 안에서 결합함으로 인해 공명한다. 그러나 만일 특이성이 결합하는 데 실패한다면 어떤 일이 생길까? 들뢰즈는 이에 대해 다음과 같이 기술한다.

그러나 이때 다섯번째 특이성인 유혹에의 저항이 나타난다. 이는 단순히 네번째 특이성인 '죄를 짓는 것'과 모순되는 것이 아니므로 그 둘 사이에서 선택해야만 한다. 이는 다섯번째에서 다른 셋으로 이어지는 연장선들은 수렴하지 않는다는 것이다. 달리 말하면, 그 선들은 공통의 값들을 통과하지 않는다.[145]

'죄를 짓는 것'과 '유혹에의 저항'이 결합하는 데 실패할 때 관점들은 발산한다. 아담=x는 마치 대상=x와 같이 '죄를 짓는 것'과 '유

---

144) Deleuze, The Fold: Leibniz and the Baroque, p. 60.
145) Ibid, p. 61.

혹에의 저항' 이라는 질들을 동시에 유지한다. 그렇게 해서 아담=x는 모든 가능 세계들과 관점들을 초월하게 된다. 들뢰즈가 발산하는 관점들이 단일한 모나드 안에서 출현한다고 역설할 때, 그는 라이프니츠에게서 떠나고 있는 것이다. 즉 새로운 모나드 혹은 관점은 각각의 발산과 함께 분출한다.

> 하나의 대상=x는 오직 발산하는 계열들 사이, 공가능하지 않은 세계들 사이에서 어떤 것이 동일화될 때에만 개별화된 세계를 초월하면서 나타난다. 그리고 대상=x를 사고하는 자아는 현세계의 개체들을 초월하며 정초되고 있는 주체라는 새로운 가치의 견지에서 세계에 새로운 가치를 부여한다.[146)

대상=x가 가능 세계들 사이의 갈라진 틈에서 출현할 때, 두 가지가 일어날 수 있다. 즉 특이성들은 단일한 계열로 수렴될 수 있고, 또는 특이성들이 발산하면서 새로운 계열들을 생산할 수 있다. 말하자면 특이성들이 수렴될 때 그것들은 서로 공명하고, 특이성들이 발산할 때 그것들은 강요된 운동[147)을 경험하는 것이다. 이러한 규칙에 따르면 세계는 새롭게 종합하거나 시작한다. "이 수렴은 세계의 종합 규칙으로서의 '공가능성' 을 정의한다. 계열들이 발산하는 곳에서, 처음의 세계와 공가능하

---

146) Deleuze, The Logic of Sense, p. 113.
147) 바운다스는 다음과 같이 말한다. "들뢰즈는 주체로 알려진 자아가 어떤 것이 공가능하지 않은 세계들 내부에서, 그리고 발산하는 계열들을 가로질러 동일시될 때 나타난다고 본다." (Constantin V. Boundas, "Foreclosure of the Other: From Sartre to Deleuze", Journal of the British Society for Phenomenology 24, January 1993, p. 41)

지 않은 또 다른 세계가 시작된다."[148] 수렴하는 계열들에서 비롯하는 이 종합은 통일하는 '나는 생각한다'를 가지고 있지 않다. 그 계열들은 하나의 내포하는 관점을 산출하는 공명을 통해 수렴된다. 그 관점 안에서 질들은 두 상이한 대상의 연합을 통해 성립한다. 그래서 이것이 일어날 때, 우리는 대상=x의 문제적인 본성을 못 보고 놓치게 된다.

대상=x가 발산하는 계열들 안에서 출현할 때, **타나토스**의 대항-운동은 계열들의 공명하는 효과를 깨어 버린다. 우리가 앞서 살펴보았듯이 ——죄를 저지른 동시에 유혹에 저항하는 아담의 예에서 ——미규정의 점들은 '죄를 짓다'라는 동사의 경우에 부정법 동사에 의해 표현되는 관념적 사건 주위에서 형성된다. 동사의 중성은 미규정의 위치를 표현한다. 다시 말해 두 특이성들이 결합하지 못할 때, 이러한 동사나 사건은 문제적인 것으로 나타난다. 즉 이때 우리는 사물을 '미규정적인' 요소로서 알게 된다.

공명과 강요된 운동은 **이념**의 현실화에 대한 두 양태를 산출하는데 이는 들뢰즈가 사랑과 분노라고 부르는 것이다.

〔이념은〕 파편들의 탐색, 점진적 규정, 이상적 부가체의 연쇄 안에서 볼 때 사랑이다. 또한 〔이념은〕 특이성들의 응축〔압축〕 안에서 볼 때 분노이다. 그런데 이 응축은 이상적 사건에 의해 '혁명적 상황'의 집중을 정의하고 **이념**이 현실적인 것 안으로 폭발하도록 만든다.[149]

---

148) Deleuze, The Logic of Sense, p. 111.

두 가지 운동이 출현한다. 즉 **에로스**(사랑)는 수렴하는 계열들을 조직하고 대상=x를 규정함으로써 이상화되고 통일된다. 반면 죽음욕동(분노)은 현실화되고 발산한다. 즉 그것은 대상=x를 반-현실화하고 사건들의 질서를 물음 속에 놓는다. 이러한 두번째 운동을 설명하기 위해 들뢰즈는 발산을 이용해서 어떤 효과를 창조하는 현대 미술의 예를 들고 있다. "아마도 예술의 최고 목적은 이 모든 반복들이 본성상의 차이와 리듬상의 차이, 각각의 전치와 위장, 그리고 발산과 탈중심화를 동반하면서 동시적으로 유희하도록 이끄는 것이다."[150] 현대 예술은 더 이상 대상을 재현하지 않고, 대신 역설을 현시한다. 들뢰즈는 한 주목할 만한 영화의 예를 다음과 같이 들고 있다. "「지난해 마리앙바드에서」는 영화가 전개하거나 발명할 수 있는 특수한 반복의 기술들을 보여 준다."[151] 이 영화에서 발산하는 계열들은 동시적으로 펼쳐진다. 즉 사건들의 질서는 물음 속으로 들어가고, 따라서 관점들은 파편화되고 불공가능성은 하나의 그리고 동일한 세계에서 나타나게 된다. 이 영화는 예술의 현대적인 작업으로서 더 이상 관점들이나 등장인물들과 갈등하지 않으며, 대신에 발산에 의해 야기되는 관념적인 사건들과 사유에 맞서 싸운다. 이 영화는 공명하는 내포된 질들을 포기하고 문제들에 의해 드러나는 **이념들**에 개입한다. 이 영화는 내포에서 발산으로 이동하는데, 수렴된 계열들 안에 있는 질들의 내포는 시간의 두번째 종합에 속하고, 특이성들의 발산과 그 특이성들이 현실화되는 문

---

149) Deleuze, Difference and Repetition, p. 190.
150) Ibid., p. 293.
151) Ibid., p. 294.

제들은 시간의 세번째 종합에 속한다. 다음 절에서 우리는 이 시간의 세번째 종합에 대해 살펴볼 것이다.

3. 초자아의 에네르기학

이드는 묶고, 자아는 현실 대상을 창조하며, 초자아는 상징화한다. 초자아는 시간 전체의 상징을 창조한다. 그러므로 초자아는 더 이상 시간의 근거 ──자아가 자신의 현실적이고 잠재적인 대상을 생산했던 것과 같은── 가 아니라, 상징을 통해서만 나타날 수 있는 무근거의 심연으로서의 시간의 세번째 종합을 형성한다.[152] 상징적 관계는 보다 큰 관점 안에서 특이점들을 변환시킨다. 즉 그것〔상징적 관계〕은 사물을 억압하고 사물의 자리를 차지하며 파편들의 변양을 결정한다. 그러나 그것은 또한 그 파편들이 자신들의 차이를 가로질러 공명하도록 만든다. 하지만 과연 무엇이 이 상징을 전치되도록 하는가? 강한 정서는 때로 시간 속에서 퇴행을 유발하고(비자발적 기억), 때로는 전진을 수행하면서(치료상의 전이) 주기적으로 상징적 기능을 붕괴시킨다. 상징적 기능이 진행될 때 언어가 출현하고 이전에 억압되어 있던 욕동들은 표현의 방출구를 찾는다. 탈성화는 부정법 동사들로부터 추출된 순수사건들을 낳기 시작하고, 순수사건들은 시간 속의 일어남들〔사건들〕에 논리적인 질서를 부여한다. 그러나 동시에 순수사건들은 '부인' 이라

---

152) 안셀-피어슨에 따르면, 세번째 종합은 "무정형의 드러남, 혼돈의 질서, 변신을 도입하는 시간의 형식이다. 그 속에서 시간의 근거(기억)는 폐기된다"(Ansell-Pearson, *Germinal Life*, p 103).

고 불리는 부정의 상태에서 중지된 상태로 머물러 있다. 이러한 중지는 사건들로 하여금 물음들과 문제들 사이의 가장자리에 서게 만들고, 사고에 지속적인 강요된 운동을 부여한다.

사고는 사건들을 어떻게 선택하는가? 사고는 지속적인 일어남들의 흐름에서 어떻게 사건을 구분하는가? 이것들이 들뢰즈가 시간의 세번째 종합에서 천착하고 있는 물음들이다. 칸트는 그의 세번째 종합을 위해 '재인'이라는 단순한 형식을 제안했다. 그러나 이는 들뢰즈에게 여전히 불만족스러운 상태로 남아 있다. 왜냐하면 재인은 표상들의 발생에 대한 설명을 아무것도 제공해 주지 못하기 때문이다. 들뢰즈는 이러한 난점을 풀기 위한 해법을 프로이트의 번역의 개념에서 발견한다. 즉 감성에 출몰하는 사물-표상은 자신이 언어-표상이 될 때, 사고의 형이상학적 표면으로 도약하는 것이다. 그러나 이는 들뢰즈가 부정법 동사와 동일시한 초험적 요소 없이는 불가능하다. 이 상징적인 요소는 언어의 요소와 마찬가지로 시간 속에서 순간들의 구별성을 선택하고 유지한다. 들뢰즈는 프로이트를 통해 칸트의 세번째 종합을 표상의 개념 전체와 더불어 변환시킨다. 다시 말해 그는 탈성화 및 상징화의 과정을 통해 우리의 사고, 사건, 언어에 발생을 제공한다. 이번 절에서는 이 발생적 과정에 대해 탐구할 것이다.

반복은 어떻게 상징적인 동시에 모나드적인가?

『차이와 반복』에서 들뢰즈는 반복을 "상징적이고 정신적이며 상호 주관적이거나 모나드적"인 것이라 부른다.[153] 그 중에서도 상징적인 것과 모나드적인 것은 시간의 세번째 종합에서 특별한 중요성을 갖는다.

우리는 이 각각의 용어들을 개별적으로 살펴볼 것이다.

　우리가 살펴볼 첫번째 개념인 모나드는 하나의 장소를 가지고 있지 않은 탓에 처음에는 낯설게 보일 수 있다. 들뢰즈는 라이프니츠에게 모나드는 비신체화된 영혼으로 이루어져 있다고 말한다. "영혼은 신체 안에 있는 한 점에 있는 것이 아니라 그 자체로 어떤 상위의 점이며, 관점에 상응하는 또 다른 본성을 갖는다."[154] 라이프니츠의 작업에서 모나드는 주체나 세계가 하나의 관점을 구성할 때 불명료한 상태에 있다. 그러나 모나드의 관점을 하나의 주관적인 관점으로 환원하는 것은 이를 지나치게 단순화하는 것이다. 이러한 이유로 들뢰즈는 주체와 세계 사이의 관계를 역전시킨다. "한편으로 아담이 죄를 지은 세계는 오직 죄인 아담 안에서 (그리고 그 세계를 구성하는 다른 모든 주체들 안에서) 실존할 뿐이다. 다른 한편으로 신은 죄인 아담이 아니라 아담이 죄를 지은 세계를 창조한다. 달리 말해 세계가 주체 안에 있다면, 주체는 세계를 향해 있다."[155] 라이프니츠의 신은 세계를 영혼 안에 건설하기 때문에 부대현상에 해당하는 '주체'는 세계라는 보다 큰 관점 안에 있는 작은 영역을 현시한다. 이러한 '관점'의 의미는 라캉의 「도둑맞은 편지」에 대한 독해에서 그것이 어떻게 기능하는지를 살펴본 이후에 좀더 명확해질 것이다.

　「도둑맞은 편지」에 대한 라캉의 세미나는 두 가지 계열을 포함하는 포Edgar Allan Poe의 이야기를 상술하고 있다. "첫번째 계열 : '왕-

---

153) Deleuze, *Difference and Repetition*, p. 106.
154) Deleuze, *The Fold: Leibniz and the Baroque*, p. 23.
155) Ibid., p. 25.

왕비-장관', 두번째 계열 : '경찰청장-장관-뒤팽'."[156] 극 중의 역할에
사로잡힌 각 등장인물들은 다른 이들에게 의존적이다. 그래서 한 계열
의 세 주인공은 다음 계열에서 그들의 대응자들을 반영한다. 두 계열
모두에서 편지는 그들의 상호 주관적인 관계를 구조화한다. 이에 대해
라캉은 "상징적 순환 속의 각 지점에서, 이들 각자는 다른 누군가가
된다"[157]고 말한다. 각각의 행위자들[배우들]의 역할은 극 중의 구조
안에 있는 위치에서 출현한다.

만일 소설이 행위자[배우]의 관점에서 기술될 수 없다면, 이때 관
점은 어디에 있는가? 첫번째 계열에서, 장관은 왕비가 왕으로부터 눈
에 잘 띄는 곳에 숨긴 편지를 알아차리고 이 편지를 훔친다. 두번째 계
열에서, 뒤팽은 장관이 경찰청장으로부터 눈에 잘 띄는 곳에 숨긴 편
지를 알아차리고 이 편지를 훔친다. 이 이중의 계열은 관점들을 교차
시키고 있다. 즉 경찰청장은 왕을 대체하고(x로부터 숨겨진 편지), 장
관은 왕비를 대체하며(눈에 잘 띄는 곳에 편지를 숨긴 y), 뒤팽은 장관
을 대체한다(편지를 훔친 z). 각각의 계열은 모나드로서 기능하고 x, y,
z가 각각의 모나드에서 세 명의 등장인물들에게 결부된 술어들이라고
가정해 보자. 즉 각각의 경우에 등장인물들은 그들의 술어인 x, y, z에
따라 개체화된다. 그러나 두 모나드에서, 등장인물들은 그들이 편지와
관계를 맺는 방식에 따라 상이한 관점에 참여한다. 사실 그들이 편지와
맺는 상징적 관계가 그들의 관점을 결정한다. 등장인물들은 각자 편지=x와

---

156) Deleuze, Difference and Repetition, p. 316.
157) Lacan, The Seminar of Jacques Lacan : Book II, The Ego in Freud's Theory and in
    the Technique of Psychoanalysis, 1954-1955, p. 197.

의 상징적 관계를 통해, 각 모나드에서의 역할을 부여받는다. 이 상징적 관계는 하나의 관점으로서 등장인물들이 각자 수행하는 역할을 산출한다. 다시 말해 술어를 결여한 편지(대상=x)는 모나드를 초월하고 역할을 정의한다. 두 가지 가능 세계들이 편지=x로 인해 발산하며 계열들 사이의 그[편지=x의] 전치는 각각의 행위자들의 역할을 변환시킨다. 즉 각각의 계열들은 편지=x의 텅 비고 불변하는 본성으로 인해 발산하고 공명한다.[158]

들뢰즈는 자신들의 차이를 통해 공명하는 모나드의 발산하는 계열들을 제안함으로써 —— 모든 모나드들이 수렴하는 단 하나의 현실적 세계를 제안했던 —— 라이프니츠의 논의에서 벗어난다. 들뢰즈는 이러한 과정을 시간을 가로질러 파편적인 형태로 나타나는 프루스트의 주인공에게서 관찰하는데, 이 주인공의 '자아들' 은 상이한 주체들에 속하는 것처럼 보인다. 들뢰즈는 이것을 소통 없는 저장소들에 갇혀 있는 파편화된 시간의 탓으로 돌리는데, 이러한 저장소들 안에서 "**일자**—者와 **전체**는 …… 원리들이 아닌 효과로서, 기계들의 효과로서 기능한다".[159] 만일 그들의 통일성을 현시하기 위한 수동적 종합이 없다면, 시간, 자아, 예술 작업 등은 파편화된 채로 남아 있을 것이다. 들뢰즈는 이러한 종합을 초래하는 두 '기계들' 을 공명과 강요된 운동이라 명명한다. 다음으로 우리는 상징적 관계가 어떻게 이 두 운동을 생산하는지 살펴볼 것이다.

---

158) Ibid., p. 119.
159) Deleuze, Proust and Signs, p. 163.

상징은 어떻게 사물의 자리를 차지하는가?

감정을 억압하는 상징은 사물을 대신한다. 프로이트의 사물이 가시적 대상을 초월한다면, 상징 또한 사물을 전치시킬 때 사물을 초월한다. 가령 어떤 히스테리 환자가 사물을 억압할 때, 상징은 그 사물의 자리를 차지한다. 일반적으로 상징–형성symbol-formation은 자발적인 운동으로 남아 있다. 예컨대 "귀부인의 장갑을 위해 싸우는 기사는 …… 그 장갑[의 가치]이 그 귀부인에게서 나온다는 점을 알고 있다".[160] 이러한 유형의 대체는 우리의 목적에 비추어 볼 때 그다지 흥미롭지 않다. 보다 심층적인 전치는 히스테리의 상징–형성에서 일어난다.

> A로 인해 눈물을 흘리는 히스테리 환자는 자신이 A–B의 연합으로 인해 그렇다는 사실을 알지 못한다. 그리고 B 자체는 그 환자의 심리적 생활에서 어떤 역할도 하지 못한다. 이 경우에 상징은 사물의 자리를 완전히 차지하는 것이다.[161]

앞서의 예에서 장갑은 숙녀를 상징하는데, 그것[장갑]은 무의식적인 사물에서 상징으로 향하는 전치라기보다는 단지 기표들 사이의 단순한 전치를 요구할 뿐이다. 반면 히스테리의 상징–형성은 그것이 흐느낌의 감정으로 자기 자신을 현시할 때 우리를 상징화된 사물에 더욱 가까워지도록 한다. 과도하게 강도 높은 관념에 해당하는 억압된 사물은

---

160) Freud, Project for a Scientific Psychology, p. 349.
161) Ibid., p. 349.

어떤 감정이 하나의 관념에서 다른 관념으로 이동할 때, 또는 "B에서 제거된 어떤 것이 A에 덧붙여질"[162] 때 스스로를 전치한다. 강도가 관념들 사이를 이동하면서 기표들을 전치시킬 때, 첫번째 관념은 불쾌한 감정으로 억압된다. 이때 히스테리 환자는 억압된 감정을 상징하는 대상을 물신으로 바꾼다. 즉 감정에 본래 귀속되어 있던 대상은 탈-카섹시스를 겪게 되는 것이다. 이 예에서 전치된 감정에 해당하는 기표화된 사물은 기표들 사이를 떠다니며 대상=x를 탈구시킨다.

프로이트는 기억상실증이 반복강박을 수반한다고 본다.[163] 심리가 감정을 가라앉게 하거나 전치할 때, 그 감정은 기억상실증을 유발한다. 그러나 들뢰즈는 프로이트의 기억상실증에 대한 해석에 동의하지 않는다. 우선 프로이트는 현실의 사건이 억압을 겪는다는 것과 이 사건에 대한 단순한 자각이 치료로 이어질 것이라 가정하고 있다. 그러나 프로이트의 텍스트 중 엠마의 예에서, 애매성ambiguity은 또 다른 가능한 해석을 은폐한다. 우리는 전체 사례담을 상술하지 않고도 그 두드러진 특징들을 검토할 수 있다. 요컨대 이 사례담에는 두 개의 계열이 나타난다. 첫번째 계열에서 상점 주인에 의한 성폭행과, 두번째 계열에서 상점 점원들의 웃음소리에 대한 공포가 그것이다. 두번째 계열에서 엠마는 상점의 두 점원이 자신의 옷차림에 대해서 비웃는 것을 보고 공포를 경험한다. "그녀는 어떤 물건을 사러 상점에 들어갔는데, 함께 웃고 있는 두 명의 상점 점원들(중 그녀가 기억하는 한 명)을 발견

---

162) Ibid., p. 350.
163) 프로이트에 따르면, "모든 강박에는 그에 상응하는 억압이 있고, 의식을 향한 모든 지나친 침입에는 그에 상응하는 기억상실증이 있다"(Ibid., p. 350).

하고 어떤 종류의 공포감으로 인해 그곳에서 뛰쳐나왔다."[164] 여기서 웃음과 옷이라는 두 개의 항이 출현한다. 프로이트에 따르면, 웃음은 첫번째 계열에서의 상점 주인에 대한 억압된 관념과 공명한다. "상점 안에서 두 점원은 웃고 있었다. 이 웃음은 (무의식적으로) 상점 주인에 대한 기억을 떠올렸다."[165] 공포감은 어째서 중성적 관념으로 남아 있는 '옷'에 결부되어야만 했을까? 프로이트에 따르면, 이는 '옷'이 그 공포감을 상징화하기 때문이라고 한다. "의식 안으로 들어온 요소는 관심을 불러일으키는 어떤 것([성]폭행)이 아니라 상징에 해당하는 또 다른 것(옷)이다."[166] 상징적 대체물인 '옷'은 억압된 사물에게서 관심이 멀어지게 한다. 애매성은 다음의 물음에 따라 정해진다. 즉 억압된 사물은 공포인가 폭력인가? 폭력은 밖에서 오고, 공포는 안에서 온다. 만일 공포가 무의식 속의 무시간적 감정으로서 억압된 사물의 역할을 한다면, 이때 폭력에 대한 공포는 초기의 공포로 위장할 수 있다. 이 동일한 추론의 연쇄로 인해 오토 랑크는 원초적 '출생-외상'를 제안하고, 또한 모든 외상적 관념들이 하나의 동일한 사건을 지시하고 있다는 점을 암시한다.[167] 프로이트와 들뢰즈는 모두 이 원초적 외상에 대한 개념에 동의하지 않는다. 비록 프로이트가 외상적 사건의 개념을 계속해서 다루고 있지만, 들뢰즈는 억압된 감정에 대한 어떠한 '시원'도 거부한다.[168]

들뢰즈는 전치와 억압에 대해 다시 사유한다. 프로이트의 이론에

---

164) Freud, Project for a Scientific Psychology, p. 353.
165) Ibid., p. 354.
166) Ibid., p. 356.
167) Otto Rank, The Trauma of Birth, New York: Robert Brunner, 1952.

따르면, 전치와 억압은 두 현실적 계열들 사이에서 일어난다. 하지만 들뢰즈에게 전치와 억압은 현실적 계열과 잠재적 계열 사이에서 발생한다. 즉 감정이 과거의 사건과 현재의 사건 사이에서 움직일 때, 과거의 사건은 현재의 사건을 반영한다. 억압된 관념은 마치 유령의 현전과 같이 자기 자신을 [과거의] 장면 속으로 통합한다. 프로이트는 강한 정서들이 우리의 시간에 대한 감각을 방해할 때 어떤 일이 일어나는지를 기술하고 있다.

> 최근의 경로는 감응적 상태에 굴복당하고 소통 ── 즉 예전에 확립된 것 ── 은 비교우위를 차지한다. 이러한 망각은 사고의 이행에 있어서 마치 꿈속에서 일어나는 것처럼 선택의 힘뿐만 아니라 능률과 논리도 상실됨을 내포한다.[169]

강한 정서들은 시간 속에서의 우리가 가지는 장소의 감각을 억제할 수 있다. 프로이트는 개인적으로 망각을 경험했을 때 이러한 사실을 발견했다. "내가 얼마 전 집에 설치한 전화를 사용하는 것을 잊어버린 상황이 커다란 불안에 따른 동요의 과정에서 발생했다."[170] 프로이트의 정신은 집에 전화기가 들어오기 이전의 시점으로 퇴행했던 것

---

168) 들뢰즈는 무의식 속의 전치가 "시원적인 것이나 파생적인 것을 지정하지 않는다"고 말한다(Deleuze, Difference and Repetition, p. 125). 랑크의 '출생 외상'에 대한 프로이트의 반응과 관련해서 다음의 저술을 참조할 것. Freud, On Psychopathology, trans. J. Strachey, London: Penguin Books, 1993, pp. 321~322.

169) Freud, Project for a Scientific Psychology, p. 357.

170) Ibid, p. 357.

이다. 그는 자신의 선택의 힘을 잃었고 더 이상 과거와 현재를 구분할 수 없었다. 프루스트는 이와 동일한 유형의 망각을 '비자발적인 기억'이라고 기술했다. 그 안에서 우리는 과거 속으로 전송된 우리 자신을 발견하게 되고, 현재의 상황에 대해 마치 이전의 상황인 양 반응한다. 억압된 감정은 이러한 비자발적인 기억을 산출한다. 즉 억압된 감정은 과거와 현재가 구분 불가능하게 될 때까지 서로 공명하게 한다.

상징 - 형성에서 언어의 기능은 무엇인가?

엠마와 같은 히스테리 환자가 사물을 상징으로 대체할 때, '상징-형성'이라 불리는 죽음욕동의 현동적인 측면이 출현한다. 히스테리성 상징-형성과 달리, 일반적인 상징-형성은 상징화된 사물에 대한 확고한 이해를 수반한다. 그러나 신경증 환자가 반복강박 하에서 상징들을 생산할 때, 심리는 기억-대상이 없는 문제적인 상징과 조우하게 된다. 만일 상징이 기억 속에서 자신의 대상을 찾을 수 없다면, 이때 상징은 현실원칙에서 비롯하는 현실적 계열에서 대상을 찾게 된다. 그러나 이 상징과 관계하기 위해서 현실원칙은 또 다른 현실인 사고의 현실을 생산해야만 한다. 이 두번째 현실은 언어에 속하는 것으로, 지각뿐만 아니라 구상력과도 다른 것이다.

만일 언어가 대상들의 영역 외부에 머물러 있다면, 그것은 어떻게 '현실성'을 획득할 수 있을까? 이미 살펴본 대로 현실성의 징후는 심리적인 방출을 수반한다. [음식을] 먹는 동안에 입과 위장에서는 음식의 현실성을 신호하는 방출을 생산한다. 또한 말하는 동안에는 언어의 현실성을 신호하는 입에서 신체적인 방출이 일어난다. 이 과정에서 히스테리성 상징-형성에서와 같이 상징은 완전하게 사물을 대체한다. 말들은 상징들이 된다. 즉 언어는 상징적이다. 요컨대 말은 사물이 아니고 사물은 말이 아니지만, 현실원칙은 마치 말이 사물과 동일한 현실성을 향유하는 것처럼 이들 모두에게 적용된다.

언어는 반복강박에 새로운 방출구를 제공한다. 만일 강한 감정이 현실원칙을 강화한다면, 이때 그 결과로 일어나는 현실에 대한 주의력 attention to reality은 강박적 행동을 통해서든, 아니면 상징화나 언어를 통해서든 표현될 수 있다. 후자[상징화나 언어]는 죽음욕동의 세번째 측면을 드러낸다. 첫째 현동적 본성, 둘째 위장하는 힘, 셋째 "내재적 의미로, 그 [내재적] 의미 안에서 공포는 선택과 자유의 운동과 밀접하게 뒤섞인다".[171] 우리는 죽음욕동의 첫번째와 두번째 힘을 전치와 위장에서 살펴보았다. 이제 세번째 힘이 초기의 강박적인 반복을 초월한다. 파괴적인 욕동은 자신의 풀려난 운동 안에서 행위나 사고를 통해 현시된다. 만일 파괴적인 욕동이 사고를 통해 현시된다면, 이 욕동은 치료상의 전이——그 안에서 죽음욕동은 사고의 형성을 고취한다——의 특성들을 획득한다. 분석에서 반복강박은 언어를 통한 선택과 자유뿐만 아니라, 내생적 흥분들의 형식 안에서 공포의 내재적 의미도 전제한다.

프로이트가 발견했던 '대화-치료'의 치료적 감정은 정서를 서사적 구조로 번역함으로써 작동한다. 다시 말해 그것은 신체적 행위를 형이상학적 의미로 전환하는 것이다. 요컨대 동사화verbalization는 '형

---

171) Deleuze, Difference and Repetition, p. 19.

이상학적 표면'을 창조하는데, 이 표면 위에서 신체의 감정들은 정신 속의 사고들이 된다. 들뢰즈는 동사를 사고의 중심에 놓아 이 동사화의 과정을 문자적으로 취한다. "말하기는 말의 완전한 의미에 있어서 동사를 전제하는 것이고 동사를 통과하는 것이며, 동사는 입을 형이상학적 표면 위로 투사하고 그것을 이 표면의 관념적인 사건들로 채운다."[172] 행위는 동사를 통과하여 말 안에서 스스로를 표현하고, 동사는 또한 관념적인 사건을 표현한다. 반복강박은 행위들을 부정법 동사들로 번역하여 스스로를 사고로 변환시킨다. 다음으로 우리는 이 부정법 동사들이 어떻게 무의식 속에서 사고의 장소를 구성하는지 살펴볼 것이다.

번역이란 무엇인가?

프로이트가 정의한 바에 따르면, 번역이란 무의식적인 '사물-표상'이 '언어-표상'과 연결되었을 때 일어난다. 이러한 [연결]과정이 실패하여 신경증 환자가 정신분석 상담에서 말로 표현할 수 없는 상태에 있을 때 억압이 일어난다.[173] 프로이트는 초기의 한 편지[174]에서 기억-흔적들이 통과하는 전사轉寫의 지층들에 대해 기술한다. 이 편지의 마지막 구절에서 전의식의 전사는 "언어-표상과 결부된 세번째 전사이며, 우리의 공식적인 자아에 상응한다".[175] 사물-표상이 이 지층에서 자기자신을 표현할 때 사고가 일어난다. 즉 사물-표상이 이 지층 아래, 무

---

172) Deleuze, The Logic of Sense, p. 241.
173) "번역의 실패—이는 임상에서 '억압'으로 알려져 있다." (Freud, Project for a Scientific Psychology, p. 235)
174) 이는 플리스에게 보낸 편지를 말한다. 이 편지는 프로이트가 1896년 12월 6일에 보낸 편지 52에 해당한다.—옮긴이

의식의 두번째 전사에 머물러 있다면, 그것은 은폐-기억들을 생산할 것이다. 이 두 지층은 들뢰즈가 **타나토스**와 **에로스**, 혹은 시간의 세번째와 두번째 종합에 귀속시키는 사고의 지층과 비자발적인 기억의 지층에 상응한다.

은폐 기억은 사물-표상을 상징화하는데, 이 사물-표상은 의식의 바깥 테두리에 출몰하는 일반적인 과거의 형식 안에 억압된 채로 남아 있다. 동사화가 무의식과의 새로운 관계를 창조할 때, 그것은 기억 이미지들을 활성화한다. 다시 말해 심리는 번역의 과정을 통해 억압된 욕동들로부터 언어-표상들을 산출한다. 번역은 기억의 '성애적' 가면을 생산하기보다는 기억의 성애적 공명을 초월하여 탈성화된 사고-표상을 생산한다. 공명이 성욕에 제한될 때, 강요된 운동은 사고를 완전히 탈성화한다. 『의미의 논리』에서 들뢰즈는 프로이트의 지층의 은유를 따라 강요된 운동과 공명의 차이에 대해 기술한다. "강요된 운동은 기초적인 성적 계열들 사이에서 수립되는 것이 아니라 훨씬 더 큰 새로운 두 계열——먹기와 생각하기——사이에서 수립된다."[176] 그것은 보다 큰 거리를 가로지르면서 먹기라는 신체적 활동에서 말하기라는 탈신체적〔형이상학적〕활동으로 도약한다. 요컨대 부분 욕동들을 말하기로 번역하는 것은 이러한 더 높은 승화를 추동한다. 두번째와 세번째 종합은 이 더 높은 승화로의 도약에서 비롯한다. 이러한 이유로 들뢰즈는 두번째 종합(에로스)을 '덜 성공한 승화'라고 기술한다.[177]

---

175) Ibid., pp. 234~235.
176) Deleuze, The Logic of Sense, p. 240.

프루스트가 '차와 마들렌'에 대한 에피소드를 기술할 때, 매우 강렬한 이미지들은 퇴행, 전치, 은폐-기억의 메커니즘을 통해 간단히 체현된다. 그러나 이 메커니즘들은 억압의 힘들을 충분히 극복하지 못한다. 비자발적 기억은 기껏해야 우리에게 잠깐 동안 지나가는 사물-표상들의 이미지를 부여하지만, 그 표상들을 유지하는 데에는 실패한다. 반면에 사고는 이 사물-표상들을 언어-표상들로 번역하고, 따라서 그것들을 의식 안에 유지시킨다. 들뢰즈가 **에로스**로 인해 "우리가 이 즉자적 순수과거 안으로 진입해 들어갈 수 있다"[178]고 말할 때, 그는 단지 은유적으로 말하고 있는 것이 아니라 실제로 억압과 성욕이 기억의 운동을 설명해 주고 있다는 점을 의도하는 것이다. 하지만 그는 또한 "억압을 설명해 주는 것은 성욕의 위상"이라고 경고한다.[179] 이 기억의 운동은 마치 "나는 병원 예약이 되어 있다"와 같은 평범한 사실들의 회상과는 다르다. 그것은 "망각이 경험적으로 극복되는 한에서, 능동적 종합에 의해 망각 저편에서 재현될 수 있는" 이전의 현재들로 구성된다.[180] 대신, 그는 성욕 및 억압과 밀접한 관계에 있는 기억의 수동적 종합에 대해 언급한다. 기억은 콩브레와 같이 억압과 환상으로 인해 표면화된다. 즉 이것이 들뢰즈가 "콩브레가 결코 현전했던 적이 없는 형식으로, 즉 콩브레의 즉자 존재가 재출현하는 것은 바로 태고의 것과 같은 망각 안에서다"[181]라고 말하는 이유이다. 여기서 콩브레는 망

---

177) Deleuze, The Logic of Sense, p. 224.
178) Deleuze, Difference and Repetition, p. 85.
179) Deleuze, The Logic of Sense, p. 243.
180) Deleuze, Difference and Repetition, p. 85.

각을 감추는 은폐-기억으로서 작동한다. 그러나 이 '망각'은 실패한 승화나 실패한 번역으로 남아 있다. 결국 언어 표상들로 번역하는 것은 시간의 두번째 종합에 대한 세번째 종합의 승리를 표상한다. 이 세번째 시간의 종합에서 우리는 무의식에 직접적으로 도달할 수 있고 순수사건들을 추출해 낼 수 있다.

프로이트는 그의 계통발생학 이론에서 무의식 내부의 심층에서 출현하는 이 순수사건들을 발견한다. 그는 자신의 정신분석 작업에서 역사적인 정초들을 결여한 환상화된 사건들의 공통점을 밝히고 있다. 가령 오이디푸스 콤플렉스는 아이들이 자신들의 아버지를 죽여서 잡아먹는 토템식사의 신화에서 기인한다. 프로이트에 따르면, 초자아 자체는 "토테미즘을 낳게 한 경험들에서 기원했다".[182] 오직 자아만이 세계와 이드의 사이를 매개하기 때문에 이 사건들은 현실 세계에서 기인할 수 없다는 점을 그는 깨달았다. "이드에 대한 외부 세계의 대리자인 자아를 경유하지 않고서는 어떤 외부적 변화[사건]도 이드에 의해 경험되거나 받아들여질 수 없다는 사실을 알 수 있다."[183] 그러나 이러한 전의식적인 '사건들'이 현실 세계에서 발생하지 않는다면, 그 사건들은 이드 자체에서 발생해야만 한다. 이 전의식적인 사건들이 대상-표상들로 남아 있는 한, 이드의 충동들은 무의식적인 상태로 남아 있을 것이다. 즉 동사의 매개를 통해서만 사건들은 스스로를 언어-표상들에 결부시킬 수 있고 의식적인 것이 될 수 있다.

---

181) Ibid., p. 85.
182) Freud, On Metapsychology: The Theory of Psychoanalysis, p. 378.
183) Ibid., p. 378.

들뢰즈는 동사를 초자아에 도입하여 승화 이론을 변환시킨다. 즉 그에게 동사는 "사건을 표현된 것으로 표상하고, 사건을 언어의 요소들 내에 실존하게 만들며, 또한 역으로 이 요소들에게 하나의 표현적 가치와 그들이 스스로는 갖지 못하는 '표상하는 것들' 로서의 기능을 부여한다".[184] 동사는 부분 욕동들을 조정하고 언어를 통과하는 가운데 부분 욕동들을 하나의 사건으로 종합한다. 이것은 언어에 의미를 부여하는 부정법 동사 없이는 일어날 수 없다. 언어 안에서 행위를 재현함으로써, 가령 먹다/먹히다 혹은 죽이다/죽다와 같은 동사들은 '토템식사' 의 환상을 가능한 것으로 만든다. 이러한 동사들은 이드에서 초자아로 이행하는 이러한 시원적 환상의 핵을 수립하여 초자아에 순수한 행위의 이미지를 배분한다. 들뢰즈는 현실적으로 일어나지 않은 행위의 이미지를 '시간 전체' 의 상징이라고 부른다. 이 시간의 전체는 "무시무시한 행위의 이미지 안에서 모이게 되는데, 이때 이 행위는 현시되고 금지되며 예고되는 행위, 행위=x이다".[185] 다음 장에서 우리는 이 중대한 사건의 이미지가 어떻게 시간을 과거·현재·미래로 나눌 수 있는지 살펴볼 것이다. 지금은 이 사건이 부정법 동사를 통해 초자아에 현시된다는 사실을 아는 것만으로 충분하다.

들뢰즈의 동사 이론은 프로이트의 계통발생학 이론에 대한 대안

---

184) Deleuze, The Logic of Sense, p. 245.

185) Deleuze, Difference and Repetition, p. 110. 멩그에 따르면, 대상=x는 모든 행위에 대해 상징적인 상태로 남아 있는 행위=x로 간주되어야 한다. "이 대상=x는 들뢰즈가 가리키는 바와 같이, 우리가 두번째 종합에서 이미 살펴보았던 행위=x와 연결될 수 있고, 계열들 안에서 시간의 분할과 재부착을 통해, 즉 상징적 이미지를 통해 작동한다." (Philippe Mengue, Gilles Deleuze ou le système du multiple, Paris: Editions Kimé, 1994, p. 154)

을 제공한다. 즉 들뢰즈는 이드가 우리의 조상들의 경험을 집적한다고 믿는 프로이트와 달리, 초자아의 사건들은 언어-표상들로의 번역을 받아들인 파괴 욕동들에서 비롯한다고 믿는다. 이 승화에 대한 해석은 아마도 다음의 구절에서 토대를 찾을 수 있다. "한때 정신의 심층부에서 격렬하게 벌어졌던 투쟁, 또한 급진적인 승화와 동일시에 의해서도 종결되지 않은 투쟁은 이제 보다 높은 지역에서 계속되고 있다."[186] 무의식 속에서 벌어지는 투쟁은 이제 형이상학적 표면 위에 있는 사고의 대상이 아닌가? 그리고 신체의 심층에 있는 모든 능동과 수동을 표상하는 것은 동사가 아닌가? 그렇다. 들뢰즈에 따르면, 사건은 "비록 완전히 다른 본성을 띠지만, 능동과 수동의 필연적인 결과이다".[187] 순수사건의 본성은 현실적 일어남들의 본성과는 다르다. 다음으로 우리는 사건의 본성에 대해 살펴볼 것이다.

사건이란 무엇인가?

순수사건은 일어남[사건]과는 달리, 이성과 초자아로부터 전해지는 논리적 통일체와 같이 기능한다. 프로이트와 들뢰즈는 모두 순수사건과 논리적 통일체 사이의 강한 연관관계를 인식했다. 프로이트는 이 인식능력들의 근원이 부모에게까지 거슬러 올라간다고 본다. 그러나 들뢰즈는 초자아가 "이성의 절대적 관념으로서의 부정"[188]을 산출한다고 보고 있다. 이러한 부정은 가학적인 이성의 형식으로서 자신을 사

---

186) Freud, On Metapsychology: The Theory of Psychoanalysis, p. 379.
187) Deleuze, The Logic of Sense, p. 207.
188) Deleuze, "Coldness and Cruelty", p. 126.

디즘이나 공격자와의 동일시와 연결시켜 프로이트의 이성의 기원을 더 멀리 밀고 나아간다.

순수한 부정으로서의 이성은 우선 칸트가 고통스러운 동시에 고양하는 것으로 기술하고 있는 『실천이성 비판』의 '강제'〔규제〕의 개념에서 드러난다.

> 법에 대한 복종으로서 …… 그것은 자신 안에 어떠한 쾌락도 포함하지 않지만, 이와 대조적으로 지금까지 행위 안의 고통을 포함하고 있다. 반면 …… 그것은 고양하는 어떤 것을 포함하며, 느낌에 대한 이런 주관적 효과는 이런 점에서 자기-승인으로 부를 수 있을 것이다.[189]

내부에서 발생하는 이성의 규제는 자기 자신에게서 일어나는 현동적인 잔혹성에서 기인한다. 프로이트는 이 자기-감응〔애착〕의 이원성을 권위 있는 인물들과의 동일시 및 내투사에서 기인하는 금지의 내면화를 통해 설명한다. "초자아는 내투사된 인물들의 본질적인 특징들을 가지고 있다. 즉 그들의 힘, 엄격함, 감시하고 처벌하는 경향이 그것이다."[190] 이 내투사로 인해 **타자**는 우리를 통해 행위하게 된다. 예컨대 우리는 이러한 과정을 아동의 발달단계에서 확인할 수 있다. 처음에 어린아이는 억압되지 않은 상태를 보이며 결과들을 쉽게 잊어버리지만, 교육의 과정으로 인해 이성을 위해서 쾌락을 지연시키는 결과

---

189) Kant, Critique of Pure Reason, p. 101.
190) Freud, On Metapsychology: The Theory of Psychoanalysis, p. 422.

들에 대한 의미와 인과성의 논리 ——규제에 따른 보상—— 를 획득하게 된다. 그러나 이성은 초자아의 기초를 구성하는 아버지의 "안 돼"〔금지〕없이는 약화되고 만다.[191] 이러한 이유로 프로이트는 강제나 규제에 대한 칸트의 기초를 승인한다. "따라서 칸트의 정언 명령은 오이디푸스 콤플렉스의 직계 상속인이다."[192] 프로이트는 어린아이가 부정의 논리적 상징과 함께 표면화되는 아버지의 규제하고 구속하는 힘을 내면화할 때 오이디푸스 콤플렉스가 해소된다고 본다. 이 상징을 통해 정언 명령은 논리적 사건들을 산출한다. 칸트가 거짓말에 대해서 든 예를 살펴보자. "만일 모든 사람이 거짓말을 한다는 약속이 있다면, 이 약속들은 그 자체로부터 소멸될 것이다. 왜냐하면 이 약속은 그 약속들을 믿는 사람들과 모순적이기 때문이다."[193] 이러한 거짓말하기의 순수사건은 현실적인 사건들을 초월한다. 즉 이 순수사건은 논리의 활동에 의해 중지되면서 이중 부정에서 비롯하는 어떤 이상으로 남아 있다. 요컨대 거짓말은 모순을 통해 *스스로*를 부정한다("나는 거짓말을 하는 중이다"는 거짓말이다).

비판적 이성은 사건들의 정합성에 의존하는데, 그러한 정합성은 사건들의 주어〔주체〕나 목적어〔대상〕와는 무관하다. 대신, 비판적 이성은 주어와 목적어 사이에 자기 자신을 삽입하는 연결사, 이른바 부정법 동사나 순수사건 자체에 의존한다. 자신의 총체적 가역성 안에

---

191) 이에 대해 다음의 저술을 참조할 것. Jacques Lacan, "On a question preliminary to any possible treatment of psychosis", Écrits: A Selection, trans. A. Sheridan, New York: W. W. Nortan & Company, 1977, pp. 179~225.

192) Freud, On Metapsychology: The Theory of Psychoanalysis, p. 422.

193) Deleuze, Kant's Critical Philosophy: The Doctrine of the Faculties, p. 33.

있는 부정법 동사로 인해 행위의 순서는 중요하지 않다. 들뢰즈는 이 총체적 가역성을 논증하기 위해 루이스 캐럴의 작품에서 다음의 예들을 인용하고 있다.

> 캐럴의 작품에 산포되어 있는 수많은 예들은 다음과 같다. 즉 "고양이 가 박쥐를 먹는다"와 "박쥐가 고양이를 먹는다", "나는 내가 의도하는 것을 말한다"와 "나는 내가 말하는 것을 의도한다", "나는 내가 얻은 것을 좋아한다"와 "나는 내가 좋아하는 것을 얻는다", "나는 잠을 자 면서 숨 쉰다"와 "나는 숨 쉬면서 잠을 잔다" 등은 하나의 동일한 의 미를 갖는다.[194]

각각의 경우에서, 동사 '먹다', '말하다', '얻다', '숨쉬다' 등은 주어와 술어의 역전에도 불구하고 동일한 것으로 남아 있다. 들뢰즈는 심지어 다음과 같이 말한다. "'신이 존재한다'와 '신이 존재하지 않는다'는 동일한 의미를 가진다."[195] 왜냐하면 부정은 각각의 명제에서 동사 '이다/있다'의 의미를 변화시키지 않기 때문이다. 부정은 사건 자체가 아니라 사건의 술어에 영향을 끼친다. 하지만 현실적인 일어남들 속에서 사건은 자신의 주어나 술어의 외부에 실존하지 않는다. "고양이가 매트 위에 앉는다"의 예에서 매트와 고양이는 '앉기'라는 행위를 결정한다. 동사는 오직 이성의 영역 안에서 모든 논리적 사건들의 핵

---

194) Deleuze, The Logic of Sense, p. 33.
195) Ibid., p. 33.

심이 될 수 있을 뿐이다.

강제[규제]나 부정이 명제들을 정합적으로 만들고자 할 때, 그것은 그 명제들을 오직 하나의 방향으로 움직이도록 허용할 뿐이다. 들뢰즈는 이러한 강제나 규제를 '양-식' good sense[196]이라고 부른다. 달리 말해 우리가 앞서 살펴본 역설(나는 잠을 자면서 숨 쉰다와 나는 숨 쉬면서 잠을 잔다, 혹은 신은 존재한다와 신은 존재하지 않는다)과 조우할 때, 우리는 불쾌감을 느끼고 비웃음이나 혼란의 반응을 보이며 두 가지 의미를 동시에 파악하지 못한다. 프로이트는 이러한 반응의 원인을 가능한 한 빨리 사고를 끝내려는 생물학적 법칙 탓으로 돌린다.

따라서 검증하는 사고의 이행을 멈추게 하는 모순의 지적 불쾌감은 생물학적 법칙을 보호하기 위해 축적되고 부정확한 사고 과정에 의해 야기되는 불쾌감에 다름 아니다.[197]

프로이트에 따르면, 비판적 이성의 활동은 유기체로 하여금 어느 정도의 불쾌감과 강제[규제]를 요하는 대안들을 생각하기에 충분할 만큼 판단을 중지시킨다. 프로이트는 불쾌감과 강제는 본래부터 함께 일어난다고 본다. 유기체는 가능한 한 빨리 반성적인 사고를 끝내어 행위로 사고를 대신하고자 한다. 우리가 생각하기 싫다고 느낄 때, 어째

---

196) 들뢰즈는 양-식에 대해 다음과 같이 말한다. "그것[양-식]은 먼저 유일한 의미나 방향 일반의 원리를 규정한다. 이 원리는 일단 주어지면 우리로 하여금 하나의 방향을 또 하나의 방향보다 우선하여 선택하도록 강요한다는 점을 언제든 보여 주려 한다." (Ibid., pp. 76~77)

197) Freud, Project for a Scientific Psychology, p. 386.

서 우리는 그것을 행하는 것일까? 프로이트의 대답은 데카르트를 반영하고 있다. 즉 판단의 중지는 지각의 현실을 승인한다.[198] 지각이나 사건들의 질서가 승인되고 나면 사고는 자연스럽게 멈추게 된다. 그렇다고 이것이 반드시 일어나는 것은 아니다. 다음으로 우리는 그 이유를 살펴볼 것이다.

부인이란 무엇인가?

부정의 논리적 힘 이외에 프로이트가 '부인'[199]이라 부르는 또 하나의 부정하는 힘이 이성의 감정들에 거슬러 반작용한다. 부인하는 사이에 심리는 외상적 지각의 현실을 부정한다. 특히 심리는 여성이 남근을 결여하고 있음을 부정한다. 들뢰즈는 이 중요한 개념에 대해 다음과 같이 해석한다. "왜냐하면 만일 부인이 남근의 부재에도 불구하고 팔루스의 이미지를 유지하는 것에 대한 물음이라면 …… 부인은 환각이 아니라 오히려 난해한 비의적 지식에 해당한다."[200] 이러한 〔부인의〕 작동에 의해 심리는 남근의 부재를 알고 있음에도 불구하고, 어떤 이미지의 현전을 유지하며 논리로 해결할 수 없는 모순, 즉 자아를 두 부분으로 분열시키는 남근의 현전과 부재 사이의 고통스러운 모순을 산출

---

198) René Descartes, Discourse on Method and Meditations on First Philosophy, trans. D. A. Cress, Indinapolis: Hackett Publishing Company, 1993.
199) 앞서 2장의 97번 주(이 책 127쪽)에서 설명했던 것처럼 '부인' Verleugnung은 어머니/여성에게 남근이 부재하다는 외상적인 지각의 현실을 거부하는 입장을 가리킨다. 그리고 현실을 부정한다는 점에서 현실 대신 관념성과 환상이 도입된다. 따라서 들뢰즈는 부인이 현실을 지연시키고 그 안에 관념적인 것을 도입하는 상상작용의 기초이자 나르키소스적 자아의 핵심요소라고 본다.—옮긴이
200) Deleuze, The Logic of Sense, p. 243.

한다. 다시 말해 한 부분은 남근의 부재에 대한 지각을 유지하고, 또 한 부분은 남근의 현전을 유지하는 것이다. 이러한 분열은 초자아와 이상적 자아를 서로에게서 고립시킨다. 즉 초자아는 거세의 가능성을 유지하고, 이상적 자아는 거세로부터 자아를 보호한다. 들뢰즈는 부인이 초자아로부터 자신의 독립성을 보존하고, 판단을 중지하는 '상상작용'을 구성함으로써 지성의 부정에 반응한다고 본다. "부정이 지성이나 사고의 작용이듯, 부인은 상상작용에 대한 반응이다. 부인은 초자아에 도전하고 어머니에게 순수하고 자율적이며 초자아로부터 독립되어 있는 '이상적 자아'를 탄생시킬 수 있는 힘을 부여한다."[201] 초자아는 판단을 촉진하고, 이상적 자아는 판단을 중지시킨다. 즉 이들은 상이한 층위들에서 작동하면서 하나는 이성의 인식능력을 정초하고 또 하나는 상상작용의 인식능력을 정초한다.[202]

들뢰즈는 그의 저술 「냉정과 잔혹」의 상당 부분을 상상작용의 판단 중지에 대한 논의에 할애하고 있다. 이 논의는 프로이트의 시론 「방어 과정에서의 자아 분열」에 기초를 두고 있는데, 여기서 프로이트는 "본능에 의한 요구와 현실에 의한 금지 사이에 갈등이 있다"[203]라고 설명하고 있다. 거세의 위협은 이러한 본능의 충족을 수반한다. 즉 남자 아이는 비가시적인 팔루스의 현전을 가정하면서 이 (거세의) 위협

---

201) Deleuze, "Coldness and Cruelty", p. 127.
202) 콜롬바는 이 과정을 세 단계로 나눈다. "1. 부정denegation : 어머니는 남근을 결여하고 있지 않다. 2. 서스펜스suspense : 남근의 결여를 발견하는 앞선 실례로 되돌아가 그것을 방어한다. 3. 이상화idealization : 이상적 표상은 현실보다 강하다."(Colombat, Deleuze et la littérature, p. 155)
203) Freud, "Splitting of the Ego in the Process of Defense", On Metapsychology: The Theory of Psychoanalysis, p. 461.

을 부인한다. 요컨대 피할 수 없는 역설로 이끄는 결여에 대한 물음, 즉 결여가 있다 혹은 없다 중 어느 한쪽의 물음이 그에게서 떠나지 않는 것이다. 이러한 모순에서 비롯하는 불쾌감에 대처하기 위해 상상작용이라는 새로운 인식능력이 발달하여 하나의 解를 제시한다. 이 새로운 인식능력은 환상을 지속시키는 구상력이라는 인식능력과는 달리, 자기 자신을 '현실'의 대상을 향해 정향시키는 이성이라는 인식능력으로부터 자신의 독립성을 유지한다. 그 결과 상상작용은 부정, 가역성, 혹은 위치 등의 논리 법칙들에 도전하는 순수한 '현시들'을 보존하게 된다. 이 순수한 현시들 안에서 순수사건은 현실화를 벗어난다. 다시 말해 토템식사, 거세 콤플렉스, 근친상간, 팔루스와 같은 이상적인 사건들은 초자아의 억압에서 벗어나는 것이다.

순수사건을 보존하는 상상작용은 우리가 일상에서 마주치는 의식적인 구상력과는 다르다. 들뢰즈가 이 용어를 사용할 때는 전의식적인 형식으로서의 상상작용을 가리킨다. 의식적인 구상력이 표상들을 생산하는 반면, 전의식적인 상상작용은 오직 명제들에 의미를 부여하는 순수한 현시들을 생산할 뿐이다. 하지만 이러한 현시들이 자아로부터 고립된 채로 남아 있기 때문에, 그들은 합리적 사유에 진입할 수 없다. 이러한 이유로 들뢰즈는 그 현시들이 어떤 정신적인 사태도 초월한다고 말한다. "의미 혹은 명제에 의해 표현된 것은 개별적 사태로도, 특수한 이미지들로도, 개인적인 믿음들로도, 보편적이거나 일반적인 개념들로도 환원될 수 없다."[204] 그러므로 의미는 표상들보다는 이러한 현시들에서 비롯한다. 가령 우리가 실제로 말을 할 때마다, 우리의 명제들은 손으로 만질 수 없는 어떤 것에 대한 욕망이나 요구를 표현하게 된다. 즉 초험적 상상작용 안에서 중지된 현시들이 이러한 욕망을 위한 장소로서 종사하는 것이다.

『차이와 반복』에서 들뢰즈는 현시에 대해 설명하고 있는데, 여기서 그는 실재적인 해解들을 가지고 있지 않은 문제들의 복합적 본성에 대해 기술하고 있다. 그는 이 문제들에 대해 다음과 같이 규정한다. "삶과 죽음의 문제나 사랑과 성차性差의 문제 등이 과학적인 해解들이나 입장들에 의해 수정할 수 있다고 생각하는 것은 순진한 발상이다."[205] 이 순수사건들을 중심으로 순환하는 문제들은 이성이 도달할 수 없는 상태에 있다. '자아의 분열'은 초험적 상상작용을 형이상학적 표면으로 변환함으로써 이 순수사건들을 구체화한다. 우리의 이성이 이러한 문제들에 대해 던지는 물음들은 논리적인 해解들이나 심지어 공식들조차 가지고 있지 않지만, 역설적이게도 이 물음들은 의미를 생산한다. 이 역설의 원천을 라캉의 시론 「팔루스의 기표작용」에서 확인할 수 있는데, 이 글에서 그는 요구demand와 욕구need를 구분하고 있다.

> 요구의 무조건적 요소를 욕망은 '절대적' 조건으로 대체한다. 다시 말해 이 조건은 …… 욕구의 만족에 저항한다. 그러므로 욕망은 만족에 대한 욕구도, 사랑에의 요구도 아니며, 전자를 후자에서 추출한 결과로 야기되는 차이, 그것들의 분열(Spaltung)이라는 현상이다.[206]

---

204) Deleuze, The Logic of Sense, p. 19.
205) Deleuze, Difference and Repetition, p. 107.
206) Lacan, "The Signification of the Phallus", Écrits: A Selection, p. 287.

이러한 유형의 요구는 명제들의 표현 속에서 현시된다. 하지만 이 요구는 어떤 사람에게 자신을 표현하기보다는 자아로부터 분열되어 마치 선험적 **타자**와 같이 작동하는 형이상학적 표면이나 초험적 상상작용에게 표현하는 것이다. 이 욕망들은 다른 사람들에게 직접적으로 말을 걸기보다는 그들의 자리를 차지한 이상적 자아에게 말을 건다. 부인으로부터 타他-아我는 자신의 이상적인 본성을 획득한다. 다시 말해 부인된 대상이 승화될 때 그것은 초험적 객관성에 도달하게 되고, 이 객관성이 이제는 욕망된 이상이 된다.[207]

이상은 현실의 부정에서 분출한다. 우리는 일상에서 이러한 이상들을 달성하기 위해 노력한다. 우리가 다른 사람에게 말하고자 하는 의도에도 불구하고, 말 자체는 이상을 향한 요구로서 작동하게 된다. 말하기——지시작용, 기표작용, 현시작용——의 의미는 다른 사람에게 우리 말하기의 의도대로 이해될 수 있다. 그러나 '의미' 혹은 우리에게 말하도록 추동하는 것은 이상을 현시하고자 하는 노력에서 기인한다. 가령 시의 언어에서 우리는 시의 의미를 파악하지 않고도 특정한 의미를 가지고 있는 말들을 읽을 수 있다. 왜냐하면 시의 의미는 말들이 표현할 수 없는 것에서 나타나기 때문이다. 요컨대 시는 이러한 순수 현시들을 불러낸다.

원점으로 돌아가면 어째서 부인이 비판적 이성이 해결할 수 없는 문제들을 산출하는지 이해할 수 있다. 비록 프로이트와 데카르트가 모

---

207) "따라서 부인과 서스펜스는 상상작용의 본질 자체이며, 그 특수한 대상인 이상을 결정한다." (Deleuze, "Coldness and Cruelty", p. 128)

두 판단을 중지하기 위해 〔방법적〕 회의를 사용했을지라도, 이러한 이성의 유형은 단지 일시적으로 물음들을 던져 즉각적으로 구체적인 답을 얻고자 할 뿐이다. 이를테면 데카르트의 명석하고 판명한 관념은 이에 대한 적실한 예를 제공해 준다. 그럼에도 불구하고 명석 판명한 관념에 의해 배제되지 않는 또 다른 유형의 회의가 출현한다. 즉 들뢰즈에 따르면, 신경증 환자들은 자신들의 고통을 대가로 물음과 문제에 열려 있는 자세를 유지한다. "신경증 환자들과 정신병 환자들은 어쩌면 그들의 고통을 대가로 이 시원적이고 궁극적인 근거를 탐험하고 있는지 모른다. 전자〔신경증 환자〕는 어떻게 문제들을 옮길 수 있는가를 묻는 반면, 후자〔정신병 환자〕는 어디에서 물음을 던질 수 있는가를 묻는다."[208] 그들은 합리적인 해답들을 가지고 있지 않은 환상의 문제들과 싸운다. 프로이트는 쥐인간의 예에서 어떤 희생을 치르더라도 회의와 물음을 열려 있게 하는 신경증 환자의 욕구에 대해 기술한다.

> 또 다른 정신의 욕구는 …… 그들의 삶에서 불확실성 내지는 회의를 향한 욕구이다. …… 불확실성의 창조는 이 신경증에 의해 취택된 방법들 중 하나이다. 왜냐하면 환자를 현실에서 떼어 놓고 세계로부터 고립시키기 때문이다.[209]

부인에서 비롯하는 이러한 회의는 보다 큰 불쾌감으로부터 신경

---

208) Deleuze, Difference and Repetition, p. 107.
209) Sigmund Freud, Three Case Histories, trans. P. Rieff, New York: Touchstone, 1963, p. 67.

증 환자를 보호해 준다. 회의에 대한 명백한 불쾌감에도 불구하고 현실의 중지는 또한 쾌락을 생산한다. 이러한 중지는 상상적 질서에 속하는 환상보다는 오히려 상징적 질서에 속한다. 그것은 판타지와는 달리 무의식적 지식이나 비의적 지식과 유사하다. 그러므로 팔루스적 어머니에 대한 환상은 이 '결여'의 의미에서 벗어난다.

부인은 팔루스의 부재에도 불구하고 그것을 유지함으로써 강박신경증적 사고로 이어진다. 이러한 사고의 유형은 문제들과 물음들을 열려 있게 하는 데서 쾌락을 찾는다.[210] 그러나 심리적인 것 이외의 또 다른 사고의 차원은 없는가? 강박신경증적 경로는 존재론적인 차이에의 통로로 이어지는 것은 아닌가? 들뢰즈도 그와 같이 생각했던 것으로 보인다. 그는 『차이와 반복』의 하이데거에 관한 절에서 문제들과 물음들을 열려 있게 하는 것이 무엇을 의미하는지를 묻는다.

존재는 또한 비-존재이기도 하다. 그러나 비-존재는 부정적인 것의 존재가 아니다. 그것은 오히려 문제적인 것의 존재, 문제와 물음의 존재이다. …… 모순은 단지 외관이거나 부대 현상, 문제에 의해 투사된 가상, 열려 있는 어떤 물음의 그림자, 그리고 그 물음에 상응하는 존재의 그림자일 뿐이다.[211]

---

210) 들뢰즈는 이러한 사고의 유형은 강박신경증적 경로를 따르게 된다고 본다. "사고하는 자가 통과하는 강박신경증적 경로들에 있어 희극적인 것도 (혹은 슬픈 것도) 없다." (Deleuze, The Logic of Sense, p. 220)
211) Deleuze, Difference and Repetition, p. 64.

'문제적인 것의 존재'는 부인의 과정에서 자기 자신을 보존하면서 물음이 '열려' 있도록 강요한다. 물음의 비-존재는 순수사건으로서 중성적이고, 표상 불가능하고, 전의식적이다. 왜냐하면 형이상학적 표면은 "의식과 결코 동일하지 않기" 때문이다.[212]

요컨대 철학적 경이로움은 회의의 불쾌감에도 불구하고 현실 중지의 쾌락들을 통해 드러난다. 순수사건은 논리적 실체로서 현실적 일어남들을 초월한다. 시간의 세번째 종합은 지금까지 일어났던 어떤 것으로도 환원되지 않고 일어날 수 있는 모든 것을 상징화하는 순수사건을 통해 작동한다.

4. 결론

이 장에서 우리는 칸트의 능동적 종합을 대체하는 시간의 세 가지 수동적 종합에 대해 살펴보았다. 유기체는 현재를 각지하지만, 그것이 반드시 현실적인 것만을 각지하는 것은 아니다. 그것은 또한 잠재적인 것도 파악하고 있다. 환상은 과거를 재생하지만, 그것이 반드시 현실적 과거만을 재생하는 것은 아니다. 그것은 또한 순수과거도 재연한다. 부정법 동사는 시간의 총체성을 재인하지만, 그것이 반드시 현실적 일어남들만을 재인하는 것은 아니다. 그것은 또한 순수사건도 인식한다. 이 각각의 종합들은 비자발적 원천인 유기체로부터 발생한다. 프로이트의 초기 신경학적 이론들은 이 유기체의 종합들을 밝혀 주고 있다.

---

212) Deleuze, The Logic of Sense, p. 244.

4장_ 시간의 정적 발생

1. 프로이트의 초자아의 정적인 반복

프로이트는 자아가 나르키소스적이 될 때 내부를 향하고 원형적 사건들을 관조한다고 보았다.[1] 들뢰즈에 의하면, 이 사건들은 텅 빈 시간, 환상들의 신화적 시간 속에서 일어난다. 초자아가 행위의 어떤 이미지를 현시하는 동시에 금지하고 그럼으로써 시간을 이전before, 사이 during, 이후after로 쪼갤 때 텅 빈 시간 속에서 분할이 발생한다. 프로이트의 저작에서 이 정적인 반복들은 두 가지 예에서 나타난다. 하나는 어떤 사람이 일정한 패턴을 이루는 일련의 불운을 겪을 때 나타나

---

1) '나르시시즘'은 리비도 투여가 외부 대상이 아닌 자신에게로 역류할 때 발생한다. 때문에 자아는 외부 대상에 집중하지 못하고 자아 자신에게로 빠져들게 된다. 그럼으로써 무의식적 사건을 관조하는 정적 발생이 일어나는 것이다. 이는 물질적 층위의 운동이 아닌 사건과 관계한다는 점에서 (동적 발생이 아닌) 존재론적 정적 발생에 해당한다. 참고로 존재론적 정적 발생이 순수사건과 개체, 인칭, 개념 등과의 관계에서 생성된다면, 논리학적 정적 발생은 순수사건과 언어와의 관계에서 생성된다.―옮긴이

는 운명 신경증[2]의 경우이고, 다른 하나는 어린아이의 놀이에서 외상이 반복되고 그 아이가 공격자와 자기 자신을 동일시하는 경우이다. 전자[운명 신경증]는 그 반복이 행위 속에서 무의식적으로 반복되는 어떤 사건에서 발생하므로 '이전'의 반복을 따른다. 후자[어린아이의 놀이]는 놀이의 틀이 사건의 일어남에 대한 금지를 중지하므로 '사이'의 반복을 따른다. '이후'의 반복은 죽음욕동에서 발생하는데, 그것은 일련의 반복들을 통해 자아를 죽음에 이르게 하고자 한다. 이 반복은 사고를 추동하는 비존재의 한 유형인 비인칭적 죽음의 사건으로부터 귀결된다. 우리는 이 첫번째 부분에서 이 각각의 반복들을 검토할 것이다. 우리는 들뢰즈가 어떻게 프로이트의 개념들을 이용해 칸트가 설명하지 못한 시간의 텅 빈 형식을 창조하는지를 보게 될 것이다. 그에 대해 이 절에서 한 가지 해석이 제시될 것이다.

자아가 나르키소스적이 되도록 하는 것은 무엇인가?

자아는 보통 대상들에 투여되지만 때로는 대상들로부터 물러나 자아로 되돌아가는데, 이때 자아는 나르키소스적이 된다. 들뢰즈는 이것이 동적 종합에서 정적 발생으로의 전이라고 본다. 앞의 장들에서 논의한 시간의 동적 종합은 정적 발생과 다른데, 이것[정적 발생]은 초험적 대상들의 역할을 하는 무의식적 사건들 안에서 출현한다. 이 [초험적] 대

---

2) '운명 신경증'Schicksalsneurose은 불행한 일의 주기적 반복과 관련하여 이를 마치 외부적 운명으로 돌리는 증상을 말한다. 이는 무의식적 반복강박에서 그 원인을 찾을 수 있는데, 프로이트는 『쾌락원칙을 넘어서』에서 '운명 강박증'Schicksalzwang이라는 말을 사용해 이를 설명한 바 있다.─옮긴이

상들은 시간 속에 흘러가는 경험적 대상들과는 달리 일시적 특성을 결여하고 있다. 정적 발생 안에서 시간은 흐르지 않는다.[3] 들뢰즈는 나르키소스적 자아가 "시간의 내용을 다른 것으로 대체하지 않는다"[4]고 본다.[5] 전치는 시간의 동적 종합에 속하지만, 이제 나르키소스적 자아가 그것을 대신하고 모든 경험적 내용을 제거하면서 그가 '시간의 텅 빈 형식'이라고 부르는 것을 만들어 낸다.[6] 그것은 무시간적 무의식으로부터 발생한다.

자아가 나르키소스적이 되도록 하는 것은 무엇인가? 해답은 프로이트의 '가공'working-over[7] 개념에 있다. 가공은 흥분들을 통합[적분]하여 어떤 관념에 대한 투여를 다른 것으로 전치하고 하나의 관념을 다른 것으로 위장한다. 그러나 만약 전치가 실패하면 자아는 스스로를 잃어버린 대상으로 대체할 것이다. 이를테면 자아는 스스로에게 "나는 사랑받는 대상과 같아"라고 말하고는 그것을 내면화[8]함으로써 스스로를 현전과 부재의 우발성들로부터 보호할 것이다. 프로이트는 가공이 '흥분의 내부적 배출'을 수행한다고 본다.[9] 우리는 이러한 내적

---

3) 그린에 따르면, 죽음 나르시시즘은 "시간을 얼어붙게 만들어 세계가 진화하는 것을 막"으려 한다. André Green, Time in Psychoanalysis: Some Contradictory Aspects, p. 122.
4) Deleuze, Difference and Repetition, p. 111.
5) 나르키소스적 자아는 모든 가능한 내용과 대상을 잃어버린 죽음욕동의 상태에 직면한다. 즉 모든 물질을 기각한 비물질적 형식(시간의 텅 빈 형식)을 취하는 것이다.—옮긴이
6) '시간의 텅 빈 형식'은 경첩을 빼낸 탈구된 시간의 형식, 즉 아리스토텔레스적인 경험적이고 동역학적인 운동의 시간(=기수적 시간)이 아니라, (횔덜린의 오이디푸스와 같이) 각운을 중단한 사건의 시간(=서수적 시간)을 의미한다. 때문에 과거·현재·미래는 이전·사이·이후의 서수적 시간으로 바뀐다.—옮긴이
7) 이는 앞서 2장에서 등장한 'Verarbeitung'으로서 영어로는 흔히 'working over'나 'working out'으로 번역된다. 이는 에네르기(자극/흥분)의 양을 다른 곳으로 전환하거나 구속함으로써 그것을 통제하는 작업을 가리킨다.—옮긴이

가공을 몇 단계로 단순화할 수 있다. 우선 고통을 주는 감정은 억압을 거치며 하나의 관념을 다른 것으로 대체한다(전치). 우리에게 외상적 관념에 작용할 능력이 없다면, 우리는 리비도 집중을 다른 관념으로 대체한다(위장). 결국 잠재적 대상이 현실적 대상을 대체하고, 정신은 (둘 사이의 차이를 내부화함으로써) 그것들에 대해 똑같이 반응한다. 자아는 이 두 대상들 모두를 자기 자신으로 대체하고, 그럼으로써 리비도가 자신에게로 되돌아오도록 강요하며(나르시시즘), 과대망상 megalomania이 일어나는 것이다.[10] 요컨대 자아가 잠재적 대상으로부터——그것의 동요로 인해——만족을 찾지 못할 때 일관된consistent 자아는 비일관된inconsistent 대상을 자기 자신으로 대체하는 것이다. 들뢰즈는 이 과정이 나르시시즘을 추동한다고 본다.

잠재적 대상의 본질인 잃어버린 특성과 현실 대상의 본질인 위장된 특성은 나르시시즘의 강력한 동인들이다. 그러나 리비도가 자아로 회귀하거나 역류할 때, 그래서 수동적 자아가 전적으로 나르키소스적이

---

8) 이때 '내면화' internalization는 독일어 'Verinnerlichung'에 해당하는데, 흔히 주체가 환상을 통해 외부 대상의 특질들을 자기 안으로 집어넣는다는 의미에서 '내투사 Introjektion와 구분 없이 쓰이기도 하며, '합체' Einverleibung, '내투사', '동일시' Identifizierung를 모두 포괄하는 의미로 쓰이기도 한다. 당연한 말이지만, 이와 대비되는 말은 '투사' Projektion이다. 즉 자기 자신 안의 사랑(리비도)이나 자신을 불편하게 하는 것들을 외부로 내보내는 것을 말한다.—옮긴이

9) Freud, On Metapsychology: The Theory of Psychoanalysis, p. 79.

10) 과대망상Größenwahn은 대상 리비도Objektlibido를 희생하여 자아에게로 방향을 돌렸을 때 (자아에게 천착하면서) 발생한다. 프로이트는 「나르시시즘 서론」에서 조발성 치매Dementia praecox나 정신분열증Schizophrenie 환자들의 공통적인 증상으로 과대망상과 외부 세계에 대한 외면을 꼽고 있으며, 이를 나르키소스적 성향과 관련시키고 있다.—옮긴이

되는 것은, 두 노선 사이의 차이를 내면화하고, 자기 자신을 한 노선 안에서 영원히 전치된 것으로, 또한 다른 노선 안에서는 영원히 위장된 것으로 경험함으로써 가능한 것이다.[11]

잃어버린 대상의 동요는 자아에 상처를 입힌다. 그래서 그것을 보상하기 위해서 자아는 사랑받는 대상의 특성들을 획득한다.[12] 자아는 그 투쟁을 내면화함으로써 상실에 대처하는 법을 배운다. 스스로를 관념적 대상으로 변환시킴으로써 자아는 자신의 불안을 축소시킨다.

들뢰즈는 "나르키소스적 자아는 구성적 상처와 …… 분리 불가능"[13]하고, 그 상처는 거세의 위협, 즉 나르키소스적으로 투여된 기관에 대한 직접적인 위협으로부터 유발된다고 본다. 프로이트는 어린아이가 겪는 1차적 나르시시즘의 동요에 해당하는 이러한 거세 콤플렉스가 "성행위에 대한 초기의 제지 효과"를 가진다고 주장한다.[14] 그러한 제지로 인해 심리는 물신[절편음란]의 대상을 만들어 생산하도록 자극받는다. 프로이트는 어린아이가 물신을 통해 현실을 부정하고, 그것[물신]은 "그가 여성에게서 찾아볼 수 없는 남근에 대한 대체물"을 만들어 낸다고 본다.[15] 내면화의 이러한 첫 단계는 나르키소스적 자아

---

11) Deleuze, Difference and Repetition, p. 110.
12) 자아가 대상의 특성을 내면화할 때, 자아는 사랑의 대상으로서의 이드에게 자신을 강요하면서 이드의 대상 상실을 보상하려 한다. 이는 마치 "내가 대상과 똑같기 때문에 너는 이제 나도 사랑할 수 있어"라고 말하는 것과 같은 것이다. 이에 관한 더욱 자세한 논의는 프로이트의 『자아와 이드』 참조.—옮긴이
13) Ibid., p. 110.
14) Freud, On Metapsychology: The Theory of Psychoanalysis, p. 86.
15) Ibid., p. 463.

가 물신 대상을 대체할 때 발생하는 두번째 단계로 곧 넘어가게 된다. 물신을 대체해 들어감으로써 자아는 물신을 극복하는 것이 아니라, 그 것을 내면화하는 방식으로 압류foreclosure의 위험성을 제거한다.[16] 물 신은 외부적 사물에 자신을 투사하기보다는 사고를 발생시키는 '형이 상학적 표면'에 자신을 투사한다.

초자아에게 있어 사고한다는 것은 무엇인가?

리비도가 자아에게로 역류할 때 프로이트가 '탈성화' desexualization 라고 부르는 역전이 일어난다.[17] 프로이트에 따르면 탈성화는 "성적 목적의 포기를 의미한다".[18] 성적-에네르기는 사고 에네르기로 변환 되는데, 왜냐하면 파괴적 에네르기를 구속하는 성애적-리비도와는 달리 사고-리비도는 '분열' defusion[19]이라 불리는 과정 속에서 그것을 풀어놓기 때문이다. 분열은 초자아로부터 발산되는 공격적인 특성을 사고에 부여한다. 프로이트는 이 분열로부터 발생하는 초자아가 "이 상이 드러내는 가혹함과 잔혹함——그것의 명령적인 '너는 해야 한 다'의 일반적 성격의 원천"[20]으로서 작동한다고 보았다. 동일시는, 통

---

16) 괄란디에 따르면, 자아의 감각은 나르키소스적 상처로부터 발생한다. 왜냐하면 "오이디 푸스적 상처는 사실상 유아의 '나'라는, 전체화하는 종합들에 주어진 지울 수 없는 첫번 째 사건이기 때문이다. 그러므로 그것은 주체가 (그 자체임에도 불구하고) 자신의 사적 전 기와 역사를 건설하는 시간의 불가역성不可逆性의 기호인 것이다"(Gualandi, Deleuze, p. 112).

17) 리비도가 자아로 역류할 때, 대상 리비도를 자기애적 리비도로 전환하면서 탈성화 혹은 승화Sublimierung가 발생한다. 『자아와 이드』를 참조할 것.—옮긴이

18) Freud, On Metapsychology: The Theory of Psychoanalysis, p. 369.

19) '분열'은 2장의 91번 주(이 책 125쪽)에서 설명한 바 있듯이, '융합' Mischung과 대립되는 'Entmischung'이다.—옮긴이

상 대상을 정복〔지배〕하기 위해서는 외부로, 자아를 정복하기 위해서는 내부로 정향되는 공격적 본능을 전환시키기 위해 분열을 필요로 한다. 자아가 나르키소스적이 될 때, 탈성화된 에네르기는 초자아를 탄생시키고 그 초자아는 마치 내적 **타자**인 듯이 자아를 처벌한다.[21] 초자아의 가혹함과 잔혹함은 자아로 하여금 창조적 활동을 향하도록 밀어낸다. 프로이트는 초자아가 자아의 승화를 자극〔촉발〕하지만 그 실행은 "그런 어떤 자극〔촉발〕하기와도 전적으로 무관하다"[22]고 보았다. 초자아는 행위를 강요하기보다는 우리에게 영웅적으로 행위할 권능을 부여하는 어떤 이상을 산출한다. 즉 영웅적인 행위는 어떤 이상을 요하고, 그 이상은 자아의 활동은 물론 사고의 대상의 역할을 한다. 나르키소스적 자아는 초자아의 사고의 능동적 형식을 수동적으로 겪는다. "그것은 나르키소스적 자아가 수동적으로 체험하는 양태변화이고……."[23] 이 변양은 시간 속에서 일어나기보다는 무의식적 사건들의 행위를 통해 내면화되고 영구화된다.[24] 우리가 곧 살펴보겠지만 이러한 변양은 현재의 선험적 형식, 즉 행위의 계기〔순간〕를 형성할 것이다.

---

20) Ibid., p. 369.
21) 자아는 이드에서 분화된 이드의 일부이자 외부 현실 세계와 닿는 표면이며, 자아의 경험이 충분한 강도와 반복을 통해 이드의 경험으로 변환되면서 그것이 유전을 통해 보존된다. 따라서 (그 자체로 유전이 불가능한 자아와 달리) 유전이 가능한 이드 속에는 수많은 애벌레 자아들이 숨겨져 있다. 이때 자아는 이드 속에서 이전의 애벌레 자아들을 되살려 초자아를 형성하는 것이다. 이렇게 해서 형성된 초자아는 이제 내면화된 대타자로서 자아를 처벌하고 금지하는 기능을 수행한다.─옮긴이
22) Ibid., p. 89.
23) Deleuze, Difference and Repetition, p. 110.
24) 경험적 내용이 사상된 순수하고 텅 빈 시간의 형식 속에서 자아는 자기 안의 무의식적 사건을 관조할 수밖에 없다. 이제 시간은 자아와 무의식적 사건과의 관련에 따라 서수적으로 재편된다.─옮긴이

프로이트에 의하면, 초자아의 '사유'는 무의식이 우리 선조들의 사고들을 부활시킬 때 그 무의식으로부터 발생한다.[25] "자아가 이드로부터 초-자아를 구성할 때 어쩌면 그것은 과거의 자아들의 형태만을 재생시키고 그것들을 부활시키는 것인지도 모른다."[26] 간단히 말해서 초자아는 '토템식사'라는 순수사건과 같이 의사-역사적 과거의 신화적 원형에 따라 사유한다. 나르키소스적 자아가 초자아를 대면하게 될 때, 나르키소스적 자아는 금지되고 현시되고 예고되는 세 가지 중 하나의 방식으로 그것에 반응한다. 수동적인 나르키소스적 자아는 이 순수사건과의 관계에 따라 세 가지 상이한 방식으로 '반복한다'.

이상적 자아란 무엇인가?

'이상적'理想的이라는 말은 두 가지를 함축한다. 즉 이것은 행위에 대한 모델 또는 우상화로서 나타날 수 있다. 전자[모델]는 이상과의 동일시를 일으키고, 후자[우상화]는 모델의 이상화를 일으킨다. 우리는 전자[모델]를 모방하고 후자[동일시]를 관조한다. 「냉정과 잔혹」에서 들뢰즈는 이상화와 어머니-상mother-image을 연관 짓는데, 이때 어머니-상은 "편재하는 나르키소스적 이상으로서의 '이상적 자아'를 반영하고 심지어 생산하기도 하는 거울 역할을 하"거나, "아버지-상을 이용해 권위의 이상으로서의 '자아-이상'을 지명한다."[27] 한편으로 남근적 어머니-상은 거세할 수 없는 완전한-존재로서 스스로를 현시한

---

25) 자아는 유전할 수 없으나, 이드는 유전 가능하다. 따라서 자아의 강도와 반복을 통해 이드에 각인된 자아들이 이드의 유전을 통해 부활하는 것이다.—옮긴이
26) Freud, On Metapsychology: The Theory of Psychoanalysis, p. 378.

다. 다른 한편 아버지-상은 공격자와의 동일시를 조장하는데, 이는 거세자와 자리를 바꿈으로써 거세로부터 자아를 보호한다.[28] 어느 쪽이든 자아의 정합성을 유지하려는 나르키소스적 자아의 목적은 동일하다. 그 자체로서 나르키소스적 자아는 비결정적인 것으로 남아 있다. '나'의 형식은 자아를 형성하는 이상(혹은 선험적 **타자**)의 역할을 한다. 예를 들어 "나는 남자인가 여자인가?" 하는 물음은 선택된 이상에서만 답을 발견한다. '이상'으로 향하는 이 두 가지 길은 서로를 배제하지 않는다. 들뢰즈에 따르면, "이상적 자아와 자아의 이상은 구조적 전체 속에서 동시에 일어날 수 있다".[29] 구조적 전체로서 우리는 양자 모두를 이상의 한 부분과 동일시하고 다른 부분은 이상화할 수 있다. 그러나 우리의 정신의 상태에 따라 보통 한쪽이 지배적이다. 행위는

27) Deleuze, "Coldness and Cruelty", pp. 129~130.〔이상화Idealisierung는 이상화된 대상과의 동일시를 목표로 하며 나르시시즘과 깊은 연관을 갖고 있다. 이를 승화와 비교해 보자면, 승화가 탈성화된 목표로 욕동을 전환하는 데 반해, 이상화는 대상의 성질이 아무런 변화도 겪지 않고 (대상이) 심리적으로 과대평가되는 것이다. 이는 '이상적 자아'Idealich와 '자아 이상' ego ideal의 두 가지 형태로 작동하는데, 나르키소스적 성향을 근간으로 하여 부모의 이상화 및 사랑하는 대상의 이상화 등으로 나타난다. 즉 에네르기적 관점에서 볼 때, 이상화된 대상은 나르키소스적 리비도가 대상으로 투여된 것이라 볼 수 있다. 프로이트는 '이상적 자아'와 '자아 이상'을 구분하지 않았다. 그러나 그 쓰임새를 통해 구분해 보자면, 이상적 자아는 (유아기의) 나르키소스적인 전지전능의 이상, 즉 어머니와의 근원적 동일시를 근간으로 한다. 이는 또한 역사적 위인 등과의 영웅적 동일시로 나타난다. 요컨대 주체는 자신의 심리 내에 이상적인 인격의 심급을 형성함으로써 유아기의 나르키소스적 전지전능의 상태를 획득하고자 하는 것이다. 이에 비해 '자아 이상'은 주로 '초자아'와 관련된다. 이는 오이디푸스 콤플렉스가 쇠퇴하면서 부모와의 동일시(어머니와의 동일시/아버지와의 동일시 재강화)의 결과로 생겨나며, 금지와 이상을 통해 작동한다.—옮긴이〕

28) 스스로를 어머니와 동일시함으로써 거세로부터 자신을 지키고 아버지의 사랑을 받는 대상이 되는 길과, 아버지와의 동일시를 통해 여전히 어머니를 포기하지 않으면서도 거세로부터 자신을 지켜 내는 길이 있다는 것이다. 전자는 여성성, 후자는 남성성을 두드러지게 하는 결과를 초래한다.—옮긴이

29) Ibid, p. 130.

동일시를 지향하고, 관조는 이상화理想化를 지향한다. 즉 전자는 죽음
욕동의 철회를 이용하면서 그것을 형식을-부여하는 욕동으로 투사한
다. 또한 후자는 자아 자체에 반하는 철회된 죽음욕동을 이용하면서
그것을 이상적인 텅-빔의 상태로 환원시킨다. 어느 쪽이든 죽음욕동
의 철회는 나르키소스적 자아에 **타자**로서 작동하는 '나' 혹은 이상을 발
견한다.

시간의 텅 빈 형식이란 무엇인가?

들뢰즈는 『차이와 반복』에서 "시간의 텅 빈 형식 혹은 시간의 세번째
종합, 이 말은 무엇을 의미하는 것일까?"[30]라고 묻는다. 그는 이 시간
의 텅 빈 형식을 '운동의 수'를 나타내는 전통적인 시간 개념에 대립
시킨다. 'cardinal'이라는 말을 파생시킨, '경첩'·'관절'이라는 뜻의
라틴어 어근 '축'cardo[31]이라는 말을 사용함으로써 그는 움직이는 대
상들이 어떻게 기점을 통과하는지를 기술하는데, 그것은 시간의 순환적
추이를 형성한다. 그것은 시간 속에서 지나가는 어떤 것을 전제하므로
시간을 직접적으로 호출하기보다는 그것의 효과들에 의해서 접근한다.

　반면에 텅 빈 시간은 현실적 대상들과는 무관하게 내부적으로 있
다. 나르키소스적 자아가 스스로를 시간 속에서 지나가지 않는 초자아에
의해 탐구된 원형일 뿐 아니라 하나의 대상으로서 여기기 때문에, 그것
은 "시간의 텅 빈 형식에 상응하되 이 형식을 채우지 못한다".[32] 텅 빈

---

30) Deleuze, Difference and Repetition, p. 88.〔김상환 옮김, 『차이와 반복』, 민음사, 2004,
　　208쪽 참조.—옮긴이〕
31) Ibid., p. 88.

시간은 경험적 시간과 구분된다. 예컨대 우리의 과거 모습을 회상할 때, 우리는 자신을 하나의 대상으로서 표상한다. 그러나 텅 빈 시간 속에서 우리는 스스로를 과거의 모습 그대로 표상하는 것이 아니라, 우리가 원하는 과거의 모습으로 표상한다.[33] 그러므로 이상은 무시간적인 무의식에서 발생하는 까닭에 우리는 자신을 시간 외부에서 생각하는 것이다. 결국 나르키소스적 자아는 계기들의 지나감에 의해 자신을 측정할 수 없다. 시간의 이런 선험적 형식이 나르키소스적 자아로부터 발생하기 때문에 시간은 더 이상 운동에 좌우되지 않는다. "종합은 불가피하게 정적이다. 왜냐하면 시간은 더 이상 운동에 종속되어 있지 않기 때문이다."[34] 이상은 변화할 수 있지만, 시간 속에서 변화하지 않는다. 이러한 역설은 변화하지 않는 변화의 유형을 발생시킨다. 들뢰즈가 시간보다는 영원성을 기술하는 것이라고 반론을 제기할 수도 있겠지만, 영원성과는 달리 텅 빈 시간은 사건들을 담지하고 있으며 그 사건들은 지나가고 사라지는 것들에 상응하지 않는다. 대신에 나르키소스적 자아는 '중단' caesura에 의해 결정되는 시간의 양태 속에서 순수사건들을 이야기한다. 다음으로 이것을 살펴볼 것이다.

---

32) Ibid., p. 110.
33) 들뢰즈는 프로이트의 나르시시즘 이론이 코기토의 정초를 파괴한다는 것에 최초로 착목한 리쾨르를 언급한다. "나는 생각한다, 고로 존재한다라는 명백한 진리가 언명되자, 그것은 거짓증거에 의해 봉쇄되었다. 즉 유산된 코기토는 나는 생각한다, 고로 존재한다라는 반성의 첫번째 진리를 이미 대체하고 말았다." (Paul Ricoeur, Freud and Philosophy: An Essay on Interpretation, trans. D. Savage, New Haven : Yale University Press, 1970, p. 425)
34) Deleuze, Difference and Repetition, p. 89.

'이전'의 반복과 '사이'의 반복은 어떤 차이를 갖는가?

시간의 텅 빈 형식에서 과거·현재·미래의 시간적 차원들은 자아와 사건의 관계로부터 유래한다.[35] 들뢰즈는 이 사건을 부분적으로 프로이트의 책 『토템과 터부』에서 가져온다.[36] 나르키소스적 자아가 사건을 관조할 때, 그것은 자신을 텅 빈 시간 속에 위치시킨다. 들뢰즈는 초자아가 행위를 금지하고 그것이 사건으로서 작동한다고 본다.

> 시간 전체는 무시무시한 행위의 이미지 안에서 모인다. 이때 이것은 동시에 초자아에 의해 현시되고 금지되며 예고되는 행위=x이다. 시간의 계열은 분할된 나르키소스적 자아와 시간의 전체 혹은 〔나르키소스적 자아의〕 행위의 이미지 사이의 대면을 지시한다.[37]

나르키소스적 자아는 '토템식사'와 같은 행위=x를 통해 자신을 관조한다. 그러나 이 행위를 완수할 수 없는 무능력으로 인해 행위자는 '이전'의 위치에 놓이고, 다른 모든 시간적 관계들에 선행하는 한 관계가 시간의 선험적 형식에 위치하게 된다. '무시무시한 행위' 또는 '행위의 이미지'의 금지는 자아에 영향을 미치는데, 왜냐하면 욕망이

---

35) 나는 여기서 "나르키소스적 자아의 이전·사이·이후는 베르그손이 경고한 시간의 정적이고 동질적인 공간화에 상응한다"라고 말한 올코프스키의 말에 동의하지 않는다. Olkowski, Gilles Deleuze and the Ruin of Representation, p. 175. 시간의 이러한 분할은 스스로를 반복의 세 가지 형식으로 현시하는 '정적' 발생에 속하는 것이지, 그녀가 믿는 바와 같이 정적이거나 공간화된 시간의 선에 속하는 것이 아니다.

36) 『토템과 터부』는 사건에 대한 위대한 이론이다."(Deleuze, The Logic of Sense, p. 211)

37) Deleuze, Difference and Repetition, p. 110.

없을 때 금지는 불필요한 것이기 때문이다.[38] 욕망의 대상이자 공포의 대상인 그것〔무시무시한 행위 또는 행위의 이미지〕은 갈등을 만들어 내고, 갈등은 '억압된 것의 회귀'를 통해 모습을 드러낸다. 순수사건은 설령 우리가 그것을 인식하고 있지 못해도 우리 삶에 영향을 미친다. 예컨대 우리는 이유 없이, 혹은 우리가 꿈에서만 만나는 박해하는 아버지 상을 떠올리게 하기 때문에 누군가에게 적대감을 가질 수 있다.[39] 그런데 욕망과 금지 사이의 이러한 갈등은 무의식적 사건으로부터 튀어나온다. 들뢰즈는 이 갈등이 '이전'을 혹은 '나에게는 너무나 큰' 행위를 발생시킨다고 본다. '이전'의 정적 발생은 다름 아닌 우리의 주저와 자기 패배적 태도로 이루어진 것이며, 프로이트는 그것을 '운명 신경증' 또는 '실패 신경증'이라고 일컫는다.[40] 그는 이런 신경증에서 어떻게 사건들이 재발하는지에 대해 다음과 같이 그린다.

그렇게 우리는 모든 인간관계에서 동일한 결과를 맞이하는 사람들을

---

38) 프로이트는 『토템과 터부』에서 우리에게 금지된 것으로 나타나는 '사건'은 또한 욕망된다고 말한다. 즉 "터부들이 주로 금지들 안에서 표현되므로, 욕망의 현동적 흐름이라는 근원적 현전은 우리에게 매우 명백한 어떤 것으로서 일어난다. …… 왜냐하면 결국 아무도 욕망하지 않는 어떤 것을 금지할 필요가 없으며, 최상의 강조로 금지된 것은 욕망된 것이어야 하기 때문이다"(Sigmund Freud, Totem and Taboo, trans. J. Strachey, New York: W. W. Norton & Company, 1950, p. 69)

39) 그것의 모순적 본성 때문에 사건은 무의식에 천착한다. 즉 프로이트는 우리가 꿈에서 그것의 효과들을 보기 때문에 단지 그것을 알 뿐이라고 본다. "우리가 정상인의 꿈에 대한 정신분석학의 결론을 고려하게 되었다고 …… 가정해 보자. 이때 정신분석학의 결론은, 우리 자신들이 우리가 생각하는 것 이상으로 더 강력하고 더 자주 누군가를 살해하고픈 유혹의 주체요, 또한 그 유혹이 우리 의식의 시야에 드러나지 않는다 하더라도 심리적 효과를 산출하고 있다는 것이다."(Freud, Totem and Taboo, p. 70)

40) 반복강박에 토대를 두고 있는 운명 신경증은 행위할 수 없는 자아의 무능력, 즉 이드에서의 반복으로 설명될 수 있다.—옮긴이

만나 왔다. 예컨대 어떤 사람은 시간이 지난 후에 그가 은혜를 베푼 자의 분노 속에서 버림을 받는다. 비록 그 둘이 서로 얼마나 다른지는 모르지만 말이다. 그러므로 [버림받은] 그는 배은망덕의 모든 쓴맛을 맛보는 운명을 타고난 것처럼 보인다. 혹은 그의 우정이 모두 그의 친구에 의해 배신으로 종결되거나, 그의 일생 동안 여러 번 다른 어떤 사람을 위대한 공적·사적인 권위의 자리에 올리고 얼마 후에 그 자신이 [자신이 올렸던] 그 권위를 전복하고 [그 권위의 자리에 오른] 그를 다른 새로운 인물로 대체하는 경우가 그러하다. 또는 여성과 정사를 갖는 사람이 [또 다른 여성과의 정사에서] 다시금 동일한 국면을 통과하고 동일한 결론에 도달하는 경우가 그러하다.[41]

비록 이 사건들이 운명의 영향을 받는 듯이 보이지만 실제 영향은 무의식적 사건으로부터 발생한다. 들뢰즈는 이 반복이 '이전'의 정적 발생을 명시하며, 그 속에서 독특한 사건은 그것을 원천으로 위장할 때, 현실 속으로 난입한다고 본다. 이런 이유로 그는 그것을 '오인'과 '위장'의 쌍둥이 주제로부터 발생하는 희극적 반복으로 기술한다(오류의 희극). 예컨대 "누가 왕을 죽였는가?"라고 묻는 오이디푸스나 "내가 왕을 죽여야만 할까?"라고 묻는 햄릿은 모두 그들이 대적할 수 없다고 느끼는 무의식적 사건과 투쟁하고 있다. 이런 갈등을 통해 순수사건은 그들이 동일한 행위들을 반복하도록 추동함으로써 그들의 운명에 영향을 미친다. 프로이트에 의하면 이 '강박 행위' compulsive observances

---

41) Freud, On Metapsychology: The Theory of Psychoanalysis, p. 292.

는 "누군가를 살해하고픈 강렬한 충동에 대한 담보"로서 "혹은 ……
그와 관련한 자기-처벌로서" 작동한다.[42] 요컨대 이러한 강박은 "내게
는 너무 큰" 것으로 나타나는 '행위의 이미지'로부터 발생하는 것이
다. 들뢰즈는 이것이 시간의 정적 발생에 있어서 세 가지 반복의 첫번
째를 형성하는 것으로 본다. "나르키소스적 자아는 '이전'의 형태나
결핍의 형태를 통해, 즉 이드의 형태를 통해 한 번 반복한다(이 행위는
자아에게 너무 벅차다)."[43] 이드, 자아, 초자아는 각기 사건과의 관계에
의존한다.[44] 이를테면 반복은 사건이 무의식적으로 남아 있을 때 이드
에서 발생한다. 또한 자아에서는 사건이 모습을 드러낼 때 반복이 발
생하고, 초자아에서는 사건의 결과 속에서 발생한다. 각각은 별개의
시간적 서명을 수반하는 별개의 반복을 구성한다.

'이전'의 반복과는 달리 동등하게-되기becoming-equal는 이상
과의 '동일시'로부터 발생한다.[45] 『토템과 터부』에서 프로이트는 '동
일시'와, 어린아이들이 그들의 아버지를 먹는 행위를 연관시킨다. "그
[부친]를 먹는 행위를 통해 그와의 동일시가 완수되며, 그들은 각기 부
친의 힘의 일부를 얻게 된다."[46] 어린아이들은 그를 먹으면서 그의 특

---

42) Freud, Totem and Taboo, p. 70.
43) Deleuze, Difference and Repetition, p. 110.
44) 이드, 자아, 초자아 각각이 무의식적 사건을 대면하는 양상에 따라 이전, 사이, 이후가 반
복된다. 이를 자아를 중심으로 살펴보면, 자아가 행위를 감당할 수 없을 경우가 '이전',
행위를 감당할 수 있을 때가 '사이', 자아의 죽음을 통해 '이후'가 현시된다.—옮긴이
45) 이때의 동일시Identifizierung의 맥락은 다른 사람의 속성이나 성질 등을 자신의 것으로
취하는 경우를 말한다. 또한 이상과의 동일시 혹은 자아 이상의 생성은 초자아의 탄생과
맞물린다.—옮긴이
46) Freud, Totem and Taboo, p. 142.

질들을 제 것으로 삼는다. 그들은 부친의 공격적이고 금지시키는 모습에 동일시함으로써 행위를 수행할 힘을 얻는 것이다. 정신분석학에서는 희생자가 희생을 바치는 자의 역할을 맡는 이러한 과정을 '공격자와의 동일시'라고 부른다.[47] 그들의 역할을 역전시킴으로써 희생자는 외상을 감내해 온 고통과 수치로부터 달아난다. 프로이트는 『쾌락원칙을 넘어서』에서 이러한 역전을 간략하게 기술한다.

만일 의사가 어린아이의 목을 진찰하거나 작은 수술을 하게 되면, 이 무서운 경험이 그의 다음 놀이의 주제가 되리라는 것은 틀림없는 사실이다. 그러나 우리는 그것과 관련하여 또 다른 출처로부터 오는 쾌락의 산출이 있다는 사실을 간과해서는 안 된다. 어린아이가 경험의 수동성에서 놀이의 능동성의 상태로 변모해 감에 따라 그는 불유쾌한 경험을 그의 놀이친구에게 전이시킨다. 그리고 그는 이런 방식으로 대체된 인물에게 복수하는 것이다.[48]

프로이트는 이 놀이의 쾌락적 측면을 수동성에서 능동성으로의 변환에 돌린다. 유사하게 '이전'의 반복을 경험한 자아는 이제 능동적이 된다.[49] 프로이트가 든 어린아이의 놀이의 예에서 '사이'의 반복은

---

47) 공격자와의 동일시에 대해서는 다음 두 편의 시론를 참조하라. Sándor Ferenczi, "Confusion of Tongues between Adults and the Child", Selected Writings, ed. J. Borossa, New York: Penguin Books, 1999, pp. 293~303. Daniel Lagache, "Aggressivity", The Work of Daniel Lagache: Selected Papers 1938-1964, trans. E. Holder, London: Karnac Books, 1993, pp. 207~236.
48) Freud, On Metapsychology: The Theory of Psychoanalysis, p. 286.

사건에 대한 인식의 발단이 되는데, 그것은 억압을 겪기보다는 행위 속에서 모습을 드러낸다. 드라마적인 모방을 통해 금지를 중단시키는 놀이는 어린아이가 금지되고 고통스러운 사건을 중립적인 환경 속에서 표현하는 것을 허용한다. 사람들은 현실 속에서라면 거부할 온갖 종류의 폭력적인 행위들을 기꺼이 받아들일 것이다. 놀이는 드라마 속에 행위를 틀 지어 넣고, 그 속에서 사건은 두 차례에 걸쳐, 즉 첫번째는 행위로서, 두번째는 중단된 행위의 이미지로서 나타난다.[50] 후자는 연극적 연행을 실행하는 사디스트에게서 나타난다. 그의 행위들은 동기나 의도를 갖지 않는데, 사디즘이라는 것이 무감정apathy에 의거하는 것이기 때문이다.[51] 사디즘은 행위자를 분열시킨다. 즉 한쪽은 고통을 겪지만, 다른 한쪽은 무자비한 초자아의 역할을 맡는다. 이러한 해방이 들뢰즈의 사디즘에 대한 매료를 촉발시켰다. 왜냐하면 초자아에 의한 금기의 중단은 비도덕적인 미메시스의 틀에서 발생하기 때문이다. 그것은 어떤 역할의 반복 안에서의 행위를 중단함으로써 무시간적인 등장인물의 성격을 획득하는데, 이를테면 각각의 연행 속에서 나타나는 햄릿이 그렇다. 하지만 이러한 원형적 행위들은 아직 표층적인

---

49) 이는 또한 『쾌락원칙을 넘어서』에서 소개하고 있는 '포르트-다' 놀이에도 동일하게 적용된다. 엄마 부재의 고통과 현전에의 욕망을, 실패를 던져 시야에서 사라지고(Fort) 다시 잡아끌어 눈으로 확인하는(Da) 행위의 반복을 통해 엄마 부재의 수동적 상황을 감내할 수 있는 능동성으로 전환하고자 하는 것이다.―옮긴이

50) 이는 들뢰즈가 어째서 우리가 우리 자신의 사건들의 행위자가 되어야 하는지를 말해 준다. "따라서 행위자는 최초의 것을 규정하고, 그로부터 추상적인 선을 이끌어 내고, 사건으로부터 그것의 테두리나 광휘만을 지킬 것이다. 이는 그럼으로써 그 자신의 사건들에 대한 행위자가 되는 것 ― 반현실화이다."(Deleuze, *The Logic of Sense*, p. 150)

51) 가학적인 무감정에 관해서는 「냉정과 잔혹」을 참조하라. Deleuze, "Coldness and Cruelty", pp. 117~118.

듯하다. 살인자의 역할을 연기할 때 가책을 느끼지 않는 배우는 자기 자신을 그의 행위 속에서 재인하지 않는다. 왜냐하면 〔그가 연기하는〕 그 행위들은 **타자**의 것으로 보이기 때문이다. 다음으로 앞의 두 가지 반복을 제거하는 미래의 세번째 반복이 어떻게 출현하는지 살펴보자.

'미래'의 반복이란 무엇인가?

들뢰즈는 칸트 철학의 요소들로부터 미래의 반복을 정리한다.[52] 예를 들어 『차이와 반복』에서 그는 다음과 같은 주목할 만한 주장을 한다. "사실 실천적 법칙 자체는 이 시간의 텅 빈 형식 이외에는 어떤 것도 의미하지 않기 때문이다."[53] 들뢰즈는 프로이트의 죽음욕동의 안경을 끼고 『실천이성 비판』을 읽는다. 들뢰즈에게 법은 더 이상 이성으로부터 싹트는 것이 아니라, 그가 '소멸'annihilation이라고 부르는 죽음의 한 유형으로부터 나타난다. 죽음욕동은 이 소멸을 수행하지만, 프로이트가 생각한 방식으로는 아니다.[54] 그것〔죽음욕동〕은 자기보존 욕동을 수행하므로 죽음에의 욕망을 추동할 수 없다. 대신에 죽음욕동은 내투사와 투사를 제거한다고 들뢰즈는 말한다.[55] 죽음욕동은 '탈기관체',

---

52) 칸트는 미래와의 관계성을 형성하는 그의 세번째 종합에 관하여 아무런 언급도 하지 않았다. 이 관계성은 하이데거의 독해에서 나타나는데, 이 독해에서 재인의 종합은 "우리 이전에 지속하는 것을 미리 탐사하고 주의하고 있는 것이다"(Martin Heidegger, Kant and the Problem of Metaphysics, trans. R. Taft, Indianapolis: Indiana University Press, 1990, p. 127). 이 미래에 대한 현상학적인 읽기는 미래를 우연의 순수한 긍정으로서 개념화하는 들뢰즈와 반대된다.

53) Deleuze, Difference and Repetition, p. 111.

54) 프로이트에게 있어서 죽음욕동은 유기체의 무기물로의 회귀를 의미한다. 이는 또한 강도=0에 이르는 지고의 긴장 이완이라는 점에서 쾌락원칙의 극한이라고도 볼 수 있다.—옮긴이

이러한 제거로부터 발생하는 일종의 전체성을 구성한다.[56] 죽음욕동의 기능을 확장시킴으로써 그것은 리비도의 애착을 철폐한다. 정신분석학자 앙드레 그린도 자신의 책 『삶 나르시시즘 죽음 나르시시즘』에서 유사한 관찰을 한다.

> 자아는 그것이 더 이상 기관이나 신체를 갖지 않는다고 주장할 때 최고의 불멸성을 가진다. 자신의 신체적 욕구에 좌우되기를 거부하고 철저한 금지에 의해 이 욕구를 감소시키면서 누군가의 말마따나 자신이 죽도록 내버려 두는 거식증 환자가 그런 경우다.[57]

그린의 관찰에서 거식증 환자는 대상에 대한 우리의 욕망을 영으로 줄인다는 초자아의 본질적 목적을 과장된 형태일지언정 완수하고 있다. 결국 초자아는 유기체의 물리적 죽음을 추구하기보다 욕망하는 주체의 심리적 죽음을 추구한다——욕망하는 주체는 보통 대상에 대한 애착을 통해 스스로를 유지한다. 죽음욕동은 주체를 해체함으로써 리비도의 애착을 해체한다. 앙드레 그린은 부정적 나르시시즘을 성적 욕망으로부터 자신을 해방시키려는 욕망으로 설명한다.

---

55) 자기-보존 욕동과 죽음욕동에 관해서는 『정신분석학의 근본 개념』을 참조하라. Freud, On Metapsychology: The Theory of Psychoanalysis, pp. 311~312.
56) 들뢰즈는 탈기관체에 대해 다음과 같이 정의한다. "대립되는 것은 오히려 부분들 없는 유기체, 즉 모든 내투사와 투사를 포기한, 그리고 이 대가를 치르고 완전하게 된 탈기관체이다."(Deleuze, The Logic of Sense, p. 188)
57) André Green, Life Narcissism Death Narcissism, trans. A. Weller, London: Free Association Press, 2001, p. 222.

부정적 나르시시즘은 성 욕동의 활동을 통해 자아를 통합하려는 목표를 지탱하는 대신, 열반원칙의 영향 아래 죽음욕동을 표상하며 심리적 죽음을 열망함으로써 모든 리비도를 영零의 수준으로 낮추고자 한다.[58]

주체의 죽음은 들뢰즈가 자신의 논문 『바틀비, 혹은 상투어』에서 기술한 느린 감소의 과정 안에서 싹튼다.[59] 그는 멜빌의 이 소설에서 죽음욕동을 표현하는 공식으로 "차라리 그렇게 하지 않는 편이 더 좋겠어"(I would prefer not to)를 발견한다. 바틀비는 탈시대적[60]으로 모든 애착과 모든 운동으로부터 벗어난다. 유기체가 애착을 제거하고 감각적 욕구로부터 자유롭게 되면 그것은 자신의 욕망을 타자에게 투사하지도, 욕망의 대상을 내투사할 필요를 느끼지도 않는다. 프로이트는 초자아로부터 발생하는 부정negation을 "자아를 죽음으로 몰아 가는 죽음욕동의 순수한 문화"[61]라고 설명한다. 이 구절에서 프로이트는 죽음욕동을 유기체의 죽음보다는 자아의 제거로 설명하고 있다. 들뢰즈는 '미래'의 반복이 이 동일한 [자아의] 제거를 획득한다고 본다. 다시 말해 자아는 소멸될 것이다.

---

58) André Green, Life Narcissism Death Narcissism, trans. A. Weller, London: Free Association Press, 2001, p. 222.

59) Gilles Deleuze, Essays Critical and Clinical, trans. D. W. Smith and M. A. Greco, Minneapolis: University of Minnesota Press, 1997, pp. 68~90.

60) 이때의 'untimely'(독일어 unzeitlich)는 통상적으로 니체의 맥락에서 '반시대적'으로 번역하지만, 이는 오히려 부정적이고 반동적인 '반니체적' 번역이라 보여진다. 이 말은 '시대적'이지 않은 '비시대적', 아니면 현재에 미래를 적극적으로 도입하여 (현재를) 변형시키고자 한다는 측면에서 '탈시대적'으로 옮기는 것이 적어도 들뢰즈의 니체에 관한 번역으로는 타당할 것이다.—옮긴이

61) Freud, On Metapsychology: The Theory of Psychoanalysis, p. 394.

자아의 제거는 또한 도덕률에서 발생한다. 『실천이성 비판』에서 칸트는 그것이 도덕적 완전함을 위한 욕망을 어떻게 고취시키는지 설명한다. 이 탐색은——자신을 감각적 성향으로부터 해방시켜 범주적 명령의 요구를 고수할 수 있게 하는——끝없는 지속을 요구하며 우리의 삶 이후로까지 확장해 간다.

이제까지 도덕적 열등함에서 우위로 진보해 온 데서 …… 그는 동일한 것이 앞으로도 단절 없이 계속되기를 …… 심지어 현생이 끝난 이후에도 계속되기를 희망할 수 있다. 그리고 그는 사실상 지금도, 또한 미래의 그의 실존의 어느 상상 가능한 시점에도 아니고, 다만 (신만이 조망할 수 있는) 끝없는 그의 지속 안에서만 자신의 의지에 완벽하게 부합하게 되기를 희망할 것이다.[62]

완전성은 실존의 끊어지지 않는 사슬을 요구한다. 그것은 무한으로 이어지는 시간의 직선으로서의 모습으로 드러나며 도달할 수 없는 종말을 향한다. 칸트의 이 글에 대한 주석에서 들뢰즈는 도덕적 완전성에 대한 이 무한한 탐색이 무한한 부채로부터 발생하는 과정을 설명한다.

진보의 관점에서 그것은 점증적으로 법에 부합해 가는 가운데 무한으로 이어진다(도덕적 진보 안에서 인내의 의식으로서의 재가). 우리 삶의 한계를 넘어서고 영혼의 불멸성을 요구하는 이 길은 냉혹하고 끊임없

---

62) Kant, Critique of Practical Reason, pp. 149~150.

는 직선적인 시간을 따른다. 그 위에서 우리는 법과 지속적으로 접촉하는 상태이다. …… 시간의 경첩이 풀릴 때, 우리는 과실과 속죄의 오래된 순환을 폐기하고 느린 죽음, 지연된 판단, 혹은 무한한 부채의 무한한 경로를 따른다.[63]

숨은〔은밀한〕 접속은 죽음욕동, 무한한 부채와 시간의 직선 사이에서 출현한다. 우리의 직선적 시간 개념은 법에 대한 우리의 관계에서 전해 내려온다. 반면 우리의 선조들은 시간에 대한 다른 이해를 유지했었다. 전통 문화의 순환적 시간은 희생을 통해 죄의 되갚음을 허용한다. 그러나 무한한 직선적 시간의 전개와 더불어 종말을 연기하는 전체적 죽음의 이상만이 미래의 순수 '사건'으로서 모습을 드러낸다. 이 사건은 자기부정과 도덕률에 대한 지속적인 고수를 고취한다. 그것은 프로이트의 생각처럼 물리적인 죽음으로서가 아니라 '비인칭적 죽음', 결코 일어나지 않는 죽음으로서 모습을 드러낸다. 들뢰즈는 『차이와 반복』에서 이 죽음을 우리의 현실적 죽음과 구분한다.[64] "첫번째 죽음은 …… 인칭적인 죽음이다. …… 두번째 죽음은 …… 기이하게도 비인칭적인 죽음이다. …… 이 죽음은 어떤 항존하는 물음 안에서

---

63) Deleuze, Essays Critical and Clinical, p. 33.
64) 들뢰즈는 『차이와 반복』 2장 4절 끝부분에서 블랑쇼의 죽음론을 개진하고 있다. 블랑쇼가 지적한 죽음의 두 측면은 자아와 관련되는 인칭적 죽음과 자아를 벗어던진 비인칭적 죽음, 혹은 4인칭의 죽음으로 나뉜다. 여기서 말하고 있는 죽음은 후자의 죽음인데, 이는 현실적 사건이 아닌 순수사건으로서의 죽음을 말한다. 즉 철수나 영희 등의 특정인의 죽음이 아니라 비인칭적 '누군가' (on=one)의 죽음이다. 요컨대 현재나 과거의 죽음이 아닌 항상 도래하고 있는 미래의 죽음, 즉 전-개체적/비인칭적 장으로서의 죽음을 말한다.—옮긴이

끊임없고 다양한 모험의 원천이다."[65] 이 '항존하는 물음'은 연기된 종말, 유기체의 인칭적 종말이 아닌 비–존재의 합리적 종말에 대한 사변으로 이끈다.[66] 그러므로 비–존재는 생각할 수 없는 것에 배어들어 시간에 대한 우리의 문제제기를 뒷받침한다. 나는 나의 물리적 죽음을 나의 살아 움직이는 신체가 세계로부터 사라지는 것으로 생각할 수 있다. 때문에 나는 그것에 대한 불안을 가지고 있을 수 있다. 또한 나는 타인들이 내가 죽은 것을 보는 세계에 대해 생각할 수 있다. 그러나 욕망의 근본적 부재는 생각할 수 없다. 이 근본적 불가능성이 칸트로 하여금 삶 이후의 무한한 진보를 공리화하도록 한 것 같다. 그때 비–존재의 '비인칭적' 죽음은 카프카의 『심판』의 '잘못된' 결말과 같이 영원히 연기되는 것으로 나타난다. 들뢰즈와 가타리는 그러한 결말이 '무한 연기'를 정당하게 다루지 못하고 있다고 주장한다. 이 잘못된 결말은 비인칭적 죽음과 인칭적 죽음을 일치시키고자 한다.[67] 그러나 우리는 요제프 카가 죽은 후에도 여전히 재판/심판을 지속하고 있다고 상상해야만 한다. 시간의 무한한 직선은 이 반복을 고취할 죽음의 '이상적' 사건을 요구한다. 프로이트는 삶에서 반복되는 이 '죽음'이 현실원칙의 근간을 이룸을 인식했다. 그는 즉각적인 쾌락을 미래의 쾌락으

---

65) Deleuze, Difference and Repetition, p. 112.

66) 베르장은 강요된 운동을 "문제적인 (비)–존재로서의 죽음욕동"에 관련시켰다. Véronique Bergen, L'ontologie de Gilles Deleuze, p. 327.

67) 들뢰즈와 가타리는 소설의 형식 자체가 종결될 수 없는 무한의 계열들을 요구한다고 말한다. 즉 "K의 사형집행으로 끝나는 결말의 관념은 소설의 전체 방향 및 『심판』을 규정하는 '무한한 연기'의 특성에 의해 모순된다"(Gilles Deleuze and Félix Guattari, Kafka, Toward a Minor Literature, trans. D. Polan, Minneapolis: University of Minnesota Press, 1986, p. 44). 또한 카프카의 『심판』을 보라. Franz Kafka, The Trial, trans. W. Muir, E. Muir and E. M. Butler, New York: Schocken Books, 1984, pp. 160~161.

로 대체하는 현실원칙이 "특수한 종교의 신화에 반영된다"고 보았다.

> 지상의 쾌락을 포기하는 데 대한 …… 내세에서의 보상이라는 교의는
> 정신에 있어서의 이러한 혁명의 신화적 투사에 다름 아니다.[68]

　그는 '특수한' 종교의 신화로서의 내세는 현실원칙에서 기원하는 것으로 여겼다. 쾌락의 연기에 대한 문제 전반은 결코 도래하지 않는 천국의 이미지로 가려진 미래의 반복을 발생시킨다. 모든 욕망의 해소와 그에 수반되는 충족감 이외에 어떤 천국이 있을 수 있는가? 죽음의 순수사건은 이 포기를 고무한다. 즉 그것은 현실원칙이 즉각적 만족과 즉각적 해결책을 연기할 때 '문제와 물음의 원천'[69]으로서 작동한다. 이런 식으로 죽음은 문제들과 물음들을 열린 채로 유지한다. 이상적인 죽음이 실존하는 듯이 보이지 않는다면 우리는 [그것을 더 이상] 생각하지 않을 것이다.

　신화와 종교는 '신앙의 반복'에 참여한다. 들뢰즈는 『차이와 반복』에서 이에 대해 희극적으로 접근하는데, 이때 그는 실존에 의미를 부여할 보충redeeming의 목적을 신앙에 부여함으로써 무한한 시간의 직선에 한계를 주지 않는 한에서만 신앙을 허용한다.[70] 대신에 그는 신앙을 '신앙의 진리'[71]로서의 영원회귀로 대체했다. 그것은 종말 없는

---

68) Freud, On Metapsychology: The Theory of Psychoanalysis, p. 41.
69) Deleuze, Difference and Repetition, p. 112.
70) 직선적 시간에 한계를 설정한다면, 그것은 종말론이나 목적론을 전제한 신앙적(=기독교적) 시간에 다름 아니게 된다.—옮긴이

무한 연기의 관념을 유지하고 있다. 신앙의 진리는 잘 알려진 내세 신화에 거주하는 것이 아니라 연기에 있다.[72] 우리가 미래의 반복을 '미래의 신앙'이라고 부를 수 있다면, 그것은 '은총'(비-존재)의 순수사건이 결코 당도하지 않을 것이기 때문임에 틀림없다.[73] 대신 이 미래의 순수사건은 우리의 문제제기의 반복을 고취하며, 그럼으로써 그것들을 영원히 열린 채로 놓아둔다. 우리의 물리적 죽음조차도 물음을 종결시키지 않을 것이다.

2. 로젠버그의 드라마의 정적 반복

이 절에서 우리는 지금까지 살펴본 세 가지 반복을 오이디푸스와 햄릿의 드라마적 페르소나들에 적용함으로써 확장해 갈 것이다. 이러한 관찰들은 『새로움의 전통』(The Tradition of the New)에서 선보인 드라마에 관한 로젠버그의 논문에서 유래한다. 들뢰즈는 이 논문을 인용하면서 등장인물이 갑작스러운 정체성의 변화를 겪을 때 휴지부[각운의

---

71) Ibid., p. 95.
72) 괄란디는 "영원회귀의 직관은 믿음, 내재성의 신앙, 그리고 '이 세계의 믿음'에 대한 들뢰즈적인 형식이다"라고 말한다(Gualandi, Deleuze, p. 135). 이는 여전히 그에게 내재적인 것이지만, [동시에] 영원을 향한 욕망이다.
73) 들뢰즈는 '은총'의 관념이 항상 도달하고 있는 은총의 가능성에 관하여 무신론자의 비판주의를 공유하는 신앙인뿐만 아니라 무신론자에게도 동기를 부여한다고 말한다. "우리는 너무 자주 무신론자를 믿음이나 신앙의 관점에서 심판하도록 이끌려 왔다. 그러한 관점에서 우리는 그가——요컨대 은총의 관점에서, 그 반대의 관점에서 판단하려는 유혹에 빠지지 않고——여전히 그가 거주하고 있는 난폭한 무신론자에 의해, 즉 은총 안에 '매 순간' 영원히 주어져 있는 반反그리스도에 의해 신앙인을 심판하도록 내몰린다고 가정하는 것이다."(Deleuze, Difference and Repetition, p. 96)

중단]에서 발생하는 **이념들**의 드라마화를 설명하고 있다. 예를 들어 햄릿은 '이전'의 머뭇거리는 페르소나로부터 '사이'에 하나의 정체성을 갖춘 드라마의 주인공으로 변화한다. '이후'의 반복은 결과를 통해 드러나는데, 이것은 의도된 행위를 닮지 못한다. 이것이 희극과 비극 모두에 해당하는 핵심이다. 이 절의 후반부에서는 순환적 역사에 대한 들뢰즈의 비평과, 그것이 니체의 영원회귀와 다른 점을 검토하겠다. 그들 각각이 우리의 세 가지 반복에 어떻게 상응하는지 보게 될 것이다. 이 절에서 순수사건이 어떻게 우리의 행위에 영향을 주는지, 우리는 어떻게 순수사건을 감당하게 되는지, 결과적으로 순수사건은 어떻게 우리의 행위들을 전복시키는지 제시할 것이다.

사건은 어떻게 등장인물의 변화에 영향을 주는가?

정적 반복에서 "과거·현재·미래는 …… 이러한 경험적 기준에 따라 분배되는 것이 아니다".[74] 자아와 사건의 관계는 시간 속에서 그것[사건]의 위치보다는 '이전'을 규정한다. 즉 우리가 사건을 감당하지 못하는 채 존재하는 한, 우리는 그것[사건] 이전에 있다. 요컨대 우리가 아직 어떤 행위를 인식하지 못한다면, 이때 우리는——우리가 현재 속에 현실적으로 살아 있음에도——선험적 과거에 거주하는 것이다. 들뢰즈는 드라마에서 두 가지 예를 든다.

> 오이디푸스는 이미 행위했고, 햄릿은 아직 행위하지 않았다. 하지만 어떤 경우든 그들은 과거에 속하는 상징의 첫번째 부분을 살아 내고 있다. 행위의 이미지를 자신에게는 너무 벅찬 것으로 체험하면서 그들

은 과거 안에서 자기 자신을 살아 내고 또 과거 안으로 내던져진다.[75]

희곡의 첫번째 부분에서 햄릿은 왕을 죽일 용기가 없다. 따라서 그는 '이전'의 계기에 살고 있다. 또한 비록 오이디푸스가 이미 그의 아버지를 죽였지만, 그는 아직 그것을 깨닫지 못하고 있다. 그러므로 행위를 성취한다는 것은 그 행위를 감당한다거나 그것을 깨달을 수 있다는 것을 의미하지 않는다. 들뢰즈가 인용하는 책 『새로움의 전통』에서 해럴드 로젠버그는 햄릿이 행위하는 능력을 결여한 이유를 설명한다. 「등장인물의 변화와 드라마」(Character Change and the Drama)라는 장에서 로젠버그는 어떻게 한 등장인물의 정체성[동일성]이 동시적으로 변화하는지를 다루는데, 이를 설명하기 위해서 그는 법이 어떻게 개인을 창조하는지를 기술하고 있다. "그러므로 개인에 관해 법은 그의 역할의 정합성에 의해 동일화되는 한 인물에 관한 허구를 창조한다."[76] 로젠버그는 개인이 법적 허구라고 보았다. 말하자면 자신의 행위에 의해 정의되는 개인은 한 사건 속에서 정점에 달한다. 이 '개인'은 드라마로부터 나타난다는 점에서, 혹은 등장인물에 대한 판단으로 이루어지는 행위들로부터 나타난다는 점에서 한 '인간'과는 다르다. 이 판단은 법으로부터 발생하며, 인간을 그들의 행위를 표상하는 '상징'

---

74) Deleuze, Difference and Repetition., p. 89.〔이때의 과거 · 현재 · 미래의 시간은 경험적이고 동역학적인 규정들에 의해 측정되는 운동의 시간이 아니라, 자아와 사건과의 관계에서 결정되는 이전 · 사이 · 이후이다.—옮긴이〕

75) Ibid, p. 89.

76) Harold Rosenberg, The Tradition of the New, New York: DA Capo Press, 1994, p. 136.

으로 전환시킨다. 그러나 이 상징들은 다만 표층적인 정체성만을 생산할 뿐이며, 그 근원적인 어떤 존재가 놓여 있다는 것이 로젠버그의 주장이다. "인칭성보다는 정체성을 다루는 …… 법은 그것의 희생자들과 마찬가지로 존재와 행위 사이의 모순, 개인이 자신의 역할의 모든 측면에 합치되는 데 실패한다는 점에서 어려움을 겪는다."[77] 법은 실재 존재를 판단하기보다는 그 자신의 창작인 정체성을 판단한다. 모순된 충동들로 이루어진 인간은 그의 역할에 종속되어야 하고, 추상작용으로 이루어진 '개인'은 법의 판단으로부터 그의 이상적인 '통일성'을 부여받는다. 인간과 개인이라는 이 두 가지 측면이 '내' 안의 균열들을 구성한다. 한편으로 자아는 자신의 모순되는 충동들을 유지해야 하고, 다른 한편으로 이상은 이상화된 통일성의 이미지를 유지해야 하기 때문이다. 드라마의 한 등장인물이 정체성의 변화를 겪을 때 근원적인 '인간'은 변화하지 않은 채로 남아 있으며, 등장인물을 판단하는 이상만이 변화한다. 예를 들어 범죄자는 그의 범죄에 의해 규정되며, "범죄가 저질러진 적이 없다는 것이 갑자기 밝혀지면 그의 행위들의 정합성은 무너지고 그 죄수는 …… 더 이상 법정의 눈앞에 존재하지 않을 것이다".[78] 범죄자는 하나의 사건이 시간을 이전과 이후로 균열시킬 때 변화한다. 등장인물은 물리적으로 동일하게 머물러 있지만, 그를 한순간에 가두어 놓는 비물체적 변환은 다음 순간에 그를 풀어 준다.

---

77) Harold Rosenberg, The Tradition of the New, New York: DA Capo Press, 1994, p. 138.
78) Ibid., p. 143.〔말하자면 재판장이 범죄자를 향해 "무죄"라고 판결하는 순간, 그 언표작용이 죄인을 자유인으로 변환시킨다는 것이다.—옮긴이〕

이 사건들이 잠재적인 것으로 남아 있다고 해도 그것들이 우리의 삶에 미치는 영향은 매우 실재적이다.[79] 그러한 사건들이 없다면 우리는 한 사태에서 다른 사태로 지나갈 수 없을 것이다. 시간은 전이transition 없는 연속적 매개로서 나타난다.

우리는 정체성들이 정적인 시간의 질서 속에서 변화하는 방식을 살펴보았다. 이러한 유형의 변화는 두 부분으로 구분되는 『햄릿』에서 표면화한다.[80] 이 희곡의 첫 부분에서 바다로 여행을 떠나기 전에 햄릿은 자기 자신에 대해 회의한다. 그런데 여행 이후의 두번째 부분에서 그는 행위를 할 능력을 갖추게 된다. '이전'의 햄릿이 회의하는 것은 그가 정체성의 구조를 결여하고 있으며 자신에게 손짓하는 사건을 감당할 수 없기 때문이다. 로젠버그는 햄릿이 지나치게 많이 생각하는 것이 그가 지적인 사람이기 때문이 아니라고 주장한다. 오히려 그는 정체성이 없기 때문에 지나치게 생각을 많이 하는 것이라고 한다.

논쟁적이고 자기분석적인, '행위하지-않는' 햄릿은 …… 상당히 인칭성의 인물, …… 그에게 주어진 드라마상의 역할에 부족한 존재인 인물이다. 햄릿은 행위에 요구되는 모든 자질들을 가지고 있다. 그에게 부족한 것은 그가 드라마 내의 한 등장인물이 되게끔 해줄 정체성의 구조이다.[81]

---

79) 들뢰즈에 따르면, 현실성actualité뿐만 아니라 잠재성virtualité도 실재성réalité에 해당한다. 다만 가능성possibilité은 이들과 다른데, 이는 결코 실재하지 않는 상상적 영역이기 때문이다.—옮긴이

80) William Shakespeare, Hamlet, Oxford: Oxford University Press, 1994.

햄릿은 정체성, 행위, 갈등에 의존하는 전통극에 들어맞지 않는다. 그는 행위할 수 없고, 따라서 자신의 역할을 규정할 수 없다. 요컨대 햄릿은 "나는 존재한다"고 말할 수 없는 것이다. 그는 정체성을 결여하고 있으므로 비존재라는 항존하는 물음이 그를 사로잡고 있다. "사느냐 죽느냐?" 사물들의 질서 속에서 자신의 자리를 알지 못하는 그는 자신이 어째서 태어났는지를 묻는다. 그의 정의되지 않은 인칭 구조는 이 모순된 충동들을 품고 있다. 그래서 그는 다만 자신의 인칭성의 모순된 충동들을 저버리고 자신의 역할에 종속될 때 비로소 도덕적 명석함을 획득한다. 그러나 그가 머뭇거릴 때, 그는 자신의 말 속에서 행위를 반복한다. 들뢰즈는 이런 종류의 반복을 다음과 같이 기술한다. "즉 〔익명적〕 누군가는 그가 무엇인가를 알지 못하기 때문에 반복하고, 회상하지 못하기 때문에 반복하며, 또는 행위할 수 없기 때문에 반복한다."[82] '이전'에 빠져 있는 햄릿은 행위할 수 없고, 그러므로 반복한다. 그러나 이러한 반복은 어디에서 오는가? 그의 의지는 반복하지 않고, 때문에 그의 반복은 비자발적인 것 혹은 강박적인 것으로 남는다. 들뢰즈에 따르면, 이드는 반복한다. "그러므로 〔익명적〕 '누군가'는 여기서 반복의 1차적 역량으로서의 이드의 무의식을 의미한다."[83] 이드의 강박은 행위의 이미지와 더불어 희곡의 전체 장면을 사로잡고 있다. 즉 죽음과 살해의 주제들이 햄릿이 그 사건을 의식에 떠올리지 못하는 동안 반복해서 나타난다. 그러므로 그것은 전체 장면을 뒤덮고

---

81) Rosenberg, The Tradition of the New, pp. 146~147.
82) Deleuze, Difference and Repetition, p. 295.
83) Ibid., p. 295.

있다. "장면 전체를 장악하고 희곡의 모든 부분들을 관류하는 가운데 이 자각되지 않은 인식이 재현되어야 한다."[84] 희곡은 일련의 위장들과 거짓 출발들로 구성되어 있다. 예를 들어 햄릿은 폴로니어스를 왕으로 오인하여 살해한다. 들뢰즈는 이것을 '희극적' 반복이라고 기술하는데, 왜냐하면 인식을 수반하지 않는 반복은 오인된 동일성만을 야기할 수 있을 뿐이기 때문이다. "주인공은 …… 마치 꿈속에서처럼, 희극을 구성하는 벌거벗고 기계적이며 천편일률적인 방식으로 반복한다."[85] [왕이 아닌] 다른 사람을 살해했을 때 햄릿은 몽유병자처럼 행위한다. 그는 자신의 정체성이 극복할 수 없는 반복강박 혹은 운명 신경증의 영향 하에 들어간다. 결과적으로 그는 사건을 감당하는 데 실패한 것이다.

우리는 어떻게 사건을 감당하게 되는가?

사건을 감당하기 위해서 우리는 드라마적 미메시스에 참여해야 한다. 앞에서 본 것처럼 햄릿은 그가 정체성을 결여하고 있을 때 행위할 수 없었다. 그래서 행위를 감당하기 위해 그는 갑작스러운 정체성의 변화를 겪어야 했다. 들뢰즈는 그것을 중단caesura이라고 부른다.[86]

---

84) Ibid., p. 15.
85) Ibid., p. 296.
86) 이는 횔덜린의 오이디푸스론에 등장하는 각운의 중단을 의미한다. 오이디푸스가 자신의 아버지를 죽이고 어머니를 취한 행위의 주체가 바로 자신임을 알게 되었을 때부터 희곡의 급반전을 나타내는 의도로서 각운의 흐름이 중단된다. 또한 이것은 안티고네 역시 마찬가지이다. 횔덜린은 이러한 각운의 중단을 통해 극적 흐름의 급전을 표현하며, 이는 (행위와 관련된) 변신의 결정적 계기를 드러낸다.―옮긴이

따라서 [각운의] 중단 자체와 관련되는 두번째 시간은 변신의 현재, 행위에 동등하게-되기, 그리고 자아의 이중화이다. 또한 두번째 시간은 행위의 이미지 안에 어떤 이상적 자아를 투사하는 시간이다(이는 햄릿의 바다 여행 및 오이디푸스의 탐문 결과에 의해 나타난다. 즉 주인공은 행위를 '감당할 수 있게' 된다).[87]

생명을 위협받는 상황에 처했을 때, 중단은 주인공이 하나의 정체성을 확보하는 것을 허용하면서 자아를 이중화한다. 그러나 정체성의 실현에는 종종 죽음의 맛이 불가피하다. 희곡에서 햄릿은 바다에서 죽음에 맞서면서 사건을 감당하게 되고, 그것이 그의 정체성을 일깨워준다.[88] 죽음은 우리를 이전의 자아들로부터 해방시킨다. 때때로 이것은 새로운 이름이나 새로운 목적을 획득한다. 이러한 변환은 "세례와 성만찬"[89]과 같은, 상징적 죽음과 부활을 수반하는 종교적 제의에서 비롯한다. 비록 이러한 제의들이 오늘날에는 상당히 세속화되어 버렸지만, 죽음과 희생이라는 그 시원적 의미는 한때 실재적인 힘을 가졌었다. 로젠버그에게 이 주제들은 등장인물의 변화에서 작동한다. "드라마 작가는 종교적 체험을 모방하여 그의 등장인물이 죽음의 시련을 겪도록 해야 한다. …… 죽음의-위험이-있는 사건이 있다. 이때 단일인물 안에서 정체성의 이동이 일어난다."[90] 햄릿은 그와 같은 죽음의-

---

87) Deleuze, Difference and Repetition, p. 89.
88) 들뢰즈는 이를 예시하기 위해 헨리 밀러로부터 다음과 같이 인용했다(Ibid., p. 19). "나는 내가 자유로웠다는 것과, 내가 겪었던 죽음이 나를 해방시켰다는 사실을 깨달았다." (Henry Miller, The Time of the Assassins, London: Neville Spearman Ltd., 1956, p. 3)
89) Rosenberg, The Tradition of the New, p. 144.

위험이-있는 경험을 하고 그것은 그에게 새로운 역량, "행위의 '위험한' 새 능력"[91]을 채워 준다. 그는 이를 다음과 같이 표현한다. "하지만 나는 내 안에 위험한 어떤 것, 그대의 지혜가 두려워할 만한 것을 지녔다."[92] 하나의 정체성을 획득함으로써 그는 사로잡히게 되고, 드라마의 논리가 그의 영혼을 취한다. 따라서 그는 자신의 의지를 드라마의 역할을 위해 변화시켰으므로 더 이상 그 자신의 욕망에 따라 행위하지 않는다.

'행위할 수 있게-되기'를 이해하려면 해럴드 로젠버그의 책에서 「부활한 로마인들」(the Resurrected Romans)이라는 장으로 가 보아야 한다. 여기서 그는 프랑스 혁명 기간에 부르주아 계급이 로마 혁명의 신화를 어떻게 이용했는지를 검토한다. 이 장에서 그는 그 물음에 대한 답을 제시한다. 말하자면 혁명은 어째서 그것들이 발생한 바로 그 시점에 일어나는가? 혁명을 위한 사회적 조건들은 종종 그것이 일어나기 오래전에 갖추어진다. 그렇다면 어떤 본질적인 조건이 민중으로 하여금 영웅적 행위들을 할 수 있게 만드는가? 그는, 스스로 알든 모르든 역사적 행위자들은 역사의 주제들을 재상연한다고 답한다. 그는 프랑스 혁명의 행위자들에 대해 이렇게 이야기한다. "그들은 자신들이 스스로의 삶의 사건들에 의해 자신들에게 주어진 역할을 수행하고 있다고 상상했다——그들의 행위는 오래된 어떤 역할의 자발적〔우발적〕반복이 되었다."[93] 이 역사적 행위자들은 자발적으로 분출한 이 재

---

90) Ibid., p. 145.
91) Ibid., p. 148.
92) Shakespeare, Hamlet, 5·1·284.

연에 대해 망각하고 있다. 하지만 그들 안에는 자신들로 하여금 사건을 감당하게 하도록 한 행위의 이미지가 유지되고 있다. 들뢰즈는 이 동일하게-되기가 '사이'의 반복의 특징이라고 말한다.

> [익명의] 누군가는 행위를 수행할 수 있게 되고, 행위의 이미지와 동등하게-된다. 이제 그 '누군가'는 **자아**의 무의식, **자아**의 변신, **자아**가 반복의 2차적 역량의 형식으로 나 혹은 이상적 자아 안으로 투사된다는 것을 의미한다.[94]

'사이'의 반복은 이상의 투사 혹은 행위의 이미지를 요구한다. 이것과 더불어 프랑스 혁명가들은 힘과 용기를 무시간적 방식으로 구체화하는, 이른바 로마인들의 '영웅적 이상'에 동일시했다. [하지만] 로젠버그도 들뢰즈도 그들이 로마인들을 모방하려는 계획을 가지고 있었다고 주장하는 것은 아니다. 그것[영웅적 이상과의 동일시]은 반성 없이 나타난다. "반복은 그것이 반성의 개념이기 이전에 행위의 조건이다."[95] 역사가는 사후적으로 프랑스인들과 로마인들을 비교할 수 있지만, 혁명이 진행되는 사이에[동안에] 모방은 무의식적인 것으로 있었다. 원형으로서의 로마 혁명은 그들의 행위에 의미를 주는 행위의 이미지를 제공한다. 그러나 과거와의 이러한 동일시는 플라톤적 영감[상기론]에 의존하게 된다. 다시 말해 미메시스가 역사적 사건들에 '동일성'을 부과

---

93) Rosenberg, The Tradition of the New, p. 155.
94) Deleuze, Difference and Repetition, p. 295.
95) Ibid., p. 90.

하는 것이다. 로젠버그의 이론은 이런 측면에서 플라톤적 상기와 유사하며, 들뢰즈는 이런 이유에서 그것을 비판한다. "여기서 유사 혹은 동등하게-되기의 기준인 행위의 이미지는 일반적 개념의 동일성을 위해서만 존재한다."[96] 로젠버그와는 달리, 들뢰즈는 인물과 행위에 동일성을 부과하는 플라톤적 미메시스에 대해 우려를 나타낸다. 비록 하나의 역할을 가지고 있다는 확신감이 모호성을 없애고 행위를 가능하게 해주기는 하지만 그것은 또한 하나의 동일성을 부과한다. '인간' 은 행위자 속에서 죽고 역할만이 남을 뿐이다. 로젠버그에 따르면, '주인공'의 행위는 영원한 이상 속에서 이미 완수되어 있는 것으로 나타나므로 그는 역사의 무대 위에 오르기 전에 이미 죽은 것으로 보인다. "주인공이 '죽었다'는 것은 그가 욕망의 동요와 딜레마 속에 살아가는 사람들과는 달리 전적으로 완성된 것 안에서 움직임을 뜻한다."[97] 머뭇거림은 행위자가 한 역할에 종속될 때 사라진다. 그러한 상황은 '생성'을 멈추고 영원한 순간 속에서 행위를 얼어붙게 만들고자 한다. 그것은 시간의 전체에 대한 상징이 된다. 들뢰즈는 "시간의 전체를 감당하는"이라는 말을 사용해 역사적 행위자가 단순히 인칭적 기억을 반복하는 것만은 아님을 보여 준다. 말하자면 그는 하나의 영웅적 행위 안에 시간의 전부를 끌어 모으기를 꾀하는 '우주적' 기억을 획득함으로써 태고의 시간을 반복한다. 그럼으로써 역사적 작인은 인칭적 의지를 역사적 의지로 전화시킨다. 이런 까닭으로 들뢰즈는 '사이'의 반복이

---

96) Ibid., pp. 295~296.
97) Rosenberg, The Tradition of the New, p. 157.

단 하나의 행위 속에 역사의 전체를 반복한다고 말할 수 있는 것이다.

사이의 두번째 반복은 주인공 자신이 위장을 받아들이고, 비극적인 구도 위에서 변신을 획득하는 반복이다. 그리고 이제 행위할 수 있게 된 주인공은 자기 자신의 동일성, 그의 기억과 세상의 모든 기억의 내적 심층과 아울러, 시간 전체와 대등하게 되었음을 주장한다.[98]

현실적으로 일어난 것에 대해 망각하고 있는 역사적 행위자는 행위를 감내하고, 영원한 드라마에 대한 자각만이 남아 있을 뿐이다. 미르치아 엘리아데는 이것을 신화적 원형의 재연으로 기술한다. "전통적인 사람에게 원형적 모델의 모방은 신화적 계기의 재현실화이다. …… 이 의식들은 …… 세속적 시간의, 지속의 흐름을 정지시키고, 사제를 신화적 시간에 투사한다."[99] 들뢰즈가 '시간의 전체' 라고 부르는 것을 엘리아데는 '신화적 시간' 이라고 부른다. 만일 역사적 행위자를 제의의 사제로 본다면, 사건은 시간의 전체를 상징화한다는 들뢰즈의 주장을 이해할 수 있다. 로젠버그조차도 혁명가들이 자신들을 시간 바깥으로 내던지기 위해 절대적인 것에 호소했음을 인식한다.

행위는 절대성('이상과 예술형식')과 정념을 요청하며, 이것들은 과거로부터 온다. 혁명을 성취하기 위해 부르주아 계급은 자신들을 그들

---

98) Deleuze, Difference and Repetition, p. 296.
99) Mircea Eliade, The Myth of the Eternal Return: Or, Cosmos and History, trans. W. R. Trask, Princeton: Princeton University Press, 1991, p. 76.

의 현실적인 역사적 상황 바깥으로 내던져야 했다. 그들은 시간의 두 부분을 연합시키고 현재가 영원 속으로 사라지게 하는 자발적 반복을 통해 이를 수행했다.[100]

"영원 속으로 사라지기"는 '사이'의 반복의 가장 큰 매력들 중 하나이다. 실로 이 미메시스는 하나의 '반복'을 형성하지만, 그것은 어떤 모델의 반복으로 남는다. 그러므로 그것은 반복의 궁극적 형식이 될 수 없다. 다음으로는 이 동일한 것의 반복이 어떻게 예기치 못한 결과를 낳는지 살펴보겠다.

시간은 어떻게 미메시스를 분쇄하는가?

미메시스는 다만 반복의 표층적 계기일 뿐이다. 비록 그것이 불러일으키는 동일성이 행위에 대한 유인장치로 작용하지만 행위 자체는 미메시스의 이미지를 닮지 못한다. '미래의 반복'에서 시간 자체로부터 발생하는 다양체의 재기再起는 자아와 그 동일성을 휩쓸어가 버린다. 이 새로운 반복에는 이전 반복의 통일성이 결여되어 있다. 즉 비극의, 혹은 주인공의 미메시스에서 자아는 자신의 이미지를 발견한다. 그러나 변신을 거치는 동안 자아는 자신이 추구했던 동일한 정체성〔동일성〕을 잃는다.[101] 들뢰즈는 미래의 반복이 이 정체성을 파괴한다고 말한다. 다시 말해 그것은 마치 자아가 "새로운 세계를 잉태한 자로서 자신이 산출하는 파열하는 다양체의 충격에 의해 압도되고 흩어져 버리는"[102]

---

100) Rosenberg, The Tradition of the New, pp. 165~166.

듯이 보인다. 주인공이 행위의 동일한 이미지를 반복하고자 함에도 반복 자체는 새로운 어떤 것을 초래한다. 비극적 변신을 겪은 주인공은 그가 의도했던 것과 다른 결과에 직면한다. 미메시스는 시간의 순서를 역전시킴으로써 그것[시간]을 원상태로 복구하고자 한다. 마찬가지로 전통 문화는 '시간을 갱신' 하고자, 또는 완벽한 시작의 회귀를 야기하고자 제의들을 수행한다. 시간의 순환적 개념화와 더불어 그들은 제의를 불운을 역전시키는 방법으로 본다. 그러나 '비극적' 변신은 이제 아무것도 역전될 수 없는 '시간의 질서' 와 조우한다. 해럴드 로젠버그는 고대 그리스의 '정적인' 변증론 개념으로부터 무엇인가가 변화했음을, 시간을 역전시키고자 하는 시도로부터 전적으로 새로운 사건이 튀어나왔음을 깨닫는다.

실수와 재인의 비극적 메커니즘이 작동하면서 '부활한 로마인들' 의 역사적 드라마는 **역전** 속으로 부서져 들어가는 것이 아니라 '전적으로 새로운 어떤 것', 즉 부르주아 사회의 창조라는 결과를 낳는다. 그리스 비극의 정적인 변증론 안으로, 창발적인 사건의 '도약' 을 수반하는 진화의 원칙이 도입되었다.[103]

---

101) 미래의 세번째 시간은 사건과 행위가 자아의 일관성을 해치는 균열된 자아를 구성한다. 즉 이러한 시간은 나 혹은 자아가 각각의 계기들을 통합하고 아우르는 게 아니라, 오히려 나/자아가 사건 및 행위에 따라 그 효과로서 산출되는 시간인 것이다. 그것은 마치 미래를 머금고 있는 현재, 탈시대Unzeit를 잉태하고 있는 시대Zeit, 위버멘쉬(초인)를 품고 있는 멘쉬(인간)와 같이 도래하고 있는 것에 의해 극복되는 시간이다.—옮긴이

102) Deleuze, Difference and Repetition, pp. 89~90.

103) Rosenberg, The Tradition of the New, p. 160.

더 이상 인칭적이지 않은 사건은 의도된 행위를 닮지 못하는 결과를 드러낸다. 첫번째 반복의 비-행위와 두번째 반복의 미메시스 사이의 중단과 더불어 우리는 반복되는 것의 실존을 인식해야 한다. 그것은 절대적으로 새로운 사건이다. 시간의 직선 안에서 역사는 반복되지 않는다. 반복은 역사의 책략이다. 다시 말해 변증론의 고대적 양태는 무너졌다. 근대의 변증법조차도 그것을 구할 수 없다. 들뢰즈는 반복이 새로운 것을 창조한다고 말한다. "생산되는 것, 절대적으로 새로운 것 자체도 역시 반복일 뿐이다. 즉 이는 세번째 반복, 과잉에 의한 이 시간, 미래의 반복인 것이다."[104] 세번째 반복과 더불어, 그 의도되지 않은 결과와 더불어 자아는 더 이상 반복하지 않는다. 즉 이제 시간 자체가 반복한다. 로젠버그는 시간 안에서 진정한 반복의 불가능성을 주장한다. 반복은 주인공의 상상 속에서만 일어나는 듯하다.

> 역사적 플롯에 대한 …… 시간의 효과를 통해 주인공의 과거의 반복은 다만 외관상의 반복이 된다. 변화의 항구적인 작동은 어떠한 역전도 허용하지 않듯이 진정한 반복을 허용하지 않는다.[105]

과거의 반복과는 달리 이 반복은 어떠한 역전도 반대한다. 시간은 항구적인 변화로 이루어져 있다. 즉 표상의 반복이 동일한 것에 의존하는 데 반해, 들뢰즈적 의미에서의 반복은 필연적으로 차이를 내포한

---

104) Deleuze, Difference and Repetition, p. 90.
105) Rosenberg, The Tradition of the New, pp. 160~161.

4장_ 시간의 정적 발생 **267**

다.[106] 그는 플라톤적 미메시스의 원형은 반복되지 않는다고 본다. 다시 말해 그것은 다만 반복되는 듯이 보이는 것뿐이다. 왜냐하면 그 '동일성'이 반복을 금지하고 있기 때문이다. 예컨대 두 가지 사건이 동일한 것으로 보인다면, 그것들이 다시 일어난다고 어떻게 말할 수 있겠는가? 원형들은 '매 순간' 발생하므로 반복은 좌절된다. '동일한' 어떤 것은 결코 그 자신과 차이를 갖지 않고서는 반복될 수 없다. 이를테면 우리가 날마다 일어나 전날의 모든 사건들이 동일하게 반복되는 것을 발견한다고 할 때, 우리는 우리가 그것을 두번째 혹은 세번째 겪는다는 것을 어떻게 알 수 있겠는가? 우리는 그것들을 구분할 능력을 가지고 있지 않다. 그러므로 이 반복은 필연적으로 차이를 함축한다. 이런 까닭에, 미메시스란 다만 행위자의 정신에만 존재하는 것이다. 그러므로 그 행위자는 동일한 것을 의도하지만 〔결국〕 차이를 규정하는 것이다. 이는 로젠버그에 의하면 시간의 본성 때문에 일어난다.

> 주인공들이 마치 영원한 플롯을 연기하고 있는 것처럼 반복을 되풀이할 때, 시간은 상황의 연속적인 변양이라는 형식으로 그들의 드라마에 개입한다. 그리고 역사적 상황에서 이러한 저변의 숨은 변화는 …… 행위의 결과와 그 의미가 무엇이 되어야 할지를 결정한다.[107]

---

106) 동일성의 반복 대 차이의 반복. 들뢰즈가 생각하는 후자의 반복은 동일성이 아닌 시뮬라크르의, 반복의 반복이다. 때문에 전자의 반복이 동일성이나 유사성에 입각해 차이를 규정하는 데 반해, 후자의 반복은 반복될수록 차이를 산출하는 반복이다.—옮긴이
107) Rosenberg, The Tradition of the New, p. 160.

역사적 행위자의 의도는 초래된 행위의 형식이나 의미를 결정하지 않는다. 시간 자체에 내재하는 이 생성의 다양체는 자신의 이미지를 분쇄한다. 『의미의 논리』 「좋은 의도는 반드시 처벌받는다」 계열〔29계열〕에서 들뢰즈는 오이디푸스 콤플렉스를 좋은 의도를 가졌으나 예기치 못한 결과를 낳은 행위로 설명한다. 이 장에서 그는 심층의 생성과 표면 투사로서의 '의도' 사이의 균열에 주목한다. "의도는 전체 표면의 현상 또는 물리적 표면들의 접속에 적절히 상응하는 현상이다."[108] 그러므로 행위는 두 개의 스크린에서 일어난다. 첫번째 스크린에서 심층의 자아는 '이상적' 행위 —— 그것의 파편화된 실존을 통일시켜 줄 행위 —— 와 동일시하고, 두번째 스크린에서 행위들은 예기치 못한 결과들을 낳는다. 그러므로 우리는 정적 발생의 세번째 종합이 좋은 의도들의 표면을 파괴한다고 말할 수 있다. 그것은 "이름도, 가족도, 특질도, 자아나 나도 없는 인간"[109]을 의미한다. 이상적 자아의 표면은 이 예기치 못한 결과의 힘에 굴복해야 한다.[110] "능동과 수동의 결과"[111]로서의 순수사건은 이상적 자아로부터 발생한 현실의 부정을 대체한다. 그 결과는 주체 없는 세계, 행위들이 스스로를 생산하는 듯이 보이는 세계를 연다. 그것은 "그로 인해 자아가 표층으로 스스로를 열고, 갇혀 있

---

108) Deleuze, The Logic of Sense, p. 207.

109) Deleuze, Difference and Repetition, p. 90.

110) 괄란디에 의하면, "부모의 복수심은 탈성화된 에네르기를 나르키소스적 자아에게로 다시 흐르게 함으로써 어린아이의 '영웅적' 기획을 저지한다. 이 에네르기는 오이디푸스적 상처에서, 나의 균열에서, 사유의 비물체적 표면에서, 즉 '우리에게' 어떤 기표작용을 가정함으로써 모든 물체적 사건들이 투사되는 시간의 텅 빈 형식에서 구성되는 것이다"(Gualandi, Deleuze, p. 114).

111) Deleuze, The Logic of Sense, p. 213.

던 비-우주적이고 비인칭적이며 전-개체적인 특이성들을 해방하는 움직임"이다.[112] 미메시스는 이러한 시간의 직선에 무효한 것으로 남아 있는데, 왜냐하면 〔시간의〕 불가역성이 자아의 의도성을 해치기 때문이다. 이제 그것〔미메시스〕은 자신의 행위들을 소외된 노동들로서 대면한다. 그러므로 의지의 산물들은 그 자체의 생명을 얻는다. 결과들의 기괴한uncanny 본성을 대면할 때 우리는 그것들을 의지의 피조물이라기보다는 '기호들'이나 징후들로 보려는 경향이 있다. 즉 이런 일이 일어날 때 시간 자체는 새로움의 창조자 역할을 강탈한다. 이는 마치 예술작품이 예술가보다는 그 자체를 표현하는 듯이 보이는 것이다.

순환주기 안의 반복이란 무엇인가?

들뢰즈는 세 가지 정적 반복에 상응하는 세 가지 유형의 순환들을 검토한다. 그는 그 중 첫번째를 순환 주기적인 것으로 부른다. 그것〔순환 주기적 반복〕은 "앞의 두 시대가 서로를 반복하는 방식 ── 혹은 오히려 도래할 하나의 동일한 '사태', 행위나 사건을 반복하는 방식"이다.[113] 이 유형의 순환은 하나의 순환에 속해 있는 어떤 사건이 다른 사건에 상응할 때 일어나는 반복을 의미한다. 업보가 쌓이는 '전생'이론이 이런 순환 유형의 한 예이다. 응보는 가해자가 피해자가 될 때 일어난다. 이러한 반복은 정의가 지배하는 우주를 전제한다. 결과적으로 이런 부채는 부분적인 것일 수밖에 없으므로 역사와 고통에 의미를 부

---

112) Deleuze, The Logic of Sense, p. 213.
113) Deleuze, Difference and Repetition, p. 93.

여하는 반복을 통해 갚을 수 있다. 미르치아 엘리아데에 따르면, 업보는 그것이 부채를 갚을 수 있는 기회를 제공할 때 환영받는다. "우리의 현생의 고통 …… 역시 환영받는데, 개인에게 지워진 업보의 일부를 없애고 청산할 수 있는 것이 오직 이런 방법을 통해서만 가능하기 때문이다."[114] 이러한 순환적 역사관 안에서 모든 것은 동등하게 나타나므로 고통은 의미 있는 것이 된다. 이런 식으로 무의미하게 존재하는 것은 아무것도 없는 듯하며 개인적 죄는 불필요해진다. 그러나 이 모든 것은 유비에 머물러 있다. 즉 부채의 '상환'은 결코 해를 입은 사람을 상대로 이루어지는 것이 아니다. 대신에 그것은 추상적인 형이상학적 체계를 따른다. 결과적으로 죄와 상환의 순환은 서로 외재적인〔무관한〕 것으로 남아 있으며, 다만 상환이라는 관념만이 (부채를 수축하는) 첫번째 시간과 (부채를 상환하는) 두번째 시간 사이에 유사성을 수립할 뿐이다. 나아가 이 '첫번째 시간'은 가정적인 것으로 남아 있다. 그것은 고통의 원인을 부채에서 찾는 상상에서 발생한다. 사실 이것은 어떤 반복을 구성하는 것이 전혀 아니며, 현재의 순환 속의 고통을 이전의 순환의 상상된 부채로 투사하는 것이다. 그러므로 그 유사성은 추상적인 것으로 남아 있다. 처벌과 부채의 이념은 반복되는데, 왜냐하면 우리가 이전의 순환의 기억을 가지고 있지 않기 때문이다. 이런 유형의 순환은 '이전'의 반복에 상응한다. 부채의 이미지는 업業을 믿는 사람들을 사로잡는다. 왜냐하면 그들은 상기하지 못하기 때문이다. 그러므로 그들은 여전히 사건을 감당할 수 없다.

---

114) Eliade, The Myth of the Eternal Return, pp. 98~99.

순환적 반복이란 무엇인가?

들뢰즈가 검토하는 두번째 유형의 순환은 비코Giambattista Vico가 발견한 역사의 순환이다. "〔순환적 반복에서는〕세번째 시대의 끝에서 …… 모든 것이 첫번째 시대로 돌아가 다시 시작된다. 그러므로 여기 두 순환주기 사이에서 유비들이 확립된다(비코)."[115] 이 유비들에 의존하는 비코의 역사는 역사 자체보다는 그의 분석에서 유래한 것이다. 그는 자신의 반복 개념을 문명화의 상승과 하강으로부터 도출한다. 그러나 업의 순환과는 달리, 이러한 이전 순환들의 역사적 기록은 존재한다. 이 기록으로부터 그는 세 시기를 구별한다. 신들의 시대, 영웅들의 시대, 인간들의 시대가 그것이다. 궁극적으로, 최후의 시대 이후에 문명은 스스로를 파괴할 것이며 순환은 재개될 것이다. 들뢰즈의 입장에서 비코의 이론에는 치명적인 허점이 있다. 즉 역사에 질서를 부여하려는 탐색에서 그는 문명화의 차이들을 무시한다. 그러므로 그의 '순환들' 전부는 그 자신의 정신에서 나온 유비에서 발생한다. 어떤 구조를 창조하고 역사를 거기에 종속시키기는 쉽지만, 역사 자체가 그러한 양식이나 법칙을 따른다고 말하는 것은 그와는 다른 문제다. 들뢰즈에 따르면, 역사가들은 이러한 반복을 역사에 위치시킨다.

> 물음은 다음과 같이 제기된다. 즉 두번째 것은 그 **동일자**와 동일화될 만큼 충분히 그 첫번째 것과 유사한가? 이 물음에 대한 답은 오직 경험적 상황들의 변화를 고려함으로써 판단 안에 있는 유비의 관계들을

---

115) Deleuze, Difference and Repetition, p. 93.

확립할 때에만 주어질 수 있다(루터는 바울로의 유비이고, 프랑스 혁명은 로마 공화정의 유비인가?).[116]

한 사건이 반복을 구성할 만큼 충분히 유사한지 누가 결정하는가? 역사적 행위자인가, 아니면 역사가인가? '역사적' 상징들에 집중하는 역사적 행위자는 반복을 알지 못한다. 다시 말해 역사적 사건들이 서로를 닮도록 강요하는 역사가만이 이러한 판단을 하는 것이다. 미메시스와 역사적 유사성은 서로 다른데, 왜냐하면 영웅적 상징의 '매 순간'의 본성은 어떠한 과거의 사건도 초월하기 때문이다. 즉 그것은 무시간적인 이미지로서 자신을 현시하고, 행위의 장면을 사로잡는다. 그러나 역사가는 두 개의 분리된 일어남〔사건〕들을 검토하고 "관찰자의 반성에 전적으로 의존"하는 유비들을 끌어낸다.[117] 만일 관찰자가 행위 안에 머물러 있다면, 이때 그것은 역사가의 안락의자로부터 관찰되는 것과는 다르게 보일 것이다. 결과적으로 비코의 순환적 반복은 '사이'의 '비극적' 반복에 상응한다. 역사가들은 행위를 체험하고 있는 사람들의 관점에서 역사를 기술하지 않는다. 그들에게 그것은 사후적 생각으로 나타난다.

영원회귀와 순환적 반복은 어떻게 다른가?

니체의 영원회귀 개념은 두 가지 유형의 순환적 역사 모두와 다르다.

---

116) Ibid., pp. 294~295.
117) Ibid.,p. 294.

첫째로 업보의 원환圓環은 니체가 부정한 최후의 평형상태, 열반의 최종 상태를 전제한다는 점에서 영원회귀와 다르다.[118] "아무도 평형 상태에 도달한 적이 없다는 것은 그것이 가능하지 않다는 것을 의미한다."[119] 부채를 업보로서 상환하는 것은 세계가 완벽하거나 균형 잡힌 것이 되는 과정을 전제한다. 고통의 종결을 추구하는 이러한 정의의 개념화는 순환 주기적 역사 안에 스스로를 심는다. 그러나 니체의 영원회귀는 이러한 가능성을 배제한다. 사실 그는 우리에게 영원회귀에 대한 생각을 감내하기 위해서는 인간적인 오점과 속죄를 제거하기 위한 "도덕성으로부터의 해방"[120]과 "'의지'의 철폐"[121]가 요구된다고 말한다.

영원회귀는 유사한 일어남들이 시간 속에서 반복되는 비코의 순환적 역사와도 다르다. 그는 자연의 법칙을 역사에 강요함으로써 **존재**의 특징을 생성에 강요한다. 나아가 그는 다양한 일어남들을 역사 속에 통합하여 그것들에 '등가성'을 강요하고자 한다. 니체는 이것을 "지금 존재하고 지속하며 등가적인 세계를 보존하기 위한 감관과 정신의 편에서의 이중의 위조"라고 부른다.[122] 이 정신spirit은 사건들 사이의 유비를 발생시켜 역사가 실제로 단일한 패턴의 반복에서 나온 당연한 결과임을 증명한다. 비코의 분석은 회귀하는 것의 동일성을 고착시키는

---

118) 니체는 일체의 초월적 목적론이나 인과론을 거부한다. 특히 평형상태는 니체의 생성론에 정면으로 배치되는데, 이는 더 이상 생성이 일어나지 않는 극점을 상정하기 때문이다.─옮긴이
119) Nietzsche, The Will to Power, p. 547.
120) Ibid., p. 545.
121) Ibid., p. 546.
122) Ibid., p. 330.

자연 법칙을 공리화하는 작업을 수행한다. 반면, 니체의 영원회귀에 대한 통찰은 생성의 세계에 최상으로 근접한다. 어째서인가? 무엇보다도 영원회귀는 역사적 명제로서 나타나지 않는다. 니체는 결코 역사 안에서의 유사한 다시-일어남들에 호소함으로써 자신의 가설을 입증하려고 하지 않는다. 그의 가설은 연합하려는 에네르기들의 경향에 대한 우주론적 이론이다. "에네르기 보존의 법칙은 영원한 다시-일어남을 요청한다."[123] '에네르기 보존'에서 비롯하는 그의 이론은 오직 '조합'만을 고려한다.[124] 그러므로 그것은 유사성에서 발생하지 않으며, 역사가의 정신에 의해 식별된 것들이라 해도 마찬가지다. 또한 그것은 차이들이 서로를 상쇄하는 평형이론(업보)에서 유래하는 것도 아니다. 그는 특히 그것을 "실존의 위대한 주사위 던지기 놀이"[125]라고 불러 전통적인 순환적 역사 개념과 구별한다.

들뢰즈는 두 개의 순환적 가설은 회귀하지 않는 것으로 보는데, 왜냐하면 실존에 대한 판단으로서의 유비들은 실재성을 결여하기 때문이다. 다만 조건만이 혹은 조합만이 회귀한다.[126] 판단은 동일성에 의존하지만 조합은 그렇지 않다. 또한 순환은 표상을 요구하지만, 영원회귀는 다만 실존의 조건들 혹은 조합들만은 요구한다. 순환적 역사는 판단에서의 유비(동일한 일어남들의 재인)와 인칭적 의지(처벌은 잘

---

123) Ibid., p. 547.
124) Ibid., p. 549.
125) Ibid., p. 547.
126) 즉 동일성/존재/일자—者가 회귀하는 것이 아니라 차이/생성/다자多者가 회귀한다는 것이다. 다시 말해 동일성은 차이의, 존재는 생성의, 일자는 다자의 구성적 얼개(=효과)이다. 주의할 점은 차이/생성/다자만의 강조는 동일성/존재/일자의 반립으로 구축되어 그 역시 차이/생성이라는 이름의 동일성의 사유가 될 수 있다는 것이다.—옮긴이

못된 의지에서 기인한다는 개념)를 전제한다. 반면에 들뢰즈가 생각하는 영원회귀는 판단의 회귀 혹은 의지의 회귀를 배제한다. 그것은 차이들의 회귀라는 '에네르기적' 가설을 내포하며, 이때의 차이들은——라이프니츠가 말한, 파도의 소리를 구성하는 미세지각들과 같은——지각의 전-개체적 조건들이다. 들뢰즈의 가설에 따르면, 영원회귀에서 회귀하는 것은 떨어지는 각각의 물방울의 소리이지 파도 자체의 소리가 아닐 것이다.[127] 우리 안에서는 모든 기관들의 대립하는 힘들이 회귀하는 것이지, 인간의 '의지'가 회귀하는 것이 아니다. 또한 정신에서는 전의식에서의 모든 대립하는 현시들이 회귀하는 것이지, 판단의 부정이 회귀하는 것이 아니다. 요컨대 우리의 세계를 구성하는 '분자적'이고 지각할 수 없는 차이들이 회귀하는 것이지, 사물들의 '몰적'이거나 재인 가능한 형식들이 회귀하는 것이 아니라는 것이다. 회귀하는 것은 바로 이런 것이다. 영원회귀는 혼돈의 바다에 떠 있는 일련의 질서의 섬들로 이루어진다. 요컨대 오로지 조합만이 회귀하며 사물은 회귀하지 않는다.

3. 니체의 영원회귀의 정적인 반복

이 절의 전반부에서는 차라투스트라의 영원회귀에 대한 반응을 통해 세 가지 정적인 반복들을 검토해 보겠다. 니체는 『차라투스트라는 이

---

127) 이는 들뢰즈가 라이프니츠의 미세지각론에서 차용한 예이다. 말하자면 우리가 듣는 파도의 '몰적' 소리는 사실 (파도 소리를 구성하는) 물방울들의 '분자적' 소리가 산출하는 효과에 다름 아니라는 것이다.—옮긴이

렇게 말했다』에서 처음의 두 가지 반응들을 제시하지만, 들뢰즈에 따르면 세번째 반응은 빠져 있다. 우리는 각각의 반응이 우리의 세 가지 반복에 어떻게 상응하는지 보게 될 것이다. 이 절의 후반부는 들뢰즈가 『니체와 철학』에서 제시한 능동적인 것과 반동적인 것에 대한 분석을 통해 영원회귀에 명백하게 드러난 세 가지 반복을 검토하겠다. 첫번째 반복은 그것이 가지는 자기-보존적 기능 때문에 반동적인 것으로 남아 있다. 그러나 두번째 반복은 지배에 대한 가학적 의지를 발생시키면서 그것의 부정을 외부로 투사하므로 능동적이다. 세번째 반복은 부채를 보증하는 가치들을 파괴함으로써 허무주의를 완성한다. 즉 세번째 반복의 목표는 실존의 '주사위 놀이'를 긍정하는 것이다. 이 절은 영원회귀가 세 가지 정적 반복들의 형성에서 하는 역할을 제시하게 될 것이다.

영원회귀에 대한 차라투스트라의 첫번째 반응은 무엇인가?

들뢰즈는 니체의 『차라투스트라는 이렇게 말했다』에서 세 가지 정적인 반복의 예를 찾아내는데, 그것들은 영원회귀의 교의에 대한 차라투스트라의 반응에서 나타난다. 니체는 차라투스트라가 영원회귀라는 소식에 대해 처음에는 역겨움과 혐오의 반응을 보였다고 말하는데, 그 반응은 이전의 정적 반복을 구성한다. "신의 죽음에 대한 희극적 이야기 전체, 혹은 영원회귀의 계시 앞에서 차라투스트라가 겪는 두려움."[128] 영원한 다시 일어남의 가능성 앞에서 절규하는 차라투스트라는 그 소식을 들을 준비가 되어 있지 않은데, 이것이 신의 죽음을 선언한 광인의 이야기에서 다시 일어나는 반응이다. 신의 죽음이라는 사건

은 이미 일어난 것이지만, 그 소식이 너무 빨리 전해졌다.[129] "이 무서
운 사건은 여전히 떠돌아다니며 아직도 오는 중이다. 그 사건은 아직
사람들의 귀에 들어가지 않았다."[130] 그 사건이 이미 일어났음에도 그
효과는 나중까지 느껴지지 않고 있다. 신의 죽음이라는 소식은 여전히
그들이 듣기에는 너무나 놀라운 것이다. 그러므로 그들은 이전의 반복
안에 존속한다. 완전한 허무주의와 모든 의미의 파괴를 내포하는 무시
무시한 사건의 소식은 웃음이나 분노를 맞이하게 된다. '영원회귀'는
그것을 받아들이기 어려워했던 차라투스트라와 같이 그것을 진지하게
여기는 이들에게 충격을 주므로 엄청난 '소식'이라고 불릴 만하다. 처
음에 차라투스트라는 영원회귀를 '동일한' 것들의 회귀로 이해한다.
즉 그는 그를 불쾌하게 하는 모든 것, 실존의 모든 하찮고 어리석은 좌
절들이 되돌아온다는 그러한 생각을 자신의 심연의 사상이라 부른다.
들뢰즈는 영원회귀의 '동일한' 것, 또는 '유사한' 것의 회귀라는 이 첫
번째 공식에 대해 기술한다. "그는 영원회귀가 난쟁이와 가장 왜소한
자를 포함하여 **전체, 동일자, 유사한 것**의 회귀를 의미하지 않을까 두
려워한다."[131] 영원회귀의 이러한 악몽은 차라투스트라가 그것을 무능
력의 회귀로 오인한 데서 비롯한다. 차라투스트라는 처음에 그것을 이
런 식으로, 자신의 모든 의심과 머뭇거림의 회귀로 이해한다. 그는 그

---

128) Deleuze, Difference and Repetition, p. 92.
129) 사신死神의 사건은 이미 발생하였으나, 그 사건은 여전히 사람들이 감당할 수 없는 사건
이다. 사신 사건의 발생과 별개로 이를 받아들일 수 없는 자들에게 그 사건은 아직 현실
화되지 않은 '이전'의 반복인 셈이다.—옮긴이
130) Friedrich Nietzsche, The Gay Science, trans. W. Kaufmann, New York: Vintage
Books, 1974, p. 182.

것을 '도덕적' 측면에서 그려 본다. 그의 삶에서 일어난 모든 나쁜 것들이 무수히 다시 일어나게 될 것이라고 말이다. 이것을 누가 긍정할 수 있겠는가? 이를 긍정하고 싶어도 오직 쾌락만을 추구하는 우리의 생물학적 원칙[쾌락원칙]이 이에 반발할 것이다. 그와 같은 회귀라면 마지못해 긍정할 수 있을 뿐이다.[132] 차라투스트라의 반응은 이렇다. "'네가 피곤해하는 그 사람, 왜소한 작은 자가 영원히 회귀한다' ──그러므로 내 슬픔은 하품을 하고 그 발을 끌며 잠자러 갈 수 없을 것이다."[133] '작은 자'와 삶의 사소한 골칫거리들이 회귀할 가능성이 그를 사로잡는다. 따라서 그는 잠잘 수 없다. 왜냐하면 그것이 마치 악몽처럼 그를 짓누르고서 "작은 자가 회귀할 것이다 …… 작은 자가 회귀할 것이다……"라고 되풀이하기 때문이다. 그는 그것을 받아들일 수 없어 역겨워진다. 그러므로 차라투스트라가 영원회귀의 문제를 다시 대면할 때, 그는 그것의 순환적 성격을 부정한다. "차라투스트라는 시간이 원환이라는 점을 부정하고 …… 그는 시간이 두 개의 상반되는 방향으로 뻗어 있는 직선이기를 원한다."[134] 차라투스트라는 시간이 현재로 수렴하는 두 갈래의 길이라고 설명한다. 「환영과 수수께끼에 대하여」에서 차라투스트라는 원환이 아닌 직선으로서의 시간에서 과거와 미래의 두 가지 상이한 영원성에 대해 말한다. "두 길이 여기서 만난다. …… 이 긴 오솔길은 영원을 향해 뻗쳐 있다. 그리고 저쪽 밖으로

---

131) Deleuze, Difference and Repetition, p. 298.
132) 마지못한 긍정은 사이비 긍정, 낙타/나귀와 같은 순응에 다름 아니다. 이에 반해 진정한 긍정Affirmation은 영원히 의욕하는 방식으로 원하는 것이다.─옮긴이
133) Nietzsche, Thus Spoke Zarathustra, p. 219.
134) Deleuze, Difference and Repetition, p. 298.

나가는 긴 오솔길, 그것은 또 하나의 영원으로 뻗쳐 있다."[135] 이 시점에 난쟁이가 끼어든다. "모든 직선은 속인다. …… 모든 진리는 [곡선처럼] 구부러져 있고, 시간 자체가 원환이다."[136] 그러자 차라투스트라는 난쟁이에게 화가 나서 그가 사태를 지나치게 단순화하고 있다고 비난한다. 어째서 시간이 원환이라는 그 말이 그를 화나게 하는가? 그가 '동일한' 것의 회귀를 두려워하기 때문인가? 그렇지 않다. 그는 다음과 같이 말한다. "달릴 줄 아는 것은——이 밖으로 나 있는 긴 오솔길을 언젠가는 다시 한번 반드시 달릴 것이기 때문이다."[137] 그는 이제 영원회귀를 '길'의 회귀로서 이해하므로 이와 같이 주장하는 것이다. 난쟁이는 회귀할 수 없다. 그는 절름발이이므로 걸을 수[달릴 수] 없다. 그러므로 길은 회귀하지만, 걸을(회귀를 긍정할) 수 있는 자만이 회귀할 것이다.

영원회귀에 대한 차라투스트라의 두번째 반응은 무엇인가?

차라투스트라의 첫번째 반응은 그의 머뭇거림을 보여 준다. 즉 그의 두번째 반응은 그가 감당할 수 있게 되었을 때 일어난다. 들뢰즈는 이 순간을 다음과 같이 정의한다. "차라투스트라가 감당할 수 있게 되었을 때, 각운의 중단 또는 변신의 계기, '전조'가 등장한다."[138] 책의 말미에서 차라투스트라는 자신의 이상적 자아인 천체를 올려다보고 그것이 오직 그만을 위해 존재하고 다른 자들[보다 높은 인간들]은 잠들어

---

135) Nietzsche, Thus Spoke Zarathustra, p. 157.
136) Ibid., p. 158.
137) Ibid., p. 158.

있음을 깨닫는다. 그들은 그 이상을 파악하지 못한다. "너 위대한 별이여 …… 너 행복의 깊은 눈이여, 네가 비추어 줄 것들이 없다면, 이제 너의 행복은 어찌 될 것인가?"[139] 그는 이것을 그가 "자신의 일을 하러 갈" 수 있다는, 이전의 모든 머뭇거림은 끝났다는 '조짐' sign으로 본다.[140] 그는 사람들 사이에서 시간을 허비하는 동안 그들이 자신의 진정한 동반자들이 아님을 깨달은 후에 다시 한번 산에 오른다. 그는 이제 행위를 취함으로써 자신을 극복하려고 노력해야 한다. "그렇다면 좋다! 나는 잠에서 깨었지만, 그들보다 높은 인간들은 여전히 잠을 자고 있다. 이들은 나의 참된 길벗이 아니다."[141] 들뢰즈는 이 순간을 햄릿의 바다 여행에 비한다. 차라투스트라가 책 전반에 걸쳐 일어나는 '희극적' 오해를 저버릴 때 그는 영웅적인 역할을 맡는다. 이런 식으로 차라투스트라는 햄릿에 필적한다. 들뢰즈에 따르면, "차라투스트라는 마치 햄릿처럼 바다 여행을 통해 (행위를) 감당할 수 있게 되었고, 영웅적인 변신에 …… 도달했다. 그러나 그는 아직 그 (정오의) 시간이 오지 않았음을 느낀다".[142] 영웅적 변신은 다만 시작을 나타낼 뿐이다. 즉 차라투스트라는 자신이 투쟁해야 함을, 그리고 자신의 투쟁이 아직 끝나지 않았음을 느낀다. 그는 자신의 '심연의 사상', 즉 그가 아직까지 불러낼 힘을 갖지 못한 영원회귀에 대해 말한다. "아직도 마지막 투쟁을 위한 시간이 나에게 오지 않았다 —— 혹은 이 시간이 방금

---

138) Deleuze, Difference and Repetition, p. 92.
139) Nietzsche, Thus Spoke Zarathustra, p. 324.
140) Ibid., p. 325.
141) Ibid., p. 325.

나에게 온 것일까? 정녕 음험하고 아름다운 바다와 삶이 나를 바라보고 있다."[143] 그는 자신이 이러한 시각을 불러낼 힘을 찾게 될 날을 고대한다. 그러나 투쟁의 마지막 시간은 아직 당도하지 않았다. 그 시간에 그는 자신을 극복할 것이다. 그가 즉시 자신을 극복하지 못하도록 하는 것은 무엇인가? 그에 대한 답은 니체가, 우리에게 영원회귀의 사상을 감내하도록 해주는 것이 무엇인지를 기술하고 있는 『힘에의 의지』에 있다.

> 다시 일어남[회귀]의 관념을 감내하기 위해서 우리는 이런 것들을 필요로 한다. 도덕성으로부터의 자유, 고통(연장으로서의, 쾌락의 아버지로서의 고통. 불쾌에 대한 누적된 의식이란 없다)의 사실에 대항하는 새로운 수단, 모든 종류의 불확실성, 실험주의를 이 극도의 운명론에 대한 평형추로서 향유함, 필연 개념의 철폐, '의지'의 철폐, '인식 자체'의 철폐.[144]

우리는 영원회귀를 감내하기 위해 몇 가지 것들을 제거해야만 한다. 첫째로 '사건들'에 좋거나 나쁜 본성이 있다는 관념을 제거하기. 우리는 고통과 쾌락의 가치를 재평가하고 그럼으로써 고통을 삶에 대한 긍정으로 변환시켜야만 한다. 고통에 대한 거부와 쾌락에 대한 평가는 모든 실존을 긍정하는 데 가장 큰 장애로 남아 있다. 둘째로 삶의 계

---

142) Deleuze, Difference and Repetition, p. 298.
143) Nietzsche, Thus Spoke Zarathustra, p. 163.
144) Nietzsche, The Will to Power, pp. 545~546.

획 또는 의도된 길을 제거하기. 자신의 삶을 계획할 때 우리는 어떤 사건들을 우리가 좋게 여길지, 나쁘게 여길지 미리 선택한다. 셋째로 사물들의 '동일성'에 대한 신념을 제거하기. 차이들의 구체적인 종합이 동일성의 모든 논리와 현실의 모든 추상적 개념들을 대체해야만 한다. 우리의 지식은 우리를 방해하고, 우리는 현실에 대한 판단에서 실수를 범한다. 그것들을 제거하기 위해서 우리는 우리의 표상들의 실재성에 질문을 제기해 볼 필요가 있을 것이다. 그러면 우리는 그것들을 실존의 실재 요소들, 즉 힘들의 혼돈과 그것의 '음험한 아름다움'[145]으로 대체할 것이다. 음험한 바다와 같이 우리는 삶을 통제할 수 없다. 그것은 우리의 쾌락이나 우리의 고통에 대해 무관심한 채로 있으며 즉자적으로 불가지적인 것으로 남아 있다. 우리가 바다의 음험한 아름다움을, 물방울의 복수성과 같이 받아들일 수 있다면 이때 우리는 영원회귀를 긍정하는 힘을 얻을 수 있다.

영원회귀의 긍정은 우리가 그 속에서 자신의 나약함을 극복하고자 하는 '영웅적 투쟁'의 단계로부터 이 나약함들이 이미 해소된 단계로의 이동을 요한다. '사이'의 단계 혹은 동등하게-되기에서 '초인'은 우리가 모방하고자 하는 하나의 이상이 된다. 그러나 '초인'은 이미 해소된 자이며, 영웅적 이상으로서 우리는 그것을 하나의 우월한 동일성으로 만든다. 들뢰즈는 차라투스트라가 사건을 감당하게 된 반면, 그는 여전히 동일한 것의 현실을 수용하고 있다고 본다. "그럼에도 불구하고 변신에 대해 동등하게-되기 혹은 감당하게-되기는 단지 그를 가

---

145) Nietzsche, Thus Spoke Zarathustra, p. 163.

정된 근원적 동일성으로 다가가게 했을 뿐이다. 즉 그는 동일자가 지닌 외관상의 실증성을 아직 쫓아내지 못했다."[146] 이 경우에 동일자는 그의 자기 이미지 속에 나타난다. 이를 극복하기 위해서 우리는 달성해야 할 목적으로서의 '초인' 또한 극복해야만 한다. 왜냐하면 영웅적 변신이 '사이'의 반복에서 일어나는 한, 그것은 언제나 그 자체로 '동일하게' 보이는 목적을 유지할 것이기 때문이다. 변신의 목적은 '목적'을 극복하는 것이 되어야 한다.

영원회귀에 대한 차라투스트라의 세번째 반응은 무엇이 될 것인가?

들뢰즈는, 니체가 『차라투스트라는 이렇게 말했다』를 완성하지 못했기 때문에 이 책에는 '이후'의 '세번째 계기'가 다루어지지 않았다고 말한다. 이 저작을 위한 니체의 개요를 살펴보면서 들뢰즈는 그가 그것을 계획하기는 했으나 실제로 쓰지는 못했다고 결론짓는다. "세번째 계기가 빠져 있다. 이 세번째 계기는 영원회귀의 계시와 그에 대한 긍정이며, 차라투스트라의 죽음을 함축한다."[147] 우리는 『차라투스트라는 이렇게 말했다』에 나타나는 두 계기를 살펴보았다. 그 첫번째인 '이전'의 계기는 그가 작은 자의 회귀에 대한 악몽을 꾸었을 때 나타났고, 두번째인 '사이'의 계기는 그가 어떤 것들을 회귀에서 배제하는 시간의 직선을 긍정하는 부분에서 등장했다. 그러나 '선별적' 교의로서의 영원회귀를 현시하는 '이후'는 빠져 있다.

---

146) Deleuze, Difference and Repetition, p. 298.
147) Ibid., p. 92.

우리는 어떻게 영원회귀를 '선별적' 교의라 부를 수 있는가? 어떤 층위에서는 그것[영원회귀]을 긍정하는 힘을 얻은 자들만이 유약함을 제거함으로써 '초인'으로 선별될 수 있다. 또 다른 층위에서는 '조합'의 과정이 그 자체로 선별을 구성한다. 즉 조합의 반복이 회귀하는 요소들을 '선별하는' 것이다.[148] 들뢰즈는 영원회귀에 두 가지 측면이 있다고 보았다. "최고의 시험은 영원회귀를 선별적 사유로, 그리고 영원회귀 안의 반복을 선별적 존재로 생각하는 것이다."[149] 그것은 선별적 사유이면서 선별적 존재로서 나타난다.[150] '이후'의 세번째 반복을 시작하기 위해 영원회귀의 선별적 존재가 영원회귀의 사유를 대체해야 한다.[151] 이 단계에서 그러한 '사유'를 긍정하는 힘은 더 이상 중요하지 않게 보이는데, 그것은 우리를 특정한 지점으로 데려가 우리를 시험하고는 두번째 본성이 되어 버리는 것이다. 그것은 우리에게 힘을 주지만, 우리가 그 힘을 가지게 되면 그 사유는 중요성을 잃는다.

[영원]회귀의 경험은 이제 비인칭적인 것이 되고, 영원회귀의 사유는 부조리한 것이 된다. 그리하여 들뢰즈는 "그것[영원회귀]은 교의가 아니라 모든 교의의 허상"[152]이라고 말한다. 어떤 교의에 대해 믿음이

---

148) 이때의 선별은 하나의 주체를 전제한 선별 혹은 선택이 아니라, 전-개체적이고 비인칭적인 반복을 통한 선별이다. 따라서 그것은 우연이라는 하늘을 향해 던져진 필연의 조합, 즉 차이의 동일성, 생성의 존재, 다자의 일자로 귀착된다.─옮긴이

149) Deleuze, Difference and Repetition, p. 298.

150) 리는 영원회귀에서의 선별적 사유와 선별적 **존재**를 구별한다. 먼저 그는 선별적 사유를 반동적인 힘의 제거와 같다고 생각하는데, 이는 '반쯤의 의욕함'을 제거한다. 또한 그는 선별적 **존재**를 "존재의 전통적 개념을 초과하는 친연성"과 동일시한다. James A. Leigh, "Deleuze, Nietzsche and the Eternal Return", Philosophy Today, Fall 1978, pp. 220~221.

나 신앙을 가지면 영웅적 변신의 경우에서처럼 어떤 '목적'에 귀속하게 된다. 이 세번째 단계에서 우리는 교의와 믿음이 유약함의 징후들이며, "실존의 위대한 주사위 놀이"[153]만이 중요할 뿐임을 깨닫게 된다. 이런 이유로 들뢰즈는 **초인**의 '희극'을 유쾌하게 허무주의적인 것으로 기술한다. "드라마는 비극이 유쾌한 것이 되고, 희극이 **초인**의 희극이 될 때 정의된다."[154] 변신의 '비극적' 인간은 자신의 우상들을 매우 진지하게 다루며, 그 우상들은 그가 행위를 취하고 스스로를 변화시키는 것을 허용한다. 그러나 니체는 그 비극적인 인간을 시들고 '파멸할' 것이 분명한 자들로 분류한다. '작은 자'와 '최후의 인간'은 그들이 행위할 수 있는 능력을 갖고 있지 않으므로 반복한다(과거의 반복). 위대한 영웅적이고 능동적인 인간 혹은 '소멸하기 원하는 인간'은 행위를 감당하기 위해 반복한다(사이의 반복). 그러나 이 둘은 모두 세번째 계기 속에서 소멸해야 한다.[155] 이것은 인간이 극복되어야 할 어떤 것이라는 니체의 취지와 일치한다. "그는 다리이지 목적이 아니다."[156] 영웅적인 변신의 인간은 초인으로 가는 길 위의 한 단계를 나타내지만, 허영심은 '인간'이 초인의 단계에 도달하지 못하도록 한다. 영웅

---

151) 선별적 사유는 '반쯤의 의욕들'을 제거해 버리고 "네가 무엇을 원하든 그것의 영원회귀를 원하는 방식으로 원하라"는 방식을 취하는 것, 그래서 이제 "한 번, 오로지 딱 한 번"의 조건으로 행하며 원하는 나태하고 비겁한 모든 것의 소멸을 전제하는 사유이다. 또한 선별적 존재는 사유에서의 반쯤의 의욕들뿐만 아니라, 존재의 반쯤의 역량들까지도 모두 제거해 버리는 것을 말한다. 따라서 영원회귀를 부정하는 그 어떤 것도 되돌아올 수 없으며, 되돌아오는 것은 존재하는 모든 것의 최상의 형식으로 정의된 초인일 뿐이다.—옮긴이

152) Deleuze, Difference and Repetition, p. 95.

153) Nietzsche, The Will to Power, p. 549.

154) Deleuze, Difference and Repetition, p. 299.

적인 변신은 자아가 그 자신의 이상을 유지할 것을 요구하고, 그럼으로써 행위의 이미지 안에서 자신의 동일성을 발견한다. 영웅은 거울 이미지와 사랑에 빠진, 거울 속에서 자신의 숭고한 이미지를 보는 나르키소스와 같이 행동한다. 「숭고한 자들에 대하여」라는 장에서 니체는 '영혼의 비밀'이 무엇인지 말한다. "오로지 영웅이 영혼을 저버렸을 때, 비로소 꿈속에서 초영웅이 영혼에 다가오는 것이다."[157] 우리가 그녀(숭고한 이미지)를 저버렸을 때에만 비로소 그 이미지는 '초영웅'에 대립된다. 요컨대 니체가 우리에게 말하는 것은, 영웅적 미메시스는 우리가 영원회귀에 의해 선별되지 못하도록 하며, 우리 자신의 이상적 이미지는 그것이 허구에 머물러 있으므로 회귀하지 않고, 다만 실재만이 회귀한다는, 대상의 이미지나 형태나 관념이 아니라 감각을 구성하는 특이성들만이 회귀한다는 것이다.[158] 들뢰즈는 미래의 혹은 '이후'의 반복이 반복하는 '누군가'에게 속하는 것이 아니라 비인칭적 반복으로 남아 있는 것으로 본다. "왜냐하면 〔익명의〕 '누군가'는 영원히 반복

---

155) 들뢰즈는 우리에게 그들은 영원회귀의 선별적 시험에서 살아남을 수 없다고 말하고 있다. 즉 "니체는 시험에서 살아남을 수 없는 두 개의 구별되는 유형들을 신중하게 가르쳐 준다. 즉 수동적인 왜소한 인간이나 최후의 인간, 그리고 '소멸되기를 원하는' 능동적이고 영웅적인 위대한 인간이다"(Ibid., p. 299).

156) Nietzsche, Thus Spoke Zarathustra, p. 15.〔여기서 유의할 점은 인간이 짐승과 초인 사이를 잇는 밧줄이라고 해서 이를 진화론적 발전도식으로 이해해서는 안 된다는 것이다. 또한 초인 자체가 목적이 된다면 이는 다분히 목적론적 해석으로 귀착된다는 점 또한 유의해야 한다.―옮긴이〕

157) Ibid, p. 119.

158) 클로소프스키는 정신적 실체들을 넘어서는 특이성의 궁극적 실재성을 주장한다. "어떤 것도 본질적으로 환상들의 발생적 충동들과 무관하게 실존할 수는 없다."(Pierre Klossowski, Nietzsche and the Vicious Circle, trans. D. W. Smith, Chicago: University of Chicago Press, 1997, p. 133)

하지만, 이 '누군가'는 이제 비인칭적 개체성과 전-개체적 특이성의 세계를 지시하기 때문이다."[159] 이 '비동등한' 것의, 또는 실존의 주사위 놀이의 비인칭적 세계에는 최종목적이나 하나의 이미지가 없으며, 그런 세계는 에네르기의 지속적인 변신으로 이루어진다. 영웅적 변신은 그것이 하나의 이미지와의 동등함을 추구할 때 오도된다. 그 대신에 들뢰즈는 차라투스트라가 비동등에 대하여 동등하게-되어야 한다고 말한다. "그는 주인공의 가짜 동일성을 상실하는 대가를 지불하고 비동등에 …… 동등하게 되었다."[160] 본질적으로 여기에는 이상을 '감각적인 존재'로 대체하는 과정이 수반된다. 그런 가지적인 존재를 니체는 "에네르기의 괴물"[161] 혹은 "형상이 만들어졌다 흩어지곤 하는 …… 범람하고 쇄도하는 힘들의 바다"[162]라고 부른다. 이 힘들은 들뢰즈가 어떠한 비난도 던질 수 없고 어떠한 죄도 생기지 않는 '생성의 무구함'이라 부르는 것을 의미한다. 비동등에 대한 동등하게-되기는 혼돈을 긍정하고 우리의 이상적 자아를 단념할 만한 힘을 요구한다.

'이전'의 반복은 왜 반동적인가?

우리는 『차이와 반복』에 등장하는 들뢰즈의 정적인 시간의 세 가지 반복을 정의해 보았다. 이 반복들이 니체의 『차라투스트라는 이렇게 말했다』에 적용되는 것도 살펴보았다. 이제 들뢰즈의 능동적인 것과 반동적

---

159) Deleuze, Difference and Repetition, p. 299.
160) Ibid., p. 299.
161) Nietzsche, The Will to Power, p. 550.
162) Ibid., p. 550.

인 것에 대한 분석을 세 가지 반복에 적용해 볼 수 있다. 세 가지 반복
은 이 분석에 등장하는 것은 아니지만 확실히 그것을 해명하고 있다.[163]
예컨대 '이전'의 반복은 '사이'나 '이후'의 반복과는 다른 행위의 양
태를 수반한다. '이전'의 반복에서는 '반동적 힘들'이 승리한다. 이러
한 '반동적' 힘들은 자아와 그 유기체를 보존하고자 한다. 하지만 그
힘들은 자아를 극복하는 의지를 버림으로써 이러한 보존을 수행한다.
자기보존 욕동이 금욕주의적 실존, 즉 유기체의 생존을 위협하는 것들
을 제거하려고만 하는 '불완전한 허무주의'에 이르는 한 우리의 인간
적 진화를 멈추게 한다.[164] 결과적으로 우리는 '이전'의 반복을 자기보
존의 반동적 힘으로 여겨야만 한다. 이를테면 오이디푸스는 그가 자신
이 찾는 살해자라는 '외상적' 자각으로부터 자신을 보존하고자 하므로
묻기를 반복한다. 햄릿은 목숨을 걸고 왕을 죽이기를 원치 않을 때, 자
신의 실존의 의미를 묻는다. 이 두 가지 예들은 행위에 사용될 에네르
기를 자기 자신에게로 돌리므로 '반동적'인 것으로부터 발생한다. 그
러니까 이 힘들은 행위하기보다는 의지를 침묵하게 함으로써 행위가

---

163) 로레인은 시간의 세 가지 종합을 차라투스트라의 반응과 관련시키고자 한다. 즉 첫번째
종합을 르상티망ressentiment에, 두번째 종합을 생성의 긍정에, 그리고 세번째 종합을 생
성에 대한 긍정의 긍정에 관련시킴으로써 말이다(Tamsin Lorraine, Irigaray and
Deleuze: Experiments in Visceral Philosophy, Ithaca: Cornell University Press, 1999, p.
158). 나의 해석은 [차라투스트라의] 반응이 정적 발생을 예시하고, 최종적인 반응이 영
원회귀의 우주론적이고 비인칭적인 교의를 예시한다는 점에서 이와 조금 다르다.

164) 『힘에의 의지』에서 니체는 자기보존 욕동의 우위에 대해 의문을 품는다. "가령 개체의
오랜 삶[지속]을 위해 유용한 것은 그것의 강함이나 탁월함에 대해 불리할 수도 있다.
또한 개체를 보존하는 것은 동시에 그것의 진화를 구속 내지는 멈추게 하는 것일 수도
있다. 다른 한편 어떤 결함[결핍], 즉 어떤 퇴화는 그것이 다른 기관들의 자극제로서 작용
하는 한 가장 유용한 것일 수 있다."(Nietzsche, The Will to Power, p. 343)

불필요한 것이 되도록 하는 것이다. 요컨대 햄릿은 행위 없이 자기 자신을 '말하고자' 하며 그러면서 (왕을 죽이고자 하는) 자신의 능동적 힘들을 (자살을 관조하는) 반동적 힘들로 돌린다. 그 결과 햄릿은 '이전'의 머뭇거리는 반복 속에 자신을 가두어 두는데, 그 반복은 행위에의 충동을 반동적이거나 혹은 강박적인 사고로 바꾸는 동시에 어떤 행위를 수행하고자 한다. "그러므로 양심은 우리 모두를 겁쟁이로 만든다." 들뢰즈에 따르면, 니체는 다른 어떤 것보다도 이런 머뭇거리는 강박적인 사고를 경멸했다.

세상의 어떤 것은 니체를 역겹게 한다. 즉 작은 보상들, 작은 쾌락들, 작은 기쁨들, 우리가 한 번, 단 한 번만[이라는 조건으로] 승인하는 모든 것. 전날, 내일은 그것을 그만둘 것이라고 말한 조건에서만 다음날 〔그 일을〕 다시 할 수 있는 모든 것 ──사로잡힌 자의 모든 의식儀式이 그러하다.[165]

〔강박에〕 사로잡힌 자의 이런 의식들이 햄릿을 '이전'의 반복에 결박한다. 그는 내일 그 일을 하겠다는 말을 스스로에게 되풀이하지만 결코 하지 않는다. 영원회귀의 '시험'은 이 강박적 머뭇거림에 종지부를 찍을 것이다. 들뢰즈는 이 시험이 "네가 무엇을 원하든지, 네가 그것의 영원회귀를 원하는 것과 같은 방식으로 의욕하라"[166]는 범주적 명령을 재정식화

---

165) Deleuze, *Nietzsche and Philosophy*, p. 68.
166) Ibid., p. 68.

한다고 본다. 만일 머뭇거리는 어떤 강박적 사고의 소유자가 그와 같은 비결정의 계기를 무한히 여러 번 살 것을 요구받는다면, 그의 자기 회의는 극점에 다다를 것이다. 그리고 자기 회의의 영원과 행위의 영원 사이의 선택의 상황에 처한 그는 머뭇거림의 영원이라는 짐을 지느니 차라리 목숨을 걸고 행위를 선택할 것이다. '영원회귀'의 시험은 그의 행위의 이미지를 영원에 투사하고, 그럼으로써 그가 동등하게-될 수 있는 이상의 시각을 촉발한다. 가정해 보자면, 햄릿은 자신의 행위를 '영원한' 행위로 그려 봄으로써 운명이 자신을 위해 마련해 놓은 역할과 동등하게-될 수 있었고, 그가 행위하는 것을 막아 온 판단의 '아니오'를 그의 행위를 추동할 실행의 '아니오'로 바꾼 것이다. 니체는 이것이 수동적 허무주의에서 능동적 허무주의로의 이행을 유발한다고 보며, 강자는 "'판단'의 부정에 머물러 있는 것이 가능하다고 여기지 않는다. 왜냐하면 그 본성이 실행의 부정을 요청하기 때문이다"[167] 라고 주장한다. 이런 상황이 일어나면 행위의지의 부정은 머뭇거림의 '부정'을 부정하는 또 다른 부정을 수행한다. 들뢰즈는 이것을 머뭇거림의 반동적 힘들의 '자기파괴'라고 설명한다. "오로지 영원회귀만이 허무주의를 완전한 허무주의로 만들 수 있다. 왜냐하면 영원회귀는 부정을 반동적 힘들 자체의 부정으로 만들기 때문이다. …… 허무주의는 더 이상 약자들의 보존과 승리로서가 아니라 그들의 파괴, 그들의 자기-파괴로서 표현된다."[168] 이 힘들은 스스로를 잠식하고, 그 [힘들의] 파괴적 에

---

167) Nietzsche, The Will to Power, p. 18.
168) Deleuze, Nietzsche and Philosophy, p. 70.

네르기는 우리의 머뭇거림을 파괴하며, 따라서 그 힘들은 능동적이 된다. 햄릿에게 이런 일이 일어났을 때, 하나의 능동적이고 결연한 동일성이 유약하고 머뭇거리고 자기 파괴적인 동일성을 대체한다. 바다 여행을 떠나기 전에 햄릿이 하는 다음과 같은 말은 그 징조이다. "모질게 마음먹어야지, 그렇지 않으면 아무런 가치도 없을 것이다."[169] 니체는 능동적이고 허무주의적인 파괴 없이는 수동적 허무주의를 탈출할 수 없다고 말한다. "이제까지 우리가 가져온 가치들을 재평가하지 않고 허무주의를 탈출하려는 시도들은 정반대 효과를 낳아 문제를 보다 심각하게 만든다."[170] 들뢰즈는 영원회귀의 완전하고 능동적인 허무주의가 불완전하거나 수동적인 허무주의에 대한 보다 나은 대안이라고 믿는다. "영원회귀는 허무주의적 의지를 완전하고 완벽한 것으로 만든다."[171] 허무주의는 이상, 목적, 정당화를 그 위에 위치시킴으로써 실존의 무목적성을 보상하려고 할 때 '불완전한' 것으로 남는다. 예컨대 햄릿은 지옥, 거짓 망령들, 왕을 죽이는 데 대한 금지 등을 두려워할 때 왕을 죽이기를 망설인다. 이 가치들은 그의 머뭇거림을 통해 모습을 드러내는 그의 불완전한 허무주의의 원천으로 작용한다. 그러나 햄릿이 영원회귀를 관조했을 때 그의 행위들을 가로막는 이 가치들은 사라진다. 영원회귀는 그가 무수히 여러 번 회귀하기를 의지하는 행위의 이미지를 불러일으킨다. 실존이 모든 목적과 의미를 벗게 되자 이 금지들은 좌절된다. 니체에 의하면, 영원회귀 사상의 주요 기능은 "실존

---

169) Shakespeare, Hamlet, 4·4·66.
170) Nietzsche, The Will to Power, p. 19.
171) Deleuze, Nietzsche and Philosophy, p. 69.

을 의미나 목적 없이, 그러나 불가피하게 무無라는 여하한 피날레 없이 다시 발생하는 것으로"[172] 생각하는 것이다. 완전한 허무주의는 이런 방식으로 시작된다. 영원회귀 사상의 이 단계에서는 오직 무한히 여러번 완수된 '행위'의 이미지만이 남는다. 이것은 들뢰즈가 '사이'의 반복으로 기술한 두번째 정적인 반복을 위한 강력한 동인으로 작용한다.

'사이'의 반복은 왜 능동적인가?

'이전'으로부터 '사이'로의 이행의 본질적인 점은 파괴적 힘들이 자아로부터 물러날 때 일어나며, 그 힘들의 능동적-되기는 지배의지, 또는 힘에의 의지로의 변환에서 발생한다. 프로이트는 니체로부터 영감을 얻어 다음과 같은 구절을 썼다. "리비도는 파괴적인 본능을 …… 외부 세계의 대상들로 전환시킴으로써 …… 그 본능을 무해한 것으로 만드는 임무를 가진다. 이때 본능은 파괴본능, 지배본능, 힘에의 의지로 불린다."[173] '힘에의 의지'에 대한 프로이트의 해석은 들뢰즈의 '사이'의 반복에 상응하는데, 여기서 신경증의 징후들 속에 표현되는 자기 파괴적 힘들은 일종의 '행위화' acting out로 전환된다. 이 같은 행위화에서는 외부 대상이 자아의 위치를 차지한다(햄릿은 회의로 서서히 자기 자신을 죽이는 대신 왕을 죽인다). 프로이트는 이 지배본능을 사디즘과 동일시한다. "이것은 사디즘 그 자체다."[174] 그것〔지배본능〕은

---

172) Nietzsche, The Will to Power, p. 35.
173) Freud, On Metapsychology: The Theory of Psychoanalysis, p. 418.

부정을 '절대적인 것'으로서 긍정하고, 대상의 파괴를 향유하는 가운데 세계에 대한 권력을 긍정하며, 영원회귀와 더불어 이러한 지배의 감각을 긍정하고 그럼으로써 그것을 강화한다. 즉 우리는 대상을 지배할 뿐만 아니라, 대상을 무한히 여러 번 지배하는 자기 자신에 대해 생각하는 것이며, 이는 '사이'의 반복을 강화한다. 들뢰즈에 의하면, 그것은 부정 자체를 긍정한다. "힘에의 의지는 자신을 긍정으로 전환하고, 부정 자체의 긍정이 되며, 긍정하는 힘, 즉 긍정적인 힘이 된다."[175]

'사이'의 반복은 '이전'의 반복의 기억을 제거한다. 그것은 마치 '이전'은 결코 일어난 적 없는 듯하고, 우리는 행위 앞에서 결코 머뭇거린 적이 없는 듯하다. 우리의 지배는 영원회귀 속에서 긍정되는 유일한 반복이 된다. (우리는 우리가 언젠가 행위에 앞서 머뭇거린 적이 있다는 것을 잊는 동시에 자신이 '행위의 이미지'를 무수히 완수한다고 상상한다.) 이런 이유로 들뢰즈는 자기 회의와 자기 파괴의 '반동적 힘들'은 회귀하지 않는다고 주장한다. "반동적 힘들이 회귀하지 않는다는 점을 이해하기 위해서는 무에의 의지와 영원회귀를 비교하는 것으로 충분하다."[176]

자아는 자신의 파괴적 힘들을 외부로 보내면서 이전에 스스로에 대해 혐오했던 모든 것을 옮겨 파괴될 대상에 투사한다. 「냉정과 잔혹」에서 들뢰즈는 초자아가 자신의 제물에 자아를 투사한다고 말한다. "가학적 초자아는 자아를 추방하여 그것을 자신의 제물에 투사하며, 그것은 언제나 자신의 외부에 있는 것을 되풀이해서 파괴해야 하는 과업에

---

174) Freud, On Metapsychology: The Theory of Psychoanalysis, p. 418.
175) Deleuze, Nietzsche and Philosophy, p. 71.
176) Ibid., p. 71

직면한다."[177] 남아 있는 반동적 힘들은 모두 추방되고 파괴되기에 이른다. 어리석음은 추방되는 첫번째 것들 중 하나다. 『차이와 반복』에서 그는 '어리석음'과의 대면이 결정적인 국면에 다다랐을 때 어떤 일이 벌어지는가를 기술한 플로베르를 인용한다. "이때 그들의 정신 속에는 어리석음을 보고 더 이상 그것을 참을 수 없는 가련한 인식능력이 생겨났다."[178] 영원회귀의 시험은 우리의 어리석음에 빛을 비춘다. 즉 더 이상 그것을 견딜 수 없을 때, 우리는 자신 안의 어리석음을 소멸시키는 가운데 그것을 타자들에 투사하여 그것들을 파괴한다. 이런 이유로 그는 다음과 같이 말한다. "영원회귀를 의지할 게으름, 어리석음, 천박함, 비굴함, 악의는 더 이상 동일한 게으름, 어리석음 등이 아닐 것이다……."[179] 차라투스트라가 그랬듯 이 경멸의 대상인 것들이 무한히 여러 번 회귀한다는 생각에 사로잡히면 우리는 이것들을 우리의 자아로부터 추방해 **타자** 안에서 능동적으로 파괴한다. 어리석음이 아닌 지배의 감정이 긍정된 채 회귀한다.

『즐거운 학문』에서 니체는 소크라테스와 어리석음에 반대하는 그의 설교를 이기심에 반대하는 기독교 설교를 제치고 옹호한다. 이 두 가지 설교들은 대척점에 있는 듯하다. 이기심에 반대하는 〔기독교의〕 설교는 "모든 이가 평등하다"고 말하고, 아무도 평균을 넘어서려고 해서는 안 된다고 말한다. 반면에 어리석음에 반대하는 〔소크라테스의〕

---

177) Deleuze, "Coldness and Cruelty", p. 126.
178) Gustave Flaubert, Bouvard and Pécuchet, trans. A. J. Krailsheimer, London: Penguin Books, 1976, p. 217 ; Deleuze, Difference and Repetition, p. 152.
179) Deleuze, Nietzsche and Philosophy, p. 69.

설교는, 우리의 불행이 아무 생각 없이 자신의 의견을 이웃들과 평등하다고 받아들이는 데서 비롯한다고 가르친다. 약자의 가치들을 대변하는 〔기독교의〕 첫번째 설교는 '이전'의 반복에 속하는 것으로, 거기서 우리는 양심으로 인해 행위할 수 없다. 이것은 우리가 다른 이들의 가치를 생각 없이 받아들일 때 일어난다. 어리석음에 반대하는 소크라테스의 두번째 설교는 우리의 불행의 원인을 '사이'의 반복에 결부시키며, 거기서 어리석음은 수치스러운 것이 된다('공통의' 가치를 받아들이는 것은 수치스러운 것으로 보인다). 이 수치가 우리로 하여금 이 가치들을 극복하게 한다. 철학은 이런 이유로 상-식에 반대한다. 니체는 철학이 어리석음을 해치는 것이라고 말한다. "그것〔철학〕은 어리석음으로부터 선한 양심을 빼앗으며, 이 철학자들은 어리석음을 해친다."[180] 들뢰즈는 이것이 능동적으로-되기를 이룬다고 본다. 우리는 어리석음의 '반동적' 힘들에서 돌아서고, 그것에 수치를 준다. 우리는 우리의 부정적이고 파괴적인 에네르기들을 이 어리석은 가치들을 파괴하는 데, 혹은 해치는 데로 전환한다. 그는 사유의 능동성은 파괴적이 된다고 여긴다. 그는 이러한 어리석음을 사유될 수 없는 '초월적 요소'로 설명한다. 그는 내가 가장 화난다고 생각하는 것은 우리가 아직 사유하고 있지 않다는 것이다라는 하이데거의 선언을 가져온다. 이것은 어리석음의 본질을 이룬다. 들뢰즈는 이렇게 말한다. "사유는 마침내 사유대상cogitandum, 다시 말해 오로지 사유될 수 있을 뿐인 초월적 요소를 사유한다('우리가 아직 사유하지 않고 있다는 사실' 혹은 '어리석음이란 무엇인가?')."[181] 요컨대 어리석음은 회귀하지 않는다.

'이후'의 반복은 어떻게 허무주의를 완성하는가?

'어리석음'의 파괴와 모든 가치의 재평가는 '이후'의 세번째 반복으로 이어진다. 자아는 어리석음의 파괴에서 살아남지 못하고, '사이'의 정적인 반복에서 발견되는 이상적 자아 역시 그러하다. '평등'과 보편적 '진리'라는 공통의 무리 가치들은 '자아'self라는 관념을 지지한다. 공통 가치들을 유지함으로써 사람들은 서로를 인식하게 된다. 일례로, 인간의 권리는 자신의 '권리'를 인식하기 위해 행위하는 역량을 교환하는 것으로 이루어진다. 이 가치들은 교환의 법칙으로 기능한다. 즉 누군가가 다른 사람의 권리를 침해하면 그는 다른 이에게 부채를 지게 되고, 그러면 이 부채는 처벌로서 상환되어야 한다. 종종 이런 금지들은 성욕의 장에서 신경증의 근거로 작용한다. 이때 인간의 '권리'와 개별성은 잘못 정의되어 있다. 그러므로 부채는 불확실하고 한정되지 않은 채로 남아 있으며, 당사자는 평생토록 그가 타인에 대해 지고 있는 '부채'로 인해 근심하며 살게 된다. 셰익스피어 연극의 전반부에서 햄릿은 그가 죽은 아버지에게 지고 있는 부채와 새로운 왕에게 지고 있는 부채로 근심한다. '사이'의 두번째 반복은 이러한 근심을 중지시키고 당사자는 감당 못 하고 가학적인 방식으로 행동한다. 들뢰즈에게 사유의 능동적-되기는 법의 이러한 가학적인 중지이다. '반어적'ironic 비틀기를 통해 사유의 힘은 법의 공격적인 특징들을 취하고, 그럼으로써 법을 법 자체에 반대되는 것으로 만든다. 사유는 폭력적이고 부당

---

180) Nietzsche, The Gay Science, p. 258.
181) Deleuze, Difference and Repetition, p. 153.

하고 공격적이고 불평등한 본성으로 나타나는 자기지배를 추구한다. '무리 본능'의 관점에서 사유는 그것이 사실상 새로운 무구함, 생성의 무구함을 구성하려고 하는 것임에도 사악한 것으로 나타날 것임에 분명하다. 이성의 보다 높은 형식으로서 그것은 도덕적 판단을 배제한 채 세계를 '기계'로 이해하고자 한다. 이러한 사디스트, 혹은 사유하는 자는 스스로를 '사악하다'고 여기지 않으며, 그렇다고 그들이 위반을 즐기는 것도 아니다. 위반이란 그들이 파괴하고자 하는 가치들을 재긍정하고자 하는 것이기 때문이다. 대신에 그들은 '파괴의 에네르기'의 비인칭적 본성을 관조한다. 「냉정과 잔혹」에서 들뢰즈는 위반이 아니라, 파괴적 분자들에 즐거워하는 사드의 인물들 중 하나인 생퐁에 대해 이야기한다. "처벌의 가치는 오직 그것이 파괴적 분자들의 작인을 통해 무한히 재생하는 능력에 있다."[182] 이러한 폭력에의 즐거움은 무질서anarchy에서 모습을 드러내는 자연의 파괴성을 반영한다. 그는 또한 법이란 이러한 무질서의 순수한 시각을 향하여 초월되어야 한다고 말한다. "법은 무질서의 제도적 모델을 향해서만 초월될 수 있다."[183] 그런 시각은 그것이 부채의 상환으로서의 법을 배제하는 것과 마찬가지로 처벌하는 자와 처벌받는 자의 역할을 배제한다. 그러한 시각에 부채와 상환이 아닌 영구적인 파괴와 재형성이 나타나는 한 그것은 자연의 활동을 반영한다. 순수사유는 이러한 시각, 즉 순수하게 기계적이거나 분자적인 변환의 개념을 지향한다. 이것은 영원회귀의 새로

---

182) Deleuze, "Coldness and Cruelty", p. 119.
183) Ibid., p. 87.

운 우주론을 이룬다. 니체는 영원회귀의 우주론적 시각이, 그것이 차이들 혹은 '조합들'의 반복을 통해 기능하는 이유를 이해하는 데 핵심적인 것이라고 본다. 니체는 영원회귀의 우주론적 교의를 주사위 놀이에 비유한다. "실존의 위대한 주사위 놀이에서는 계산 가능한 조합들의 수를 빠져나가야만 한다. 무한한 시간 속에서 모든 가능한 조합은 어느 때에든 실현될 것이다."[184] 우주는 힘들의 절대적인 혼돈으로 이루어져 있고, 이러한 혼돈은 조합들의 제한된 수를 제공한다. 그러므로 그 중 일부는 반복될 수밖에 없고, 나아가 모든 가능한 조합이 어느 때엔가 현실적인 것이었으며 모든 발산하는 계열과 각각의 가능한 결과는 현실화되었던 것일 수밖에 없다. 이런 이유로 영원회귀는 라이프니츠 식의 결정론을 수립하지 않는다.[185] 또 '최고의' 가능적 세계를 산출하는 조합들을 배치하는 신은 없다.[186] 대신 모든 조합은 동시적으로 현실적으로 나타난다. 현재의 계열에서 어떠한 세계가 현실이 될 것인가 하는 선택은 주사위 던지기의 우연에 의해 일어난다. 그것은 라이프니츠의 신이 공가능하지 않은 세계들을 부정하는 방식으로 혼돈을

---

184) Nietzsche, The Will to Power, p. 549.

185) 이는 "모든 참된 명제는 분석명제다"라는 라이프니츠의 테제와도 직결되는 문제이다 (라이프니츠에게는 경험적 차원의 종합명제가 존재하지 않는다). 다시 말해 모든 주어(실체) 안에는 모든 술어들(빈위들)이 내속되어 있다는 것이다. 이때 이 빈위들은 (신에 의해) 필연적이고 결정론적인 방식으로 계열화되어 있다. 즉 라이프니츠의 세계에는 합리적이고 논리적인 공간만 있지 (엄밀한 의미에서) 생성과 시간이 개입할 여지가 없다. 이에 반해 들뢰즈의 사건(라이프니츠의 빈위가 들뢰즈에게는 사건)은 우발적인 생성론/시간론에 근거한다.—옮긴이

186) 라이프니츠가 개념화한 최고의 가능적 세계의 선택에 관하여 더욱 자세한 것은 섹스투스와 가능적 세계의 피라미드에 대한 그의 비유를 참조하라. G. W. Leibniz, Theodicy: Essays on the Goodness of God, the Freedom of Man and the Origin of Evil, trans. E. M. Huggard. ed. A. Farrer, Chicago: Open Court, 1998, pp. 367~373.

부정하지 않는다. 라이프니츠의 세계에서 모든 것은 균형 잡힌 상태를 유지하고, 정의가 사물들의 최종질서에 군림한다. (작은 부정不正들은 총체적인 선善을 위해 필연적이다.) 혼돈에 대한 니체의 시각은 처음부터 정의의 모든 개념을 제거하며, 오직 무질서만이 영원회귀에 군림한다. 그 결과로 들뢰즈는 영원회귀가 모든 가능한 결과들이 동시적으로 스스로를 긍정하는 미래의 체계를 구성한다고 말한다.

> 그에 반해서 미래의 체계는 신적인 놀이라 불러야 한다. …… 그러한 놀이는 필연적으로 이기는 패를 수반한다. 왜냐하면 그 놀이는 자기 자신의 회귀의 체계 안에 가능한 모든 조합과 규칙들을 내포하고 있기 때문이다.[187]

결국 미래의 반복, 혹은 '이후'의 반복은 우연에 한계를 설정하는 미래에 대한 예견으로 표현될 수 없다. 왜냐하면 그런 예견이라면 어떤 것이 이기는 패가 될지를 미리 그려 볼 것이기 때문이다.[188] 이러한 현상학적 설명은 들뢰즈의 시간의 정적인 반복으로서의 '미래'의 개념에 설 자리가 없다. 미래의 반복, 또는 '이후'의 반복은 언제나 모든

---

187) Deleuze, Difference and Repetition, p. 116.
188) 윌리엄스는 "세번째 수동적 종합에는, 예견 및 보존과 관련하여 미래의 개방에 대한 의미가 있다"고 주장한다(James Williams, Gilles Deleuze's Difference and Repetition : A Critical Introduction and Guide, Edinburgh : Edinburgh University Press, 2003, p. 101). 대신에 나는 로레인의 해석을 따른다. "우리의 확률성들, 우리의 '이런 방식이었기를 소망함'을 고수하는 대신에, 우리는 어떤 결과가 나오더라도 우리가 의욕한 결과로서 받아들여야 한다."(Lorraine, Irigaray and Deleuze : Experiments in Visceral Philosophy, p. 156) 들뢰즈는 '예견'이라는 단어를 오직 첫번째 종합에서의 수동적인 유기체적 기대와 관련해서만 사용한다.

가능한 결과들에 대한 긍정으로 나타난다. 그것은 혼돈이나 부정不正의 시각을 발생시킨다. 미래의 사유는 부정을 원칙으로 포용한다. 이런 까닭에 정치철학은 이에 상반되는 것으로 보인다. 우주론적 교의로서의 영원회귀의 시각은 인권, 인간성의 가치, 인간의 존엄, 교의의 신성함 등의 모든 개념들을 제거한다. 들뢰즈에 따르면, 결국 능동적 사유의 실행은 '완전한' 허무주의를 뜻한다.

4. 결론

정적 발생은 시간의 세번째 동적 종합으로부터 출현하지만 그것과는 구분되는 상태로 남아 있다.[189] '순수사건'은 정적 발생에 속하는데, 왜냐하면 그것이 들뢰즈가 때때로 쓰는 표현을 빌리면 순수 '결과' 또는 '무염시태'로서 분출하기 때문이다. 순수사건은 어떠한 전조도 인정하지 않으며, 언제나 이미 산출된, 영원하고 만질 수 없는 것으로서 나타난다. 순수사건은 모든 현실적 일어남〔사건〕들에 대한 초험적 조건으로서 작용하며, 그것이 없다면 시간은 어떤 구분되는 순간도 없는 일어남들의 연속적인 흐름이 될 것이다. 순수사건은 본성상 시간 속의 두드러진 계기들을 선별하고 고립시킨다.

---

189) 베르장은 세번째 반복을 정적 발생과 관련시켰다. Bergen, L'ontologie de Gilles Deleuze, p. 317.

결론_ 어디에서?

이 책은 우선적인 물음의 계열들을 제기하면서 출발하였다. 우리는 들뢰즈가 누구이고, 그가 무엇을 했으며, 어째서 그의 저술이 중요한지를 살펴보았다. 그러나 여전히 하나의 물음이 남아 있다. 〔그러한 중요성이〕어디에서 나타나는가? 이 물음은 과연 우리가 들뢰즈의 동시대인들 가운데 그를 어디에 위치시켜야 하는지를 말해 준다. 그가 미친 영향들은 무엇인가? 이러한 영향들은 그의 저작에서 어떻게 드러나는가? 우리가 이 영향들을 모두 논급할 수는 없지만 그 중에서도 어떤 것은 매우 두드러진다. 이 결론에서는 그 중 세 가지를 제시할 것이다.

들뢰즈는 『차이와 반복』을 시작하면서 자신의 주제가 현대 사유의 보다 넓은 동향을 반영한다는 점을 언급하고 있다. "하이데거의 철학은 점점 더 존재론적 차이를 향하고 있고, 구조주의의 기획은 공존의 공간 내에 있는 변별적 특성들의 분배에 근거하고 있으며, 현대 소설의 기법은 차이와 반복의 둘레를 맴돌고 있다."[1] 들뢰즈는 (우리가 그를 위치시켜야 하는) 세 가지 커다란 현대 동향이라는 환경 안에서 작업하였다. 이 책에서는 현대 사유 안에서 그것이 차지하고 있는 위치에 대해 거의 주목하지 못하였다. 왜냐하면 [시간의] 세 가지 종합의 기능에만 초점을 맞추었기 때문이다. 결론에서는 들뢰즈의 시간론에 영향을 미친 이 세 가지 동향들에 대해 간략하게 검토해 볼 것이다.

구조주의는 세 가지 종합에 어떤 영향을 미쳤는가?

들뢰즈는 "구조주의를 어떻게 식별할 수 있는가?"라는 시론에서 구조주의에 대한 자신의 입장을 밝히고 있다.[2] 이 시론에서 그는 자신의 사유에 깊은 영향을 끼친 일곱 가지의 규준들을 나열하고 있다.[3] 그가 칸트의 세 가지 종합에 대해 다시 연구한 상당 부분은 구조주의에서 비롯하는데, 그 이유는 그가 『차이와 반복』 머리말에서 밝히고 있는 자신의 목표에 구조주의가 기여해 주기 때문이다. "그러나 현대 사유는 표상의 실패와 함께, 동일성의 소멸과 함께, 표상 아래에서 활동하는 모든 힘들의 발견과 함께 태어났다."[4] 구조주의는 표상의 표면 아래에서 활동하는 이러한 변별적 힘들을 밝혀냈다. 이 때문에 칸트의 세 가지 종합은 변하지 않을 수 없었다. 다시 말해 이 세 가지 종합은

---

1) Deleuze, Difference and Repetition, p. xix.
2) Deleuze, Desert Islands and Other Texts, pp. 170~192.
3) 그 일곱 개의 측면은 다음과 같은 일곱 개의 규준들로 이루어져 있다. "첫번째 규준: 상징적인 것, 두번째 규준: 장소 혹은 위치, 세번째 규준: 변별적인 것과 특이한 것, 네번째 규준: 차이자, 분화, 다섯번째 규준: 계열, 여섯번째 규준: 빈 칸, 마지막 규준: 주체에서 실천으로." 이 시론은 국내 판본 중 『의미의 논리』(이정우 옮김, 한길사, 1999)에 특별 보론의 형식으로 번역 소개되어 있다.—옮긴이
4) Deleuze, Difference and Repetition, p. xix.

구조주의의 분석을 거쳐야만 했던 것이다. 부분적으로 들뢰즈는 이를 수행하였다. 계속해서 우리는 그 자초지종을 살펴보게 될 것이다.

구조주의는 실재계, 상상계, 상징계라는 세 가지 범주를 제시한다. 실재계는 자신의 장소에 남아 있고, 상상계는 실재계를 이중화하며, 상징계는 실재계로 하여금 순환하게 한다. 프로이트는 처음의 두 가지를 사용한다. 즉 2차 과정을 따르는 현실원칙은 실재계에서 비롯하며, 1차 과정을 따르는 쾌락원칙은 상상계에서 비롯한다. 그러나 라캉은 프로이트의 '성기기'를 보충하여 세번째 항에 해당하는 상징계를 도입한다. 프로이트 자신은 이 단계를 상상계에 귀속시키고 싶었을 것이다. 프로이트는 [현실에 대한] 부인Verleugnung의 과정이 어린아이의 상상작용에서 비롯한다고 본다. 그러나 들뢰즈는 이러한 부인을 상징계의 일부로 규정함으로써 라캉의 입장에 찬성한다. 다시 말해 부인은 팔루스의 이미지를 제공하기보다는 들뢰즈가 '형이상학적 표면'이라 부르는 상징계의 영역을 구성하는 비의적秘義的 지식을 제공한다. 이 세번째 항인 상징계는 부서진 파편들을 통합하고 그것들을 병치시킴으로써, 그리고 사유 내에서 발생하고 사건들을 시간 안에서 연합하도록 허용하는 포함적 이접들[5]을 창조함으로써 시간의 세번째 종합에 기여한다.

---

5) 이때의 'inclusive disjunction'은 내포적 이접이 아니라 포함적 이접이라고 번역해야 한다. 여기서 '포함적'이라는 말은 '배타적 이접' exclusive disjunction과 비교하면 분명해진다. '배타적 이접'이 둘 중 어느 하나만을 (배타적으로) 택할 수 있는 데 비해, 포함적 이접은 적어도 어느 하나 혹은 둘 다를 포함적으로 택할 수 있다. 이를테면 전자가 "A냐 B냐?"와 같은 어느 하나의 선택을 요구하는 배타적 물음에 해당된다면, 후자는 "A이든 B이든", 혹은 "A이거나 B이거나"와 같은 포함적 관계를 나타낸다.—옮긴이

구조주의는 주체들이 발생하는 생산의 관계를 구성하는 가운데, 위상학적 공간에 의해 주체를 전치시킨다.[6] 주체는 구조 안에서 차지하는 자리에 따라 각자의 역할을 하게 된다. 그러나 이 '주체'는 마치 소쉬르가 밝힌 언어의 구조적 요소들처럼 텅 비어 있다. 다시 말해 단지 관계만이 그것[주체]에 의미를 부여하며, 주체는 시간 안에서 영속할 수 있는 고정된 정체성[동일성]을 결여하고 있다는 것이다. 즉 이러한 결여는 주체의 시간적인 자기-동일성에 전적으로 의존하는 칸트의 통각의 통일성을 약화시킨다. 라캉은 「도둑맞은 편지」에 관한 그의 세미나에서 구조적 주체가 어떻게 하나의 계열에서 다음의 계열로 변화하는지를 설명하고 있다. 의식의 통일성에 대한 칸트의 호소는 이러한 계열들이 어떻게 접속하는지를 설명할 수 없었다. 대신 상징적 요소는 그 자리를 차지하고, 칸트의 방식으로 '사건'의 계열들을 통일하지 않고 병치시킨다. 따라서 시간은 더 이상 표상적인 주체를 통해 스스로를 종합하지 않고, 대신 상징적 요소들의 놀이 속에서 종합을 경험한다.

들뢰즈는 시간의 동적 종합과 정적 종합의 구분을 부분적으로 레비-스트로스의 『슬픈 열대』로부터 가져왔다. 이 책에서 그는 동일한 요소들의 반복을 통해 원시적인 그림들 안에서 패턴들이 출현했음을 기술하고 있다. "이 요소들은 불연속적으로 중첩되며, 전체 구성은 끝에 가서야 그림의 실행을 지배한 동적 원리를 승인하는 동시에 부정하는 안정성을 획득하게 된다."[7] 이러한 요소들은 안정성을 얻을 때까지

---

6) Deleuze, Desert Islands and Other Texts, p. 174.

항구적인 비동등disequilibrium 안에서 반복된다. 또한 바로 그 순간에 어떤 새로운 결과가 이전의 단계를 넘어서게 된다. 들뢰즈는 이러한 결과를 '순수사건'이라 부른다. 순수사건은 능동적 행위들과 수동적 행위들의 결과로서 나타나지만, 동시에 그것을 산출한 능동적 행위들과 수동적 행위들을 부정한다. 순수사건은 생산자 없이 생산된 것처럼 보이고 영원한 것처럼 보인다. 들뢰즈는 이러한 기반 위에서 동적인 상태에 있는 시간의 세 가지 종합과 정적인 상태에 있는 순수사건을 구분한다.

들뢰즈가 현실적인 것과 잠재적인 것을 구분한 것은 구조주의에 크게 빚지고 있는 부분이다. 왜냐하면 구조주의가 제시하는 변별화의 과정은 잠재적인 것에서 현실적인 것으로의 전이를 용이하게 하기 때문이다. 들뢰즈에게 잠재적인 것은 한 구조 내에 있는 모든 관계들의 공존으로 이루어져 있다. "구조 안에는 무엇이 공존하는가? 모든 요소들, 관계들, 그리고 관계적 가치들〔값들〕, 각 영역에 고유한 모든 특이성들이 공존한다."[8] 구조 안에 있는 모든 관계들의 총체성은 잠재적인 상태에 머물러 있다. "이 전체는 그와 같이 현실화되지 않는다."[9] 이 무의식적 구조는 잠재적인 것이다. 사실 그는 무의식적인 것 자체는 오로지 힘들의 차이생성적 관계로 이루어진다고 주장한다. 프로이트의 『과학적 심리학 초고』는 이러한 해석에 유용하다. 프로이트의 저술

---

7) Claude Lévi-Strauss, Tristes Tropiques, trans. J. Russell, New York: Atheneum, 1970, p. 174.
8) Deleuze, Desert Islands and Other Texts, p. 179.
9) Ibid., p. 179.

에서 우리는 현실화가 이 총체적 구조의 극한으로부터 비롯한다는 사실을 살펴보았다. 즉 현실적인 것에 해당하는 의식은 이러한 보다 큰 구조의 하부 구조만을 이루고 있다는 것이다. 이런 이유로 들뢰즈는 "따라서 우리는 잠재적 공존의 집합에 해당하는 한 영역의 총체적 구조와 이 영역 내에서의 다양한 현실화들에 상응하는 하부 구조를 구분해야 한다"[10]고 명시적으로 밝히고 있다. 이러한 현실적인 것의 하부 구조들은 시간의 펼침 속에서 스스로를 드러낸다. 다시 말해 시간의 이행을 야기하는 이러한 차이생성〔미분화〕은 현실적 하부 구조들을 잠재적 구조로부터 종합한다. 이러한 차이생성은 1차 과정에서 2차 과정으로의 프로이트적 이행 속에서 일어나는데, 이는 현실화의 보다 큰 과정의 한 예로서 종사한다.

상상작용을 상징계로 대체하는 구조주의는 토템식사를 상상계에 의존하는 것으로 보는 프로이트의 해석을 약화시킨다. 이러한 이유로 레비-스트로스는 토테미즘에 대한 프로이트의 해석을 논박한다. 들뢰즈는 그 이유를 다음과 같이 설명하고 있다. "왜냐하면 상상작용은 그 법칙에 따라 당연히 토테미즘을 한 인간이나 집단이 한 동물과 동일시되는 과정으로 생각할 것이기 때문이다. 그러나 상징적으로 그것은 전혀 다른 문제인데, 즉 한 항과 다른 항의 상상적 동일시가 아니라 항들의 두 계열의 구조적 상동성이 문제가 되는 것이다."[11] 두 계열은 어떤 상징적 요소를 통해 관련되는 변별적 관계들로 이루어진다. 그러므

---

10) Deleuze, Desert Islands and Other Texts, p. 179.
11) Ibid., p. 182.

로 동일시의 심리적 과정은 상상계가 아니라 상징계에 속한다. 상징들의 최상위 생산자에 해당하는 초자아는 중대한 사건의 어떤 이미지를 채택하고 그 이미지를 어떤 기억으로서, 심지어 계통발생적 기억으로 현시하기보다는 오히려 그것을 상징화한다. 초자아는 순수사건을 시간 전체를 위한 상징으로 사용한다. 이러한 이유로 시간이 세번째 종합에서 상징화된다고 들뢰즈가 말할 때 이를 진지하게 받아들여야만 한다.

'떠다니는 기표' 라는 개념은 들뢰즈가 대상=x를 개념화하는 데 영향을 주었다. 그 용어는 칸트로부터 직접 유래하는 말이지만, 그것이 구조주의적 특성을 획득한 까닭에 동일한 방식으로 기능하지는 않는다. 즉 그것은 전치의 대상이 된다. 프로이트가 꿈에서 발견했던 환유metonymy의 과정은 들뢰즈가 특정한 잠재적 대상인 팔루스로서 기술하고 있는 이 대상=x에서 특히 분명하게 드러난다. 팔루스는 세번째 요소로서 잠재적 대상들의 전치에 개입한다. 하나의 상징적 요소에 해당하는 팔루스는 스스로를 전치하는 하나의 장소를 잠재적 대상들에 부여한다. 요컨대 잠재적 대상들의 상상적 계열들은 전치의 원인이 되고, 상징적 팔루스는 전치의 장소를 구성하는 것이다. 상상적 항과 상징적 항의 두 계열 사이에서 잠재적 대상은 스스로의 장소를 결여하고, 이는 시간의 이행을 설명해 준다. 다시 말해 잠재적 대상은 어째서 시간이 지속적으로 펼쳐지는 가운데 하나의 사물이 달라지는가를 설명해 준다. 동일한 방식으로 프로이트의 사물이 가지고 있는 상징적 장소는, 비록 이 장소가 시간 속에서 사물의 특질들을 변화시킨다 해도 동일한 상태로 남아 있다. 시간 자체는 스스로 변화되지 않는 변화의 유형으로 작용한다. 시간 전체의 상징에 해당하는 상징적 요소는 시간이 이행하는 이러한 통로를 상징한다. 상징적 요소는 시간의 종합에 지속적인 이접을 제공한다.

구조주의가 들뢰즈에게 기여한 마지막 요소는 주체와 관련된 어떤 실천적 요소이다. 그는 구조주의가 주체를 파괴하는 것이 아니라, 정적 발생 내의 행위의 이미지와 관련하여 주체를 전치시킨다고 말한다. 그는 구조주의적 주인공이 태어났음을 알린다. "따라서 구조주의적 주인공은 신도 인간도 아니고, 인칭적 존재도 보편적 존재도 아니다. 그것은 동일성을 갖지 않으며, 비-인칭적 개체화들과 전-개체적인 특이성들로 이루어진다."[12] 우리는 앞서 주인공과 '이상적 사건'의 이러한 관계를 기술한 바 있다. 주체를 차례로 변이시키는 그 [이상적] 사건은 「도둑맞은 편지」에 대한 세미나에서 기술했듯이 전치를 통해 발생한다. 이는 사건과 주체의 전통적 관계를 효과적으로 역전시킨다. 다시 말해 칸트가 모든 사건이 하나의 주체에서 발생하는 것으로 본반면, 들뢰즈는 하나의 사건이 다양한 주체들에서 발생하는 것으로 보았다. 각 사건의 반복은 전체 구조의 관계를 변양시키고, 시간 안에서 출현하는 새로운 사태를 생산한다. 이는 주지하듯이 프락시스praxis를 재정의한다. 왜냐하면 행위는 단일한 주체의 지향성으로부터 출현하는 대신, 복수적 주체로부터 출현하기 때문이다. 다시 말해 행위는 변이 속에서 일어나는데, 이러한 변이는 주체를 훼손시키지 않는다. 햄릿은 바다여행 이전과 이후에 다르게 등장한다. 오이디푸스는 횔덜린이 [각운의] 중단으로 기술한 상황에 해당하는 계시의 이전과 이후에

---

12) Deleuze, Desert Islands and Other Texts, p. 191.

다르게 등장한다.[13] 시간 자체는 주체를 분할하고, 따라서 주체는 더 이상 자신을 한데 모으는 통각의 통일성에 의존할 수 없게 된다. 이 〔각운의〕 중단 안에서 사건들은 정적으로 생산되고, 그럼으로써 그 사건들은 프락시스의 장소 자체를 구성한다. 들뢰즈는 다음과 같이 말한다. "이 변이점은 정확히 하나의 프락시스를, 아니 오히려 프락시스가 위치할 장소 자체를 정의한다."[14] 시간의 정적 종합은 이러한 프락시스에서 비롯한다.

들뢰즈가 읽고 해석한 구조주의를 고려해 볼 때 이러한 많은 요소들이 그의 작품 속에서 나타나는 것은 놀랄 만한 일이 아니다. 시간의 세 가지 종합은 예외를 두지 않는다. 구조주의적 통찰이 없었다면 들뢰즈의 칸트에 대한 비판은 있을 수 없었을 것이다. 그러나 구조주의는 자신의 전조들과 적수들을 가지고 있다. 다음으로 우리는 그것을 살펴볼 것이다.

하이데거는 세 가지 종합에 어떤 영향을 미쳤는가?

들뢰즈는 자신의 많은 저작들에서 하이데거를 끌어들이고 있지만, 언제나 간결하게만 취급하고 있다. 하이데거에 대해 크게 주목하지 않은 까닭에 들뢰즈가 그에게 영향을 거의 받지 않은 것처럼 보일 수도 있다. 또는 적어도 〔하이데거의〕 영향력이 드러나는 부분도 들뢰즈 자신의 철학적 렌즈를 통해 여과되었다고 볼 수도 있다. 이어지는 이 짧은

---

13) Johann C. Hölderlin, "Remarques sur Œdipe", Œdipe le tyran de Spohocle, trans. P. Lacoue-Labarthe, Paris: Christian Bourgois Éditeur, 1998, pp. 205~225.
14) Deleuze, Desert Islands and Other Texts, p. 191.

논급에서는 이 책의 관심들과 관련되는 한에서 하이데거에 대한 들뢰즈의 이해를 요약할 것이다. 물론 우리는 시간의 전개와 관련되는 측면들만을 검토할 것이다.

들뢰즈가 하이데거를 가장 일관되게 다루고 있는 곳은 「하이데거에게서 인정받지 못한 선구자 알프레 자리」라는 시론이다.[15] 이 글에서 그는 하이데거가 형이상학을 극복하는 측면들, 특히 우리에게 흥미 있는 측면들에 대해 논의하고 있다. 여기서 들뢰즈는 현상과 부대현상의 차이를 설명하면서 이 시론를 시작하고 있다. 첫째로 그는 현상에 대한 예를 제시한다.

우리가 시간을 읽을 때마다 시계는 둥글게 보인다(유용성). 또는 그것의 효용성과는 무관하게 의식만의 요구에 의해(일상의 범용성) 어떤 건물의 정면은 축소율의 제한에 따라 정사각형으로 보인다.[16]

의식에 현시되는 현상은 외관들의 질서를 결정한다. 현상학적 환원은 모든 것을 자신의 외관으로 축소시킨다. 그러나 들뢰즈가 보여주고 있듯이 하이데거는 이러한 환원[축소]을 넘어선다. 환원은 언제나 주체의 관점이나 코기토에, 또는 우리가 이미 칸트에서 다룬 바 있는 '나는 생각한다'에 제한된다. 이를 통해 환원은 존재론적인 것들을 자신의 층위로 축소하려는 외관들의 존재적 세계를 유지함으로써 형

---

15) Deleuze, Essays Critical and Clinical, pp. 91~98.
16) Ibid., p. 91.

이상학 내에 머물러 있게 된다. 그러나 주체를 넘어서는 관점[17]은 과연 존재하는가? 들뢰즈는 특이성들이 전개되면서 **존재**가 순수 관점으로 작용한다고 믿는다. 그는 이러한 순수 관점을 의식을 초월하는 부대현상으로 기술하고 있다.

> 그러나 현상은 타원들의 무한한 계열로서의 시계이거나 사다리꼴들의 무한한 계열로서의 〔건물〕 정면이다. 즉 세계는 두드러진 특이성들로 이루어지거나 스스로 보여진다(반면에 나타남〔출현〕은 오로지 평범한 것으로 환원되어 의식에 평범하게 나타날 뿐이다). 이 때문에 현상은 의식을 지칭하지 않고 **존재**를, 정확히 자기-전시에 있는 현상의 **존재**인 것이다. 현상의 **존재**는 비효용적이고 무의식적인 부대현상, 즉 파타피직스〔초超 형이상학〕의 대상이다.[18]

의식이 단지 동일성들을 파악할 뿐인 데 반해, **존재** 자체는 차이를 파악한다. 이러한 존재론적 차이는 〔시계의 현실적 이미지가 아닌〕 시계 안에 있는 잠재적 이미지의 무한한 계열들에서 현시된다. 의식이 〔건물의〕 정면을 파악할 때, 의식은 **존재**의 펼침이나 전개를 존재자의 외관으로 축소시킨다. 의식에서 우리는 단지 외관들의 계열들만을 발견할 뿐인데, 이는 외관들이 시간 속에서 종합되는 것을 설명할 수 없다. 종합을 설명하기 위해 우리는 재현을 넘어서야만 한다. 종합은 단

---

17) 이때의 '관점'은 차이들을 산출하고 조건 짓는 즉자적 차이, 본질, 이념에 상응한다.—옮긴이
18) Ibid., pp. 91~92.

지 부대현상의 위장된 요소들로부터 비롯할 뿐이다. 이것이 들뢰즈가 존재에 대해 이야기하는 이유이다. "우리는 존재를, 특이한 변이들이 작동하기 시작하는 투명함을 통한 **텅 빔**이나 **비-존재**로 간주해야 한다."[19] 존재는 마치 무의식의 상태에 머물러 있는 것처럼 활동한다. 즉 시간의 연속적 펼침을 제공하는 차이생성적 변이들과 같이 활동하는 것이다.

들뢰즈는 이번에는 라이프니츠를 독해하면서 저술한 『주름』에서 하이데거를 다시 한번 다루고 있다. 들뢰즈는 어떻게 하이데거가 세계-내-존재를 사용하여 세계와의 관계로 "지향성을 뛰어넘으려" 하는지를 설명해 준다.[20] 들뢰즈는 하이데거에 대해 다음과 같이 말하고 있다. "하이데거는 창문 없는 모나드라고 하는 라이프니츠의 정식이 어떻게 하나의 길이 되었는지를 생각한다. 그에 따르면, 그 이유는 **현존재**Dasein가 이미 언제나 열려 있으므로 [외부에 있는 것을 보기 위해] 열리도록 할 창문이 필요 없기 때문이다."[21] 하이데거는 닫힌 모나드에 반대하고 **현존재**를 대안으로 제안한다. **현존재**는 언제나 이미 외부이고, 따라서 외부를 재현할 필요가 없다. 하지만 들뢰즈는 라이프니츠를 재현의 철학자로 보지 않는다. 즉 들뢰즈는 표현의 이론이 내부에서 잠재적으로 존속하는 외부를 필요로 하고 있다고 보는 것이다. 그러므로 세계와 영혼은 동일한 장소에 존속하고, 표현은 전자[세계]를 후자[영혼]에 펼치게 된다.

---

19) Deleuze, Essays Critical and Clinical, p. 92.
20) Deleuze, The Fold: Leibniz and the Baroque, p. 26.
21) Ibid., p. 26.

주체가 세계를 향할 수 있으려면 세계는 주체 안에 놓여야만 한다. 세계와 영혼의 주름을 구성하는 것은 바로 이러한 비틀림이다. 그런데 이 비틀림은 표현에 근본적인 특성을 부여한다. 즉 영혼은 세계의 표현(현실성)이지만, 이는 세계가 영혼의 표현이기 때문이다(잠재성).[22]

들뢰즈는 영혼과 세계라는 이 두 층위를 라이프니츠로부터 가져오고 있는데, 라이프니츠의 모나드는 세계 전체를 모호하게 표현하고 작은 부분을 명석하게 표현한다. 들뢰즈는 하이데거와 라이프니츠의 통찰들을 서로 결합시킨다. 즉 **존재**는 단지 존재자들 안에서 모호하게 표현될 뿐인 모나드로서 활동한다. 이런 식으로 모나드의 명석한 영역은 **존재**의 펼침에 대한 '통로' 혹은 '명석함'으로서 작용한다. 이러한 이유로 들뢰즈는 하이데거의 주름Zweifalt을 "**존재**의 공외연적 은폐와 탈은폐 안에서, 존재자의 현전과 후퇴에 대해, 자신의 양쪽 면에서 각각 끝없이 펼쳐지고 접혀지는 **차이**, 그리고 오직 하나를 다시 접으면서 다른 하나를 펼치는 **차이**"[23]로 보고 있다. 들뢰즈는 잠재적인 것의 현실화라는 과정을 이와 같이 읽어 내며, 이런 해석을 뒷받침하기 위해 하이데거와 라이프니츠를 동원한다.

들뢰즈는 자기 자신과 하이데거의 불일치를 드러내는 일을 중단하지 않고 있다. 그는 '**존재**'라는 말을 선호하지 않는다. 잠재적인 것의 현실화라는 그의 개념은 존재와 존재자들의 존재론적 차이를 넘어

---

22) Ibid., p. 26.
23) Ibid., p. 30.

선다. 가령 들뢰즈는 '오류'〔착오, Irrtum〕라는 하이데거의 개념을 '탈영토화'라는 자기 개념의 일부로 사용한다. 그러나 그는 이 탈영토화를 "고정점들을 제거하는 오류"로 기술하고 있다.[24] 들뢰즈는 우리가 오류를 **존재**와 존재자의 '사이'로 간주할 수 있다고 믿지 않는다.[25] 그는 **존재**와 존재자 모두 오류를 담지하지 못한다고 믿는다. 왜냐하면 오류는 "모든 사물들과 존재자들을 집어삼켜 버리기"[26] 때문이다. 들뢰즈는 두 가지 이유로 인해 **존재**에 대한 하이데거의 역사적인 설명을 피하고 있다. 그 이유는 첫째로 **존재**는 그리스인들을 '시원'에 두기 때문이다. 그리고 둘째로 들뢰즈가 **존재**를 시간성을 산출하는 것으로 기술하는 데 반해, 하이데거는 **존재**를 역사의 측면에서 기술하기 때문이다. **존재**는 자신의 차이가 잠재적인 것에서 현실화될 때 '비시간적으로' 머물러 있기 때문에 역사 안에 나타날 수 없다.

"무엇이 사유함을 부르는가?"라는 글은 들뢰즈에게 깊은 영향을 주었다.[27] 들뢰즈는 비-존재에게로 열리는 문제들과 물음들에 큰 가치를 두고 있다. 우리는 『차이와 반복』에 등장하는 다음의 구절들에서 하이데거적 공명을 쉽게 찾아볼 수 있다. "존재와 물음을 서로에게 관련시키는 어떤 존재론적인 '통로', '틈', '주름' 같은 것이 있다. 이런 관계에서 존재는 차이 그 자체다. **존재**는 또한 비-존재이기도 하다. 그러나 비-존재는 부정적인 것의 존재가 아니다. 오히려 그것은 문제들의

---

24) Deleuze, Desert Islands and Other Texts, p. 159.
25) Ibid., p. 159.
26) Ibid., p. 159.
27) Martin Heidegger, "What Calls for Thinking?", Basic Writings, ed. D. F. Krell, New York: Harper Collins, 1977, pp. 341~367.

316 들뢰즈와 시간의 세 가지 종합

존재, 문제와 물음의 존재이다."[28] 이 존재의 주름 안에서 사유가 일어 난다. 우리는 오직 우리 자신의 무지의 최전방 위에서 사유할 뿐이다. 그러나 우리가 주름에서 대면하는 비-존재는 현동적現動的으로 현시 된다. 즉 존재를 사유하는 우리의 무능력은 우리가 사유하기 위해 없 어서는 안 될 필수적인 것이 된다. 들뢰즈는『차이와 반복』서문에서 이와 비슷한 말을 하고 있다. "우리는 우리 지식의 최전방에서만, 즉 우리의 앎과 무지를 가르고, 무지에서 앎으로 변환되는 경계에서만 글 을 쓰게 된다."[29] 이러한 '최전방'은 문제들과 물음들이 발생하는 **존재** 의 통로 혹은 명석함이다. 그러므로 사유는 지식〔앎〕과 다르며, 무지 의 씨앗들을 품고 있다. 이는 명석 판명한 '표상들'의 가장 강력한 반 증들 중 하나이다. 사유는 주체가 아닌 **존재**의 주름에 속한다.

우리는 이 책에서 물음을 열어 놓는 사유의 복합〔온-주름운동〕에 서, 부인에서, 공명과 강요된 운동의 이중-주름〔접힘〕과정에서 하이 데거가 끼친 영향력을 살펴보았다. 그러나 이것은 하이데거와 구조주 의의 불순한 혼합의 상태에 머물러 있다. 이러한 개념들은 혼합되고 종합되며 자기 자신을 넘어서게 된다. 하지만 이러한 혼합 안에서 또 다른 요소가 등장한다. 양립할 수 없는 것처럼 보이는 그것은 바로 현 대 소설이다. 다음으로 우리는 이 현대 소설의 영향력을 검토해 볼 것 이다.

---

28) Deleuze, Difference and Repetition, p. 64.
29) Ibid., p. xxi.

실험소설은 세 가지 종합에 어떤 영향을 미쳤는가?

들뢰즈는 실험소설의 새로운 기법들의 영향 아래에서 우리가 이제 확인할 많은 실험소설의 개념들을 사용한다.

들뢰즈는 『차이와 반복』에서 실험적 작가인 레이몽 루셀에 대해 언급하고 있다. 그는 루셀이 쓴 『흑인들 사이에서』[30]라는 소설에 매료된 듯이 보인다. 이 소설은 당구대billard에 대한 알 수 없는 진술로부터 출발해 약탈자pillard에 대한 이야기로 종결된다. 루셀은 그의 책 『나는 어떻게 몇 권의 책들을 썼는가』에서 자신의 방법에 관해 논평하고 있다. "나는 두 가지 다른 의미가 가능한 비슷한 말들을 덧붙여 두 개의 거의 동일한 구句들을 얻었다."[31] 구 안의 나머지 모든 단어들은 동일하게 남아 있지만 하나의 문자는 바뀐다. 이러한 속임수는 당구대와 약탈자라는 두 계열을 산출하는데, 이 두 계열은 그 자체로 의미를 가지고 있지 않은 어떤 전치된 요소로 인해 공명한다. 이 소설은 들뢰즈의 저작에서 하나의 중요한 개념을 예시한다. 그는 루셀에게서 우발점 혹은 맹점이라는 개념을 발견했다. "많은 현대 소설가들이 이 우발점 안에 위치할 때, 작품은 이 명령하고 물음을 던지는 '맹점'에서부터 발산하는 계열들을 공명하게 함으로써 마치 어떤 문제인 것처럼 전개된다."[32] 루셀의 소설 『흑인들 사이에서』의 처음에는 마치 의식에 현시된 어떤 꿈의 내용처럼 코드화되어 있는, 이해할 수 없는 주서朱

---

30) Raymond Roussel, Among the Blacks, trans. R. Padgett, Bolinas: Avenue B, 1988.
31) Raymond Roussel, How I Wrote Certain of My Books, trans. J. Ashbery, K. Koch, H. Mathews, and T. Winkfield, ed. T. Winkfield, Boston: Exact Change, 1995, p. 3.
32) Deleuze, Difference and Repetition, p. 199.

書가 등장한다. 소설의 이야기가 미궁에 빠져 드는 동안 코드가 자기 자신을 드러내는 최후의 순간까지 그 〔소설의〕 내용은 점진적으로 펼쳐진다. 이 두 순간들 사이에서 의미는 비결정적인 채로 남아 있으며, 그럼으로써 우연의 놀이를 긍정한다. 즉 저자의 방법에서조차 이 놀이를 긍정하고 있는데, 말하자면 또 다른 형태를 취할 수 있었던 한 문자가 루셀에게 우연히 현시된 것이다. 저자는 이 방법을 사용해서 그 자신이 우발점 안에 위치하고 텍스트로 하여금 이야기를 암시하도록 허용하는 것이다. 'pillard'가 'billard'를 암시하는 이유는 저자가 그 말들을 선별해서가 아니라 그 말들이 서로 공명하기 때문이다. 프로이트는 꿈속에서 일어나는 이러한 전치의 방법에 대해 기술했다. 꿈속에서 우리는 왜곡된 것들을 선별하지 않으며, 소설에서 저자는 우발점을 선별하지 않는다. 오히려 그 우발점이 저자를 선별하는 것이다.

어두운 전조는 어떤 우발점이다. 우리가 앞서 살펴보았듯이 'billard'와 'pillard'라는 두 단어는 동음이의어로서뿐만 아니라 어두운 전조로서 작동하고 있다. 두 상이한 기의들은 단일한 기의를 향하는 기표처럼 작동하기보다는 자신들이 동음이의어에 의해 접속된 것으로 깨닫게 된다. 이는 말들의 결핍 때문에 일어나는 것도, 기표들보다 더 많은 기의들이 존재하기 때문에 일어나는 것도 아니다. 대신, 복수적 의미들을 갖는 말들의 능력은 중층-결정이나 기표작용의 과잉에서 비롯한다. 이러한 이유로 우리는 결코 중층-결정된 구句에 대한 '정확한' 의미에 도달할 수 없다. 이것은 공명의 감정을 통해 이야기의 요소들을 종합하는 강요된 사유를 생산한다.

루셀의 방법은 우리를 동일한 것의 반복 속에 빠뜨리는 것이 아니라, 신비한 연결들이나 마치 영원회귀처럼 경미하게 전치된 요소들과의 조합들을 재창조하는 말들 사이의 미규정을 창조하는 것이다. 우리를 동일한 것의 반복에서 해방시키는 반복은 선행하는 동일성이 아니라 차이들의 차이들을 통해 차이들을 연결함으로써 차이들을 생산하고 관점들을 증식시킨다. 이것이 실제로 작용하고 있는 공명, 즉 차이에 가면을 씌운 차이다.

들뢰즈의 온-주름운동[복합], 강요된 운동, 시뮬라크르라는 개념은 제임스 조이스의 『피네건의 경야經夜』에서 계열들을 복잡화하는 혼돈된 구조로 예시되고 있다.[33] 들뢰즈는 "[복합적으로] 온-주름진 모든 계열들을 포함하고 모든 동시적인 계열들을 긍정 및 온-주름화"[34]하는 혼돈[카오스]에 대해 말하고 있다. 조이스는 단어들을 조합하고 낯선 조합들을 창안함으로써 모든 것을 동시에 말하고자 한다. 즉 혼돈은 결과로서 생기지만, 그것은 마치 칸트의 가장 실재적인 존재자ens realissimum와 같이 발산하는 모든 계열들을 포함하는 긍정적인 의미에서의 혼돈인 것이다. 이 혼돈 안에서 발산하는 계열들은 탈코드화될 필요가 있는 '원의'原義에 호소하지 않고 끝까지 분기한다. 대신, 혼돈은 차이를 생산하는데, 가령 우리는 독서할 때마다 새로운 차이와 새로운 조합을 생산하게 된다.

---

33) James Joyce, Finnegans Wake, New York: Penguin Books, 1976. 에코에 의하면, 『피네건의 경야』 안에서 "다양한 요소들 사이의 복수적 관계들을 세우는 것은 불가능하며, 그 관계들 안에서 모든 요소는 상이한 의미들과 상관적인 능력들을 가정할 수 있다" (Umberto Eco, The Open Work, trans. A. Cancogni, Cambridge: Harvard University Press, 1989, p. 175). 이것이 바로 세번째 종합인데, 안-주름지고 온-주름진 요소들의 혼돈된 구조에 기반하는 새로움을 생산한다.
34) Deleuze, Difference and Repetition, p. 123.

조이스의 에피파니[35] 체계는 들뢰즈가 강요된 운동이라고 부르는 것으로 인해, 발산하는 요소들 사이의 공명의 의미를 생산한다. "우주의 확장은 계열들을 일소하고 넘어서는 어떤 강요된 운동의 진폭과 함께 이루어진다."[36] 에피파니는 어두운 전조와 같이 어떤 항존하는 물음, 즉 밖-주름운동에 저항하는 안-주름운동의 계열들을 제공한다. 패턴들을 발견하고자 할 때마다 우리의 시도들은 실패하고 마는데, 이것이 강요된 운동으로 이어지고 그 강요된 운동 안에서 사유 자체가 패턴들을 산출하는 것이다. 동일성을 파악하지 못하는 데서 비롯하는 이러한 사유의 유형은 비의적이거나 혼성적인 말들의 비-동일성을 발생시킨다. 이 비-동일성은 주체를 훼손시키지 않는 사유의 운동을 산출한다. 이에 대해 들뢰즈는 다음과 같이 말한다. "사물의 동일성은 비의적 언어들로 정의되는 발산하는 계열들 속에서 와해된다. 마치 읽는 주체의 동일성이 가능적인 다중 읽기의 탈중심화된 원환들 속에서 와해되는 것처럼 말이다."[37] 고려 중인 사물이나 대상이 자신의 동일성을 잃어버릴 때, 관조하는 주체는 응집성 또한 잃어버리기 시작한다. 우리가 칸트의 작업에서 이미 살펴본 것처럼 '나는 생각한다'의 통일성은 사물의 통일성에 의존한다. 안정성을 결여한 고려 중인 사물은 조이스의 작품에서 시뮬라크르로 남아 있다. 즉 그것은 특권화된

---

35) '에피파니' epiphany는 본래 그리스어로 현현顯現이나 계시를 의미하며 기독교의 주현절 主顯節, 즉 세 명의 동방박사가 아기 예수를 경배하기 위해 찾아온 날을 기념하는 축일이기도 하다. 하지만 이 말이 제임스 조이스에 의해 전유되어 그의 소설에서 전혀 예기치 않은 사건에 의한 새로운 국면 및 정신적 계시를 나타내는 말로 쓰인다. 요컨대 일상을 전복하면서 갑자기 솟아오르는 신비적이고 결정적인 직관적 경험을 말한다.—옮긴이

36) Ibid., pp. 121~122.

37) Ibid., p. 69.

해석의 관념에 도전하고 칸트의 "가능한 경험의 조건들"[38]을 제거한다. [대신] 들뢰즈는 가능한 경험의 조건들을 수동적 종합에서 비롯하는 실재적인 체험의 조건들, 우리가 조이스의 실험적인 작품을 읽을 때 일어나는 반복을 통한 선별로 대체한다. 우리는 조이스로부터 '재현'을 가져오는 대신, 하위-재현적인[표상 아래의] 의미에 해당하는 모호한 의미를 가져온다. 재현이 없으면 주체는 측정의 단위를 가질 수 없다. 그러므로 혼돈에 직면할 때 숭고의 느낌이 어떤 비의적 지식을 생산하는 어떤 부분적 종합과 함께 출현한다.

들뢰즈에게 영향을 끼친 비톨트 곰브로비치의 소설 『우주』[39]는 낯선 반복들의 계열들을 제시한다. 이 계열들은 공통점이 전혀 없는 [이질적인] 두 계열 —— 매달리는 대상들의 계열과 입들의 계열 —— 을 생산한다. 사건들은 자신들의 우연한 우발성을 통해 출현한다. 들뢰즈는 이것을 우주라는 시스템이라고 부른다. "계열들을 넘어서는 죽음욕동에서 최후를 장식할 사건들은 우주라는 체계 내에서 생산될 것이다."[40] 하나의 물음이 이 발산하는 요소들에서 제기되는데, 그것은 '누가 고양이를 살해하였는가?' 이다. 소설은 이 물음 주위에서 펼쳐지고, 이 물음 안에서 고양이의 살해자는 어두운 전조로서 활동한다. 항존하는 물음은 기호들에 각자 의미를 부여하는 각각의 반복에 출몰한다.

곰브로비치의 소설은 우주 전체가 어떤 것을 의미화하는 것처럼

---

38) Deleuze, Difference and Repetition, p. 69.
39) Witold Gombrowicz, Cosmos and Pornografia, trans. E. Mosbacher and A. Hamilton, New York: Grove Press, 1967.
40) Deleuze, Difference and Repetition, p. 123.

보일 때까지 기호들을 증식시킨다. 가령 [소설 속의] 등장인물들은 자신들을 한 방향으로 향하게 하는 듯이 보이는 한 난봉꾼과 조우하는데, 그가 가리키는 방향은 다른 어떤 것을 의미화하는 것처럼 보이는 또 다른 기호로 이어진다. 이러한 무작위적 연결들이 그 자체로 의미화하지는 않는다 해도, 이해할 수 없는 어두운 전조의 강박적 반복은 정신으로 하여금 그 결합들 안에서 의미를 발견하도록 강요한다. 비록 그 [무작위적] 연결들이 지향성이나 기표작용의 원천을 결여하고 있다 해도 말이다. 우주 자체는 비지향적으로 의미화[기표화]한다. 이런 식으로 기호들은 혼돈과 연결되고, 해석(유일무이한 의미를 향한 탐색)은 실험(새로운 관점의 창조)에 길을 양보하게 된다.

들뢰즈는 또한 호르헤 루이스 보르헤스의 단편소설 「끝없이 두 갈래로 갈라지는 길들이 있는 정원」[41]에서 발산하는 계열들의 예들을 찾고 있다. 이 소설에서 모든 가능한 결론은 동시에 현실화되고 모든 행위의 과정이 수용된다. 이는 복수적 관점들을 서로의 내부에 두는 것이다. 즉 그것은 그의 또 다른 단편소설 「바빌론의 복권」에서 각 인물의 운명이 한 장의 복권에 달려 있는 것과 마찬가지로 우연의 왕성한 활동을 촉진하고 있다.[42] 모든 실존의 과정은 부정이나 비난에 대한 모든 의미를 삼켜 버리는 놀이에 의해 결정된다. 이 소설은 들뢰즈의 영원회귀에 대한 이해에 영향을 끼친 것으로 보인다. 즉 영원회귀의 긍정은 모든 결과들이 동등하게 받아들여지는 어떤 놀이로부터 비롯한다.

---

41) Borges, "The Garden of Forking Paths", Ficciones, pp. 67~78.
42) Borges, "The Babylon Lottery", Ficciones, pp. 45~51.

『의미의 논리』에서 논의되는 루이스 캐럴의 작품에서 들뢰즈는 말의 세 가지 유형[43]에서 세 가지 종합을 찾아낸다. 즉 축약어에 해당하는 연접적 종합의 구성, 순환어에 해당하는 통접적 종합의 구성, 그리고 합성어에 해당하는 이접적 종합의 구성이 그것이다. 캐럴은 '전하' your highness[44]를 축약하는 'y'reince'와 같은 축약어들을 사용하고 있는데, 이러한 축약어는 두 단어를 하나로 종합한다. 캐럴은 그 자신이 결코 정의 내린 바 없는 '스나크' snark와 같은 말을 떠다니는 기표로서 사용하고 있다.[45] 이 알 수 없는 요소는 소설에서 다시 발생하는데, 각각의 절節은 통접의 의미를 산출하는 스나크에 대한 어떤 것을 반복한다. 마지막으로 캐럴은 'jabber'(재잘거리다)와 'wocor'(과일)라는 개념들[계열들]을 결합하여 〔『이상한 나라의 앨리스』에 등장하는 괴물을 가리키는 이름인〕 '재버워크' (Jabberwock)와 같은 합성어들을 만들어 사용한다.[46] 이것은 두 상이한 의미 사이의 무규정성의 의미를 창조하는 것이다. 다시 말해 그것은 그 의미들을 결합하는 분기하는 감정을 갖게 된다. 들뢰즈는 이 동일한 원리들을 가지고 그의 시간의 종합에서 사용하고 있다.

　　이 모든 작가들 중에서도 들뢰즈의 사유에 가장 큰 영향을 끼친 인물은 단연 마르셀 프루스트일 것이다. 들뢰즈가 프루스트와 자신의 시

---

43) 루이스 캐럴이 만들어 낸 세 종류의 신조어(축약어, 합성어, 순환어)를 말한다.—옮긴이
44) 이것은 정확히 'your royal highness'를 가리킨다.—옮긴이
45) Lewis Carroll, The Hunting of the Snark: A Musical Comedy, Schulenberg: I. E. Clark Publications, 1987.
46) 재버워크는 루이스 캐럴의 『이상한 나라의 앨리스』에 등장한다. Lewis Carroll, Alice's Adventures in Wonderland, Woodbury: Bobley Publishing, 1979.

간 이론을 함께 제시하고 있는 '프루스트의 체험들에 대한 주석'[47]에서 그는 프루스트의 작품에 나오는 두 요소들, 즉 공명과 강요된 운동을 동일시한다.[48] 공명은 차와 마들렌의 맛을 체험하는 데서 드러나는 콩브레의 이미지에서 현시된다. 대상=x에 해당하는 콩브레는 하나의 동일성이나 두 에피소드들 사이의 유사성을 이루지 않고 체험을 초월하는 잠재적인 콩브레의 이미지를 현시하고 있다. 질들의 유사성이 콩브레의 이미지를 생산하는 것이 아니라 오히려 콩브레가 질들의 유사성을 생산하는 것이다.[49] 질은 콩브레의 순수 관점 안에서 자기 자신을 내면화한다. 그러나 또 다른 에피소드에서 할머니의 죽음에 대한 추억,[50] 즉 죽음욕동이 발생한다.[51] 다시 말해 이 기억은 주인공과 과거를

---

47) Deleuze, Difference and Repetition, p. 122.
48) 공명은 한때 현재였던 사라진 과거와 지금의 현재라는 두 계열 사이에서 일어난다. 즉 마들렌을 먹고 있는 현재의 아침과 콩브레에서 마들렌으로 아침식사를 하던 과거 사이의 공명을 말한다. 그런데 이러한 공명은 강요된 운동인 비자발적 기억을 통해서만 일어날 수 있다. 왜냐하면 자발적 기억은 현재의 심리상태로 환원되어 (과거와 현재 사이의 본성상의 차이가 아닌) 단지 정도상의 차이만을 갖기 때문에, 즉 공명이 일어날 수 있는 두 개 이상의 항을 갖지 못하기 때문인 것이다. 바로 이러한 측면에서 공명과 강요된 운동은 동일시된다.—옮긴이
49) 여기서 콩브레는 '순수과거'의 단편이며 그 무엇으로도 환원되지 않는 '질적 차이'다. 이는 지각(지금의 현재)으로도 기억(사라진 현재=현재였던 과거)으로도 환원되지 않는다. 이 즉자 존재로서의 콩브레는 계열들의 유사성(콩브레의 사라진 현재와 지금의 현재)과 질의 동일성(마들렌이 가지고 있는 맛의 동일한 성질)을 생산한다. 즉 콩브레는 (성질의) 동일성과 (두 계열의) 유사성을 효과로서 생산하는 질적 차이이자 두 계열을 공존하고 공명하게 만드는 대상=x로서 기능한다.—옮긴이
50) 이것은 제4편 『소돔과 고모라』에서 주인공이 신발 끈을 풀려고 허리를 굽힌 순간 할머니의 죽음에 대해 갑자기 일어난 무의식적 회상을 말하는 것이다. 이때 주인공은 처음으로 할머니의 죽음에 대해 실감하게 된다.—옮긴이
51) 두 계열은 에로스적인 통합적 효과(비자발적인 기억의 체험들)에 의해 공명할 뿐만 아니라 죽음욕동을 향해 스스로를 넘어선다. 즉 발목장화와 할머니의 죽음에 대한 기억은 에로스에 의한 시간의 종합을 넘어 시간의 순수하고 텅 빈 형식으로서의 죽음욕동을 가리킨다.—옮긴이

이어주는 동시에 지금의 이 순간을 이전의 순간과 구분하여 과거에서 떼어 놓는 것이다. 먼저 공명은 시간 속의 두 순간들이 수렴하는 데서 비롯한다. 그러나 이때 [할머니의] 갑작스러운 죽음에 대한 실감이 그 순간들 사이의 파열을 만들어 내고 주인공은 자신의 할머니가 결코 되돌아올 수 없으리라는 사실을 실감하게 된다. 그 명백한 사태에 대한 실감은 강요된 운동의 본질을 구성한다. 이 [강요된] 운동은 순간들을 결합시키는 비자발적인 기억과 달리, 순간들을 분리시켜 전적으로 새로운 것을 창조하는 예술작품에서 나타난다. 예술은 오직 죽음과 분리를 통해서만 출현할 수 있다. 들뢰즈는 프루스트가 손실을 예술로 전환시키는 방식에 대해 기술하고 있다. "프루스트의 주인공은 '내가 알베르틴과 결혼하게 될까?'라고 묻지만, 이 물음을 만들어야 할 예술작품의 문제 안에서 전개하고, 이 문제 안에서 물음 자체는 어떤 근본적인 변신을 경험한다."[52] 그는 알베르틴을 붙잡아 과거를 되찾으려는 욕망을 예술작품 안에서 과거를 재창조하려는 욕망으로 변환시킨다. 이런 식으로 알베르틴에 대한 물음은 예술작품에 대한 물음이 된다. 이 물음은 분리(죽음욕동)에서 비롯한다. "물음이 자신의 올바른 문제를 발견하자마자 얼마나 많은 약혼자들이 파혼하거나 사라지게 되었는가?"[53] 예술에서 우리는 어떤 파열구나 손실에 대한 실감에서 비롯하는 물음을 전치시키면서 공명의 감정들을 극복한다. 이런 실감 뒤에 주인공은 자신의 집착에서 해방되어 자신의 관심 방향을 예술로 바꾸게 된다.

---

52) Deleuze, Difference and Repetition, p. 196.
53) Ibid., p. 196.

〔지금까지 기술한〕이러한 작가들은 우리가 이미 논의했던 종합의 문제와 관련된 어떤 측면에 대해 각자 설명해 주고 있다. 물론 실험적인 문학의 기법들은 무의식 속의 시간의 종합과는 다르다. 하지만 그 기법들은 동일한 원리들에 따라 작동한다. 때문에 우리는 하나를 연구해서 나머지를 이해할 수 있는 것이다. 들뢰즈는 문학비평 그 자체에 관심을 가지고 있는 것처럼 보이지는 않는다. 다시 말해 그가 어떤 문학작품을 접할 때는 어떤 과정을 설명하기 위한 일환인 것이다. 우리는 실제로 이 책에서 이러한 과정들을 살펴보았다.

이 책은 어떤 결론에 도달하였는가?

1장에서 우리는 칸트의 세 가지 종합에서 비롯하는 다양한 문제들을 살펴보았다. 하지만 칸트는 역사적인 상황으로 인해 세 가지 종합에 대해 〔제대로〕인식하지 못했다. 우리의 현대적 상황은 〔세 가지 종합에 대한〕문제를 변환시켜 왔다. 따라서 우리는 자기 자신의 체계를 사용하고 있는 칸트를 비판하지 않았다. 우리는 프로이트의 무의식과 신경학을 도입하여 시간의 능동적인 종합을 수동적인 종합으로 전환하였다. 이러한 변환으로 인해 이 책의 논의는 칸트에 반대하는 것이 아니라 〔시간의〕종합에 대한 새로운 이해를 향해 있다. 들뢰즈는 칸트의 문제틀을 새로운 구도로 옮겨 놓음으로써 어떤 이중체를 산출하고 있다. 또한 우리는 들뢰즈의 개념들을 그들의 프로이트적 원천과 다시 접속함으로써 들뢰즈를 이중화하였다. 다시 말해 우리는 들뢰즈의 개념과 동일하지는 않아도 들뢰즈와 최대한의 유사성을 낳는 어떤 체계를 창조하였다.

2장에서 우리는 연접적, 통접적, 이접적 계열들이 어떻게 프로이트 안에서 작동하고 있는지를 살펴보았다. 의존적 자기애, 사후작용, 번역이라는 프로이트의 이론들을 사용해서 우리는 프로이트를 넘어서는 시간의 이론을 구성하였다. 하지만 프로이트 자신은 그러한 이론을 만들어 낼 의도를 가지고 있지 않았다. 이 책 자체의 용도를 위해 프로이트의 개념들을 전유한 까닭에, 그의 숨겨진 동인들을 밝혀내고 있는 이 책을 프로이트에 대한 '해석'으로 볼 수는 없다. 대신, 우리는 들뢰즈의 작업 안에 있는 경로를 따라가면서 이러한 프로이트의 개념들에 대한 실험을 통해 시간의 종합에 대한 새로운 이해를 창조하고자 하였다. 그러나 이 책이 들뢰즈의 범위를 넘어서기 때문에 그의 작업을 이중화하고 확장한 것이며, 또한 이런 식으로 그에게 경의를 표하는 것이다. 오로지 원작자에 대해서만 말하는 주석은 헛되고 무익하다. 왜냐하면 이는 들뢰즈가 혐오했던 '동일자의 반복' 자체가 될 것이기 때문이다. 이 책은 그의 이론들을 모방하지 않고 반영하였다.

3장에서 우리는 새로운 방식으로 사용된 이드, 자아, 초자아에 대해 살펴보았다. 나는 일부러 그것들을 신경학적 기능들로 환원시켰다. 왜냐하면 인식능력들의 창조는 아무것도 설명해 줄 수 없기 때문이다. 다시 말해 우리가 무엇이 어떻게 기능하는지에 대해 이해할 수 없다면, 이때 새로운 것은 아무것도 발견할 수 없게 된다. 들뢰즈가 프로이트의 『과학적 심리학 초고』에 매료된 까닭은 생물심리학적 삶에 매력을 느꼈기 때문이다. 들뢰즈는 생물심리학적 삶에 대해 다음과 같이 말하고 있다. "생물심리학적 삶은 그러한 강도장의 형식으로 제시된다. 이 강도장 속에서 흥분들에 해당하는 규정 가능한 차이들과 개로

開路[54]에 해당하는 규정 가능한 차이들의 차이들이 분배된다."[55] 이러한 [생물심리학적] 삶의 유형 안에서 우리는 연접(습관), 내부적 공명(에로스), 강요된 운동(죽음욕동)의 세 과정을 살펴보았다. 이 연구는 이러한 용어들을 구체적으로 다루면서 니체와 프로이트에서 발견되는 '힘들의 투쟁'이라는 전통을 따랐다. 이 전통은 들뢰즈의 작업과 유사하면서도 다른 양상을 띠고 있다. 이 연구는 들뢰즈가 [직접적으로] 말하지는 않았지만 그가 가정하고 있는 어떤 부분들에 대해 상술하였다. 이런 식으로 들뢰즈 자신이 프로이트에 대해 논하고 있는 것보다는 프로이트에 대한 그의 독해에 대해 논의하였다.

4장에서 우리는 시간의 정적 발생에 대해 살펴보았다. 해럴드 로젠버그와 니체에 대한 들뢰즈의 논급은 시간의 세 가지 종합에 포함될 수 없었는데, 왜냐하면 그들이 전적으로 상이한 층위에 해당하는 이른바 '순수사건'의 층위에 천착했기 때문이다. 종합의 두 가지 개념과 정적 발생은 서로 관련된 것처럼 보인다. 즉 이들은 서로를 반영하는데, 전자[종합의 두 개념]는 시간의 체험들을 생산하고, 후자[정적 발생]는 선험적 전체로서의 시간을 현시한다. 이것은 많은 경우에 명료함을 요하는 판명한 구분을 무시하였다. 들뢰즈는 종종 시간의 세번째 종합의 일부에 해당하는 영원회귀의 교의에 대해 기술하였다. 마지막 장에서 이러한 논의들을 보다 넓은 관점 속에 두고자 하였다. 로젠버

---

54) 옮긴이가 길을 낸다는 의미에서 사용한 '개로'開路라는 말은 불어 원문에는 'frayage', 영역으로는 'cleared paths'로 되어 있다. 이것은 들뢰즈가 프로이트의 '소통'Bahnung을 강도적 층위의 말로 전유해서 사용하고 있는 것으로 볼 수 있다.—옮긴이

55) Deleuze, Difference and Repetition, p. 118.

그는 크게 요구되는 맥락을 제공하였는데, 우리는 햄릿에 대한 그의 논의를 니체의 차라투스트라와 비교함으로써 햄릿의 드라마적 구조에 대한 보다 나은 이해를 갖게 되었다. 이 구조를 검토하여 영원회귀가 어떻게 윤리적이고 선별적인 교의가 되는지를 논증할 수 있었다. 이 중요한 개념에 대한 작은 주석이 없었더라면 이 연구는 불충분했을 뿐만 아니라 영원회귀가 시간의 종합에 속한다는 들뢰즈의 주장을 결코 이해하지 못했을 것이다.

앞으로 필요한 것은 무엇인가?

나는 이 책을 들뢰즈의 『차이와 반복』의 머리말에 나오는 첫 마디로 끝내고자 한다. "책의 취약성은 종종 충족될 수 없었던 공허한 의도들에 상응한다."[56] 마찬가지로 이 책에서도 모든 것을 말할 수는 없었다. 이 책은 몇 권의 텍스트들에 초점을 맞추었기 때문에 가타리와의 공동 작업에서 기술했던 종합들 모두를 제외하였다. 보다 큰 기획의 시작으로서 개요만을 약술한 이 책에서는 들뢰즈와 프로이트의 일치점들과 상관성들에 천착하였다. 그래서 이러한 과정들을 문학, 예술, 생물학, 경제학 등에서 탐구할 필요가 있다. 『차이와 반복』은 이 책에서 기술한 기초적인 과정들을 사용하여 방대한 분야들에 대해 탐구하고 있다. 이러한 종합들을 검토하고 그의 복잡한 테제들에 대해 우리의 이해를 확장하는 독립된 작업이 필요하다. [이 점에서] 나는 정신분석학의 길을 택하였는데, 그것은 정신분석학이 이러한 기법들에 유용하기 때문

---

56) Deleuze, Difference and Repetition, p. xix.

이다. 비록 우리가 시간을 종합하기 위해 그 기법들을 사용하고는 있지만, 그것들은 거의 모든 현상들에 적용할 수 있다. 『차이와 반복』의 184~186페이지에 걸쳐서 들뢰즈는 이러한 관념들이 사용될 수 있는 방법에 대한 세 가지 예를 제시하고 있다. 물리학, 생물학, 사회학의 예가 그것이다. 이러한 관념들은 각각 책 한 권의 분량에 이르는 논의를 요한다. 여기서 논의된 동일한 원리들을 사용한다면 보다 진전된 분석의 기회들은 무한하리라 본다.

참고문헌

Ansell-Pearson, Keith. Germinal Life: The Difference and Repetition of Deleuze, New York: Routledge, 1999.

Aristotle. The Basic Works of Aristotle, ed. R. McKeon, New York: Random House, 1941.

Baugh, Bruce. "Deleuze and Empiricism", Journal of the British Society for Phenomenology, vol. 24, January 1993.

Beiser, Frederick C. The Fate of Reason: German Philosophy from Kant to Fichte, Cambridge: Harvard University Press, 1987.

Bergen, Véronique. L'ontologie de Gilles Deleuze, Paris: L'Harmattan, 2001.

Bergson, Henri. Matter and Memory, trans. N. M. Paul and W. S. Palmer, New York: Zone Books, 1991.

Bogue, Ronald. Deleuze and Guattari, New York: Routledge, 1989.

Borges, Jorge Luis. Ficciones, trans. E. Editores, New York: Everyman's Library, 1993.

Boundas, Constantin V. "Foreclosure of the Other: From Sartre to Deleuze", Journal of the British Society for Phenomenology, vol. 24, January 1993.

Bréhier, Émile. La théorie des incorporeals dans l'ancien stoïcisme, Paris: Libririe philosophique J. Vrin, 1997.

Brusseau, James. Isolated Experiences: Gilles Deleuze and the Solitudes of

Reversed Platonism, Albany: State University of New York Presses, 1998.

Carroll, Lewis. Alice's Adventures in Wonderland, Woodbury: Bobley Publishing, 1979.

_____. The Hunting of the Snark: A Musical Comedy, Schulenberg: I. E. Clark Publications, 1987.

_____. Sylvie and Bruno, Mineola: Dover Publication, 1988.

Colombat, André. Deleuze et la littérature, New York: Peter Lang, 1990.

Deleuze, Gilles. Nietzsche and Philosophy, trans. H. Tomlinson, New York: Columbia University Press, 1983.

_____. Kant's Critical Philosophy: The Doctrine of the Faculties, trans. H. Tomlinson and B. Habberjam, Minneapolis: University of Minnesota Press, 1984.

_____. Spinoza: Practical Philosophy, trans. R. Hurley, San Francisco: City Lights Books, 1988.

_____. Bergsonism, trans. H. Tomlinson and B. Habberjam, New York: Zone Books, 1988.

_____. "Coldness and Cruelty", Masochism, trans. J. McNeil, New York: Zone Books, 1989.

_____. The Logic of Sense, trans. M. Lester and C. Stivale, ed. C. Boundas, New York: Columbia University Press, 1990.

_____. Empiricism and Subjectivity: An Essay on Hume's Theory of Human Nature, trans. C. Boundas, New York: Columbia University Press, 1991.

_____. Expressionism in Philosophy: Spinoza, trans. M. Joughin, New York: Zone Books, 1992.

_____. The Fold: Leibniz and the Baroque, trans. T. Conley, Minneapolis: University of Minnesota Press, 1993.

_____. Difference and Repetition, trans. P. Patton, New York: Columbia University Press, 1994.

_____. Essays Critical and Clinical, trans. D. W. Smith and M. A. Greco, Minneapolis: University of Minnesota Press, 1997.

_____. "Boulez, Proust and Time 'Occupying Without Counting'", trans. T. S. Murphy, Angelaki 3.2, 1998.

_____. Proust and Signs: The Complete Text, trans. R. Howard, Minneapolis: University of Minnesota Press, 2000.

_____. Desert Islands and Other Texts: 1953~1974, trans. M. Taormina, ed. D. Lapoujade, New York: Semiotext(e), 2004.

Deleuze, Gilles, and Félix Guattari. "The Interpretation of Utterances", Language, Sexuality and Subversion, ed. P. Foss and M. Morris, Sydney: Feral Publications, 1978.

_____. Anti-Oedipus: Capitalism and Schizophrenia 1, trans. R. Hurley, M. Seem, and H. R. Lane, Minneapolis: University of Minnesota Press, 1983.

_____. Kafka, Toward a Minor Literature, trans. D. Polan, Minneapolis: University of Minnesota Press, 1986.

Descartes, René. Discourse on Method and Meditations on First Philosophy, trans. D. A. Cress, Indinapolis: Hackett Publishing Company, 1993.

Eco, Umberto. The Open Work, trans. A. Cancogni, Cambridge: Harvard University Press, 1989.

Eliade, Mircea. The Myth of the Eternal Return: Or, Cosmos and History, trans. W. R. Trask, Princeton: Princeton University Press, 1991.

Fechner, Gustav. Elements of Psychophysics, trans. H. E. Adler, London: Holt, Rinehart and Winston, Inc., 1966.

Fedida, Pierre. "Le philosophe et sa peau", L'arc 49, 1972.

Ferenczi, Sándor. Selected Writings, ed. J. Borossa, New York: Penguin Books, 1999.

Ferenczi, Sándor, and Otto Rank. The Development of Psychoanalysis, trans. C. Newton, Connecticut: International Universities Press, 1986.

Flaubert, Gustave. Bouvard and Pécuchet, trans. A. J. Krailsheimer, London: Penguin Books, 1976.

Foucault, Michel. The Order of Things: An Archaeology of the Human Sciences, New York: Vintage Books, 1973.

_____. Language, Counter-Memory, Practice: Selected Essays and Interviews, trans. D. F. Bouchard and S. Simon, Ithaca: Cornell University Press, 1977.

Freud, Sigmund. Five Lectures on Psycho-analysis, trans. J. Strachey, New York: W. W. Norton & Company, 1949.

_____. An Outline of Psycho-analysis, trans. J. Strachey, New York: W. W. Norton & Company, 1949.

_____. Totem and Taboo, trans. J. Strachey, New York: W. W. Norton & Company, 1950.

_____. Group Psychology and the Analysis of the Ego, trans. J. Strachey, New York: W. W. Norton & Company, 1959.

_____. Civilization and its Discontents, trans. J. Strachey, New York: W. W. Norton & Company, 1961.

_____. Three Case Histories, trans. P. Rieff, New York: Touchstone, 1963.

_____. On Sexuality: Three Essays on the Theory of Sexuality and Other Works, trans. J. Strachey, London: Penguin Books, 1991.

_____. On Metapsychology: The Theory of Psychoanalysis, trans. J. Strachey, London: Penguin Books, 1991.

_____. The Psychopathology of Everyday Life, trans. A. Tyson, London: Penguin Books, 1991.

_____. The Interpretation of Dreams, trans. J. Strachey, London: Penguin Books, 1991.

_____. On Psychopathology, trans. J. Strachey, London: Penguin Books, 1993.

_____. Project for a Scientific Psychology, in The Standard Edition of the Complete Psychological Works of Sigmund Freud, vol. 1, trans. J. Strachey, London: Vintage Books, 2001.

Gogol, Nikolai. "The Nose", The Overcoat and Other Short Stories, trans. M. Struve, New York: Dover Publications, 1992.

Gombrowicz, Witold. Cosmos and Pornografia, trans. E. Mosbacher and A.

Hamilton, New York: Grove Press, 1967.

Goodchild, Philip. Deleuze and Guattari: An Introduction to the Politics of Desire, London: Sage Publications, 1996.

Green, André, Life Narcissism Death Narcissism, trans. A. Weller, London: Free Association Press, 2001.

_____. Time in Psychoanalysis: Some Contradictory Aspects, trans. A. Weller, New York: Free Association Books, 2002.

Gualandi, Alberto. Deleuze, Paris: Les belles lettres, 1998.

Hayden, Patrick. Multiplicity and Becoming: The Pluralist Empiricism of Gilles Deleuze, New York: Peter Lang, 1998.

Heidegger, Martin. "What Calls for Thinking?", Basic Writings, ed. D. F. Krell, New York: Harper Collins, 1977.

_____. Kant and the Problem of Metaphysics, trans. R. Taft, Indianapolis: Indiana University Press, 1990.

Hölderlin, Johann C. "Remarques sur Œdipe", Œdipe le tyran de Spohocle, trans. P. Lacoue-Labarthe, Paris: Christian Bourgois Éditeur, 1998.

Holland, Eugene W. Deleuze and Guattari's Anti-Oedipus: Introduction to Schizoanalysis, New York: Routledge, 1999.

Hume, David. An Enquiry Concerning Human Understanding, ed. E. Steinberg, Indianapolis: Hackett Publishing Company, 1977.

_____. A Treatise of Human Nature, ed. E. C. Mossner, London: Penguin Books, 1984.

Irigaray, Luce. "Du Fantasme et du verbe", L'arc 34, 1968.

Joyce, James. Finnegans Wake, New York: Penguin Books, 1976.

Kafka, Franz. The Trial, trans. W. Muir, E. Muir and E. M. Butler, New York: Schocken Books, 1984.

Kant, Immanuel. Critique of Judgement, trans. J. H. Bernard, London: Collier Macmillan Publishers, 1951.

_____. Critique of Practical Reason, trans. T. K. Abbott, New York: Prometheus Books, 1996.

_____. Critique of Pure Reason, trans. N. K. Smith, New York: Palgrave Macmillan, 2003.

Klein, Melanie et al., Developments in Psycho-Analysis, ed. J. Riviere, New York: Da Capo Press, 1983.

Klossowski, Pierre. Nietzsche and the Vicious Circle, trans. D. W. Smith, Chicago: University of Chicago Press, 1997.

Lacan, Jacques. Écrits: A Selection, trans. A. Sheridan, New York: W. W. Nortan & Company, 1977.

_____. The Seminar of Jacques Lacan: Book II, The Ego in Freud's Theory and in the Technique of Psychoanalysis 1954-1955, trans. S. Tomaselli, New York: W. W. Norton & Co., 1988.

_____. The Seminar of Jacques Lacan: Book I, Freud's Papers on Technique 1953-1954, trans. J. Forrester, ed. J.-A. Miller, New York: W. W. Norton & Company, 1991.

_____. The Ethics of Psychoanalysis 1959-1960: The Seminar of Jacques Lacan, trans. D. Porter, ed. J.-A. Miller, London: Routledge, 1999.

Lagache, Daniel. "Aggressivity", The Work of Daniel Lagache: Selected Papers 1938-1964, trans. E. Holder, London: Karnac Books, 1993.

Laplanche, Jean. Essays on Otherness, trans. L. Thurston and L. Hill, New York: Routledge, 1999.

Laplanche J. and J.-B. Pontalis. "Fantasy and the Origins of Sexuality", Formations of Fantasy, ed. V. Burgin, J. Donald and C. Kaplan, London: Routledge, 1986.

Lecercle, Jean-Jacques. Philosophy through the Looking-Glass: Language, Nonsense, Desire, La Salle: Open Court, 1985.

Leclaire, Serge. Psychoanalyzing: On the Order of the Unconscious and the Practice of the Letter, trans. P. Kamuf, Stanford: Standford University Press, 1998.

Leibniz G. W., Philosophical Writings, trans. M. Morris and G. H. R. Parkinson, ed. G. H. R. Parkinson, London: Everyman, 1995.

_____. Theodicy: Essays on the Goodness of God, the Freedom of Man and the Origin of Evil, trans. E. M. Huggard. ed. A. Farrer, Chicago: Open Court, 1998.

Leigh, James A. "Deleuze, Nietzsche and the Eternal Return", Philosophy Today, Fall 1978.

Lévi-Strauss, Claude. Tristes Tropiques, trans. J. Russell, New York: Atheneum, 1970.

Lingis, Alphonso. "Oedipus Rex: The Oedipus Rule and its Subversion", Human Studies, 1984.

Lorraine, Tamsin. Irigaray and Deleuze:Experiments in Visceral Philosophy, Ithaca: Cornell University Press, 1999.

Lucretius. On the Nature of Things, trans. J. S. Watson, New York: Prometheus Books, 1997.

Marks, John. Gilles Deleuze: Vitalism and Multiplicity, London: Pluto Press, 1998.

Martin, Jean-Clet. Variations: La Philosophie de Gilles Deleuze, Paris: Editions Payot & Rivages, 1993.

Mengue, Philippe. Gilles Deleuze ou le système du multiple, Paris: Editions Kimé, 1994.

Miller, Henry. The Time of the Assassins, London: Neville Spearman Ltd., 1956.

Nietzsche, Friedrich. Thus Spoke Zarathustra:A book for None and All, trans. W. Kaufmann, New York: Penguin Books, 1966.

_____. The Will to Power, trans. W. Kaufmann and R. J. Hollingdale, New York: Vintage Books, 1968.

_____. The Gay Science, trans. W. Kaufmann, New York: Vintage Books, 1974.

Olkowski, Dorothea. Gilles Deleuze and the Ruin of Representation, Berkeley: University of California Press, 1999.

Plato. Collected Dialogues, ed. E. Hamilton and H. Cairns, New Jersey:

Princeton University Press, 1961.

Proust, Marcel. The Way by Swann's, trans. L. Davis, London: Penguin Books, 2002.

Rank, Otto. The Trauma of Birth, New York: Robert Brunner, 1952.

Ricoeur, Paul. Freud and Philosophy: An Essay on Interpretation, trans. D. Savage, New Haven: Yale University Press, 1970.

Rosenberg, Harold. The Tradition of the New, New York: DA Capo Press, 1994.

Roussel, Raymond. Among the Blacks, trans. R. Padgett, Bolinas: Avenue B, 1988.

_____. How I Wrote Certain of My Books, trans. J. Ashbery, K. Koch, H. Mathews, and T. Winkfield, ed. T. Winkfield, Boston: Exact Change, 1995.

Sartre, Jean-Paul. The Transcendence of the Ego: An Existentialist Theory of Consciousness, trans. F. Williams and R. Krikpatrick, New York: Hill and Wang, 1993.

Shakespeare, William. Hamlet, Oxford: Oxford University Press, 1994.

Spitz, René. The First Year of Life: A Psychoanalytic Study of Normal and Deviant Development of Object Relations, Connecticut: International Universities Press, 1965.

Villani, Arnaud. La guêpe et l'Orchidée: Essai sur Gilles Deleuze, Paris: Editions Belin, 1999.

Williams, James. Gilles Deleuze's Difference and Repetition: A Critical Introduction and Guide, Edinburgh: Edinburgh University Press, 2003.

Zourabichvili, François. Deleuze: Une philosophie de l'événement, Paris: Presses Universitaires de France, 1994.

옮긴이 후기

키스 W. 포크너의 『들뢰즈와 시간의 세 가지 종합』은 들뢰즈의 시간론에 관한 본격적인 해설서이다. 대략 2000년 이후부터 불어닥친 국내의 들뢰즈 열풍이 주로 『천 개의 고원』을 중심으로 형성된 터라 전기 들뢰즈 사상의 집대성이라 할 수 있는 『차이와 반복』에 대한 관심과 연구는 오히려 최근에 와서야 활성화되고 있는 듯하다. 문제는 들뢰즈의 이 책, 그 중에서도 2장이 특히 어렵기로 악명 높아 좀처럼 완독하기가 쉽지 않다는 데 있다.

들뢰즈는 시간의 수동적 종합을 설명하기 위해 흄의 습관론(첫번째 종합=현재), 베르그손의 기억론(두번째 종합=과거), 니체의 영원회귀론(세번째 종합=미래)을 끌어들이며, 이러한 수동적 종합의 틀 위에 정신분석학적 논의들을 가지고와서 훨씬 더 복합적이고 역동적인 구도를 만들고 있다. 그래서 들뢰즈에게 프로이트의 무의식은 단순히 심리학적 맥락이 아닌 생물심리학적 삶(vie biopsychique)의 맥락으로 재해석된다.

사실『안티 오이디푸스』라는 저작의 제목 때문인지 그동안 들뢰즈/가타리와 프로이트/라캉과의 관계는 일부 독자들에게는 지나치게 적대적인 것으로 각인되어왔다. 물론 들뢰즈/가타리의 분열분석이 정신분석(의 형이상학적 성격)에 반하는 것은 분명한 사실이지만 그렇다고 프로이트 자체를 거부하는 '안티 프로이트'인 것은 아니기 때문이다. 특히「과학적 심리학 초고」(이하「과학적 심리학 초고」를「초고」로 약함)를 쓰던 당시의 프로이트는 우리가 익히 알고 있는 해석학적 작업에 천착한 정신분석학자라기보다는 인간의 무의식을 (뉴런들 사이의) 물리학적이고 경제학적인 힘＝에너지의 관계에서 접근했던 신경생리학자로서의 프로이트였다. 그러나 이후에 그는 이러한 관점을 계속해서 밀고나가지 못하고 해석학적 작업으로 선회하게 된다(들뢰즈의 입장에서 볼 때 이것은「초고」를 쓰던 당시의 리비도 중심의 심리학에서 리비도의 흐름을 자아의 통제 아래에 두는 자아심리학으로의 후퇴를 의미한다). 사실 따지고 보면 들뢰즈/가타리의 그 유명한 욕망(désir) 개념도 프로이트가「초고」에서 기술한 무의식 또는 리비도의 흐름과 관련된다는 점에서 프로이트는 욕망 자체를 최초로 찾아낸 인물이기도 하다.

　　그러므로 들뢰즈 사상은 프로이트나 그의 정신분석 자체에 대한 '안티'가 아니라는 점을 새삼 강조할 필요가 있는 것이다. 문제의 저작인『안티 오이디푸스』에서조차도 (프로이트 자체가 아닌) 오이디푸스적이고 자본주의적인 정신분석을 비판하고 오히려 초기의 프로이트를 복권시켜 그가「초고」에서 주장한 기계적 욕망의 개념을 철저화함으로써 새로운 정신분석으로서의 분열분석을 정립하는데 초점을 맞추고 있다고 볼 수 있다. 다시 말해 분열분석을 포함한 들뢰즈 사상 자체는 프로이트라는 애벌레-주체 없이는 결코 존재할 수 없으며, 특별히 그에게 큰 빚을 지고 있는 들뢰즈의 시간론에서는 더더욱 그러하다고 말할 수 있다.

이런 점에서 (시간론에 있어) 들뢰즈와 프로이트의 접속을 특화한 포크너의 이 책은 들뢰즈가 프로이트를 특정하게 읽고 사용한 용법뿐만 아니라 (들뢰즈 사상의 단순한 재현이나 요약에 머물지 않고) '오늘의 들뢰즈'(Deleuze aujourd' hui)라는 차이의 반복을 보여줬다는 점에서 그 의미를 찾을 수 있다. 모쪼록 이 책의 출간이 들뢰즈 시간론에 관심있는 독자들의 이해를 돕고, 국내 들뢰즈 연구에 작은 보탬이나마 될 수 있기를 간절히 바란다.

2012년 8월

옮긴이 한정헌

찾아보기